R.LAUB 1976

LA POLICE
DE PARIS
DÉVOILÉE,

PAR PIERRE MANUEL,

L'un des Administrateurs de 1789.

Avec Gravure et Tableaux.

La publicité est la sauve-garde des loix et des mœurs.

TOME PREMIER.

A PARIS

Chez J. B. GARNERY, Libraire, rue Serpente, N°. 17.

A STRASBOURG, chez TREUTTEL, Libraire.
A LONDRES, chez DE BOFFE, Libraire, GÉRARD STREET, N°. 7, Soho.

L'an second de la Liberté.

TABLEAU

DES LIEUTENANS-DE-POLICE.

MESSIEURS,

De la Reynie, 19 mars 1667, jusqu'au 28 Janvier 1697.

2. Voyer de Paulmy, marquis d'Argenson, 29 janvier 1697, --- 2 janvier 1718.

3. De Machault... 3 janvier 1718. -- 20 janvier 1720.

4. Comte d'Argenson, -- 21 janvier 1720, jusqu'au premier juillet suivant, et depuis le 26 avril 1722, jusqu'au 21 janvier 1724.

5. Baudry, --- 2 juillet 1720, --- 26 avril 1722.

6. D'Ombreval, 29 janvier 1724, -- 29 août 1725.

7. Hérault, 30 août 1725, --- 31 décembre 1739.

8. De Marville, premier janvier 1740, --- 27 mai 1747.

9. Berryer, 28 mai 1747, --- 16 octobre 1757.

10. Bertin, 17 octobre 1757, --- 21 novembre 1759.

11. Sartine, 22 novembre 1759, — jusqu'en mai 1774.

Le Noir, en 1774. — 3 mai 1775.

Albert, 4 mai 1775, — 13 juin 1776.

Le Noir, 14 juin 1776, jusqu'au 11 août 1785.

De Crosne, 11 août 1785, jusqu'au 16 juillet 1789.

Remarque essentielle avant que de lire l'introduction.

Le peuple avoit ordre d'applaudir, et même d'éloigner : *lisez* : et même d'être gai.

AUX AMIS DE LA CONSTITUTION.

Messieurs,

Je n'ai quitté Paris qu'après m'être assuré que de l'herbe couvroit la *bastille*.

Ma tâche étoit finie : car le peuple m'avoit relevé de mon poste : et j'emportois son estime.

Mais c'étoit pour mieux le servir que je m'éloignois du théâtre de la *révolution*. Il m'a semblé que c'étoit entrer dans ses vues comme dans ses besoins, que de lui révéler toutes les turpitudes de cette *police* qui n'a jamais rien trouvé d'impossible, parce que pour elle il n'y eut jamais rien ni d'injuste ni de malhonnête. Quand il connoîtra les magistrats que lui donnoient des rois, il sentira tout ce que vaut le droit qu'il n'auroit jamais dû perdre, de les choisir lui-même.

Il m'a fallu du courage pour dénoncer les coupables : car ce sont presque tous des *très-hauts* et *très-puissans seigneurs*. Mais si, quand on veut se corriger, on se confesse, ils ne me sauront pas mauvais gré de les avoir montrés tels que je les ai surpris, avec leurs foiblesses, leurs vices et leurs crimes. Après tout, je ne les damne pas encore. Dieu lui-même, comme le disoit madame de *Thiange*, quand il s'agira de personnes de si *haute extraction*, Dieu y regardera à deux fois.

Il résultera du moins de cette instruction publique une vérité consolante, que, des *trois ordres*, celui qui a été le moins riche, a toujours été le plus sage, et par conséquent le mieux disposé aux formes républicaines de la liberté.

S'il est un moyen d'arrêter la gangrenne d'une Nation, c'est d'abandonner tous les citoyens à la censure, jusqu'à ce que chacun se croye digne d'occuper une maison de verre.

La grande puissance sur les mœurs c'est *l'opinion* : et avec la molle indulgence des procédés, elle ne se formeroit jamais. Une politesse hypocrite énerve tous les caractères. Par elle, on s'embrasse, quand on se hait ; on se flatte, quand on se méprise. Des leçons, des vérités ! voilà ce que nous nous devons tous : et qu'une franche médisance éloigne de nos foyers la lâche calomnie.

Lorsque les *Athéniens*, qui prirent si long-temps le plaisir pour le bonheur, se furent enfin apperçu que les femmes avoient tout-à-fait oublié que leur gloire étoit de donner des hommes au monde, ils créèrent des magistrats pour veiller sur elles : et leurs sentences, inscrites sur des tablettes, étoient suspendues à l'un des platanes de la promenade publique. Peu-à-peu la Grèce se régénéra : et les *Vénus de Praxitelle* se cachèrent du moins devant la *Minerve de Phidias*.

Comme ses loix, la France doit changer ses mœurs : et cette réforme dépend de la répartition qu'elle saura faire de l'estime et du mépris. Il ne faut plus qu'elle juge ses enfans sur ce qu'ils payent, mais sur ce qu'ils valent. Elle a des honneurs et des places à donner; c'est à la vertu, c'est au talent qu'ils sont dûs.

Mais disons-le souvent, disons-le

toujours : c'est sur-tout la liberté de la *presse*, qui conservera au peuple tous les bienfaits de la *révolution*. Des imprimeries sont plus utiles que des paroisses : et si la patrie avoit déjà des apôtres, comme en a eu la religion, les riches qui ne savent pas encore à quoi sert la fortune, s'empresseroient de fonder des imprimeries, comme jadis on fondoit des chapelles ; et collateurs de ces bénéfices, ils les feroient desservir par des missionnaires de la philosophie qui semeroient par-tout les principes de la *constitution*.

Des journaux sont les phares d'un peuple libre.

Il faudroit qu'il y eut dans chaque ville un homme de lettres qui, avec toute l'énergie que donne l'amour de l'ordre, doué de ce vrai mérite qui est trop modeste pour espérer des honneurs, et trop fier pour en chercher, fut chargé par les législateurs eux-mêmes, de relever tous les préjugés de ces administrations naissantes, où l'art de commander n'est pas plus avancé que l'art d'obéir. Il apprendroit *au peuple*, tout souverain qu'il est, à avoir pour ceux à qui il a remis et ses forces et ses droits, cette déférence que Lacédémone avoit pour ses *Ephores*; que Rome avoit pour ses tribuns : *aux municipalités*, que leurs fonctions sont une espèce de sacerdoce où les mœurs ne sont pas moins indispensables que les talens; et qu'avec une *écharpe* on ressemble à ces *archontes* que les grecs condamnoient à mort, lorsque perdant leur raison dans l'ivresse des repas, ils exposoient au mépris les marques de leur dignité ; aux *prêtres* enfin, que la religion dans un état ne doit défendre que ce que défend la loi ; que les actions des hommes ne sont point bonnes, parce qu'elles plaisent à Dieu, mais qu'elles plaisent à Dieu parce qu'elles sont bonnes ; et que tout citoyen peut naître, vivre et mourir sans eux, qui n'ont de pouvoir, ni sur les opinions, ni sur les consciences.

C'est dans ces sentimens que je suis avec autant de respect que d'attachement,

Messieurs,

Votre très-dévoué frère,

P. MANUEL.

INTRODUCTION.

La police de Paris paſſoit pour une des merveilles du monde.

Un anglais avoit donc raiſon de dire que ſi la peſte avoit des charges, des dignités, des honneurs, des bénéfices & des penſions à diſtribuer, elle auroit bientôt des théologiens qui ſoutiendroient que c'eſt un péché de s'oppoſer à ſes ravages!

Ce ſont les commiſſaires, ce ſont les exempts, ce ſont les commis, ce ſont les eſpions qui ont perſuadé à tous les ſots, en les façonnant à l'eſclavage, qu'ils devoient admirer & bénir la plus compliquée, la plus diſpendieuſe & la plus deſpotique des polices, dont toute la force n'étoit que celle des tyrans, puiſque faiſant de ſes réglemens des loix, malgré qu'elle n'eût le droit de punir que pour corriger, elle prenoit au roi même les clefs de la bastille, de l'hôpital et de Bicêtre. Fontenelle, tout philosophe qu'il étoit, ne faisoit-il pas un mérite au lieutenant-général d'Argenson de n'avoir, dans ses audiences où l'entourroient *des gens du menu peuple*, ni l'innattention, ni le dédain qu'avoient pu s'attirer les personnes ou les matieres : Un mérite de ne point purger la société de ceux qui lui pouvoient être utiles par des emplois dont d'autres qu'eux ne se chargeroient pas, ou ne s'acquitteroient pas si bien : & enfin de pénétrer par des conduits souterrains dans le secret des familles ? Il valloit bien mieux lui apprendre qu'une administration n'est bonne que quand elle est simple ; que ses moyens, pour être sûrs, doivent être doux ; que jamais elle ne doit payer de délateurs, parce que la fidélité ne se vend pas; que partout où tout homme est un homme, indépendamment de son habit, de sa richesse & de son rang, il ne faut que l'autorité de la loi, & non pas de ces punitions arbitraires auxquelles le despotisme condamnoit comme coupable celui qui pouvoit le devenir; ni de ces lettres de cachets qui supposoient le pouvoir injurieux de faire grace : que si sous prétexte de prévenir quelque désordre dans une ville immense, sans respect, ni pour les citoyens, ni pour les formes, elle seme jusque dans les maisons cette terreur qui n'a jamais fait naître de vertus, elle auroit les mêmes raisons de soumettre tous les chevaux aux morailles, parce qu'un coursier fier peut, par fois, se cabrer; enfin, que son grand art doit être de former par des lumieres & des mœurs, cette opinion publique qui ne permettant ni l'impunité, ni l'oppression, est la plus vigilante comme la plus forte des sentinelles. Oui, l'opinion publique fait plus elle seule que tous les janissaires.

Voilà de ces vérités que ne devoit pas retenir dans sa *main* celui qui n'osant pas blâmer les vivans, perdoit le droit de louer des morts.

Au lieu de faire cette sublime comparaison, que les citoyens d'une ville bien policée jouissent de l'ordre qui y est établi, sans songer combien il en coûte de travaux à ceux qui l'établissent ou le conservent, à-peu-près comme tous les hommes jouissent de la régularité des mouvemens célestes, sans en avoir aucune connoissance, j'aurois fait cette question plus utile :

Comment s'est-il trouvé un magistrat qui ait eu l'orgueil de dire : Je me charge de procurer la propreté, la tranquillité, l'abondance & la sûreté à plus de huit cents mille hommes ? Promettre de remplir des devoirs quand on ne se donne pas même la peine de les compter & de les peser ! Un marquis de ce temps-là s'engageoit à faire lui seul pour de l'argent ce que de nos jours essayent, pour de l'honneur, un département, une municipalité & 48 sections : & encore n'avoit-il d'autres boussoles que les girouettes de la cour qui lui recommandoit d'être juste comme elle, c'est-à-dire, bon ou méchant à propos.

Il est vrai que les fonctions des lieutenans-de-police se bornerent long-temps, du moins tant qu'ils n'eurent pas la vanité de faire tout, excepté ce qu'ils avoient à faire, au balayage roit jamais dû perdre, de les choisir lui-même.

Il m'a fallu du courage pour dénoncer les coupables : car ce sont presque tous des *très-hauts* et *très-puissans seigneurs*. Mais si, quand on veut se corriger, on se confesse, ils ne me sauront pas mauvais gré de les avoir montrés tels que je les ai surpris, avec leurs foiblesses, leurs vices et leurs crimes. Après tout, je ne les damne pas encore. Dieu lui-même, comme le disoit madame de *Thiange*, quand il s'agira de personnes de si *haute extraction*, Dieu y regardera à deux fois.

Il résultera du moins de cette instruction publique une vérité consolante, que, des *trois ordres*, celui qui a été le moins riche, a toujours été le plus sage, et par conséquent le mieux disposé aux formes républicaines de la liberté.

S'il est un moyen d'arrêter la gangrenne d'une Nation, c'est d'abandonner tous les citoyens à la censure, jusqu'à ce que chacun se croye digne d'occuper une maison de verre.

La grande puissance sur les mœurs c'est *l'opinion* : et avec la molle indulgence des procédés, elle ne se formeroit jamais. Une politesse hypocrite énerve tous les caractères. Par elle, on s'embrasse, quand on se hait ; on se flatte, quand on se méprise. Des leçons, des vérités ! voilà ce que nous nous devons tous : et qu'une franche médisance éloigne de nos foyers la lâche calomnie.

Lorsque les *Athéniens*, qui prirent si long-temps le plaisir pour le bonheur, se furent enfin apperçu que par vos conseils. J'osai former le vœu de venir vous offrir, pendant une suite d'années, le tribut de mon respect....,

Vous verrez par l'état que je vais avoir l'honneur de mettre sous vos yeux, que nous avons pourvu, autant qu'il a pu dépendre de nous, à tous les objets de consommation.

(Ici se déposoit un tableau tracé par la plus belle main des bureaux, que messieurs ne lisoient pas.)

Puis reprenant la parole : nous croyons que, relativement à la cherté de plusieurs denrées, il y a lieu de recourir à l'indulgence de l'église pour obtenir la permission de manger des œufs pendant le carême; un seul marché sera ouvert pendant ce temps d'abstinence, & nous veillerons à ce que l'exposition ne soit pas trop publique de viandes scandaleuses.

787. ÉTAT de la Saline et du Poisson d'Eau d[ouce]
Légumes et Epiceries destinés à l'approvisione[ment]
Carême de 1787, comparé avec les quantités [...]

SAVOIR;

SALINE
ET POISSON D'EAU DOU[CE]

DÉNOMINATION DES DENRÉES.	1786. QUANTITÉS.	1787. QUANTITÉS.	COMPARAISON DE 1786 à 1787.	OBSERV[ATIONS]
MORUE, en poignées.	179,845	206,389	Poignées 26544 de plus que l'année dernière.	Nous avons [...] de salines qu[...] On en attend [...] l'abondance [...] semblablement [...] prix, qui ne [...] le jeudi-gras.
SAUMON, [en] gonnes ou barils.	414	334	80 gonnes de moins que l'année dernière.	
[M]AQUEREAUX, en barils.	608	1,560	1152 barils de plus que l'année dernière.	Quoiqu'il y a[it] poissons d'eau [...] l'an passé, il [...] dant pas plus c[...] chet et la Tan[che] me à meilleu[r ...] parce qu'il en a [...] que journellem[ent ...] Semaine-Sainte.
[H]ARANGS SECS, en barils.	220	820	600 barils de plus que l'année dernière,	
[HA]RANGS BLANCS, en barils.	2,093	3,000	907 barils de plus que l'année dern'ère.	Le cent de C[...] de 16 à 200 liv. Le cent de B[...] 25 à 180 liv.; [...] l'an passé jusqu[...] Le cent de T[...] 15 à 27 liv.; [...] elles ont valu ju[...] La Perche et [...] vendent à la piè[ce]
[P]OISSONS d'eau douce.	649,000	606,000	Milliers 43,000 de moins que l'année dernière.	

La péroraison. " Après le compte que nous venons d'avoir l'honneur de vous rendre, il ne nous reste plus qu'à remercier la cour des bontés dont elle nous honore, à l'assurer du zèle qui nous anime, & des efforts que nous ne cesserons jamais de faire pour obtenir son approbation Nous regarderons toujours la confiance qu'elle voudra bien nous accorder, comme le prix le plus flatteur de nos travaux ".

Le peuple avoit ordre d'applaudir & même d'éloigner.

N'étoit-ce pas une grave comédie que jouoient les *pères de la patrie*, lorsqu'ayant appellé à leurs pieds le premier magistrat de la première ville du monde, loin d'exiger les sublimes résultats que sembloient promettre son étude & son expérience, contens du tarif des comestibles, ils se laissoient bercer de complimens ? O Parisiens ! vous ne connoiffiez encore ni vos forces ni vos droits, & pourvu qu'on vous affurât du pain & que vos vîtres ne fuffent pas caffées, dans votre cadavéreufe tranquillité, à peine vous apperceviez-vous de vos fers, de vos préjugés & de vos vices. Quelle idée pourtant deviez-vous avoir d'une police, qui affez attentive pour étendre quelques couches de paille devant l'hôtel d'un gentilhomme de la chambre, quand il paffoit aux remèdes, ne s'inquiettoit pas même de la fanté de Rouffeau, qu'un chien danois avoit pouffé fous le caroffe de fon maître, & négligeant toujours le plan indifpenfable des trotoirs, abandonnoit le citoyen modefte au fouet infolent d'un maître de danfe; d'une police qui fouffroit que des maifons, follement fufpendues fur les eaux, fe difputaffent encore par leur exceffive hauteur, l'air & le jour; qui a toujours permis aux goutières allongées d'inonder le vieillard, dont les pieds froids & lents ne pouvoient franchir un ruisseau que rougissoit souvent le sang des bouchers; de cette police dont l'avarice a coûté bien des vols & des meurtres, lorsque se fiant à la lune perfide, elle n'allumoit pas ces sales reverberes, qui eux-mêmes ne sont que des *ténèbres visibles*; de cette police qui laissoit couler le vin sur des comptoirs de plomb, le lait dans des vaisseaux de cuivre, & des fosses filtrer jusque dans des puits; qui logeant Pomone sous les halles, dans les *marchés* dégoûtans, voyoit sans répugnance un maquereau dans la corbeille de Flore; qui entassoit, dans les salles de Thalie, un troupeau de spectateurs sous le fusil des gardes; qui jamais ne visitoit ees hôpitaux empoisonneurs où les médecins dédaigneux tâtent avec leur canne le poulx des malheureux qui n'ont point d'amis ; d'une police que jamais n'indigna le monopole de cette douanne, où le voyageur, qui a souvent autant besoin d'argent que de repos, arrachoit, comme une grâce, à cinq ou six mains mercenaires, son bonnet de nuit ; & où je n'ai pu voir, moi, sans maudire toute la ferme, un missionnaire malade qui arrivant de Pekin, pressé de retrouver sa famille à Lyon, fut condamné à suivre jusqu'à la chambre syndicale son apostolique valise où gissoient quelques volumes des *lettres* édifiantes ; d'une police enfin qui, au lieu de prohiber, par une puérile *ordonnance*, la vente des clefs sans serrure ; persuadée, comme elle devoit l'être, par ses constantes observations, que des oisifs sont des méchans commencés, auroit dû, par des dissertations politiques, préparer une si grande ville à cette loi d'*Amasis*, qui obligeoit les Eyptiens à déclarer à leurs magistrats de quels moyens ils se servoient pour vivre : & cette loi en eût améné une autre, celle de Solon, qui enjoignoit aux père & mère de faire apprendre un métier à leurs enfans ?

La police n'a jamais eu qu'un talent, si c'en est un de savoir ce que personne n'a le droit de demander, ce qui se fait, ce qui se dit dans les maisons : & on la croyoit sorciere, parce qu'une sentinelle arrivoit de sa part à la porte d'un bordel où s'étoient glissés en tapinois le maréchal de Saxe & le maréchal de Lovendal, qui ne pouvoient pas se fâcher de la plaisanterie : car si c'étoit une leçon, c'étoit aussi un honneur. Mais quel mérite a-t-il dans ses inutiles découvertes, celui qui entretenoit autant d'hommes que Xercès ? C'étoit véritablement une armée que cette *robe-grise*, qui, sans enseignes, sans armes, avec des *rapports* & des menottes, faisoit trembler le bourgeois jusques dans ses foyers. Elle étoit composée de sujets vils qui ne se rendoient justice qu'à eux-mêmes en se méprisant tous, & dont le service le moins équivoque étoit de s'observer & de se trahir. Les uns portoient l'épée, les autres le froc, celles-ci le tablier d'une soubrette, celles-là le mantelet d'une duègne : & l'inspecteur, dans chaque quartier, recueilloit de ces bouches infidelles de quoi commencer le procès à huis clos de tous domiciliés qui auroient déplu au gouvernement, c'est-à-dire, à un ministre ou à ses catins.

La police de Paris avoit encore une ambition, c'étoit de paroître correspondre avec toute la France. Elle avoit convaincu toutes les provinces que rien ne pouvoit arriver ou sans son ordre ou sans sa permission. On lui écrivoit du fond de la Bretagne pour savoir où demeuroit celui qui ne couchoit nulle part, & j'ai en mains une lettre, datée de Barcelonnette, par laquelle un chaudronnier prie monseigneur de vouloir bien lui apprendre si mademoiselle Jannette fait fortune avec sa marmotte. Il étoit dumoins sûr d'avoir une réponse, d'autant plus honnête qu'elle n'étoit pas satisfaisante. Il y avoit pour ces cas-là des formules. Tout ce qui s'écrivoit étoit gardé avec scrupule, jusqu'aux copies, jusqu'aux *brouillons*, ne fut-ce que pour former cette longue suite de cartons, bien étiquettés, bien numérotés, bien alignés, cette morte symétrie qui étonnoit les regards & l'intelligence des passans. Ils ne savoient pas que sous ce titre imposant : *état des hommes signalés au bureau de confiance & de sûreté, depuis le premier février 1755, jusqu'au 9 août 1759*, un administrateur n'avoit à recueillir d'une nomenclature fastidieuse que ce stérile calcul.

En 1755, neuf cents cinquante-six domestiques. . . . 956
En 1756, mil huit . . 1008
En 1757, huit cents six . 806
En 1758, mil huit. . . 1008
En 1759, cinq cents huit . 508

Une légion de *commis* annonçoit l'autorité souveraine des bureaux; on trouvoit à droite, dans l'un :

MESSIEURS,

Puissant, chef, qui avoit 13500 liv. d'appointement.

Puissant

Puiffant des Landes 7500
Bouffaton . . . 2600 avec 1000 de grati.
Coquereau . . . 2400 avec 600
Delafeft . . . . 1500 avec 300
Et Puiffant fils, poftulant.

Dans l'autre.

Messieurs,

Debellefoy, chef . . . 8000
Devadancourt . . . . 1500 avec 200

Messieurs,

Regnard, chef . . . 4000 avec 500
Barbau, chef . . . . 4600 avec 2000
Receveur . . . . . . 1200 avec 150

A gauche, au fond de l'efcalier.

Messieurs,

Mafcrey, chef . . . 9000
Pierlot 3400
Gaume 2500
Baron 1800

Bourgeois 1800
Bouchard 1800
Faure 1400   300 grat.

A côté.

MESSIEURS,

Garon, chef . . . 5400   600
Bertin 1600   150
Martin 1200   150

A l'entrée du corridor.

MESSIEURS,

Cauchy 8000
Loyseau 2700   500 gratifi.
Nicolas 3100   600
Basselin 3100   600

Au fond du coridor.

MESSIEURS,

Lechauve, pere . 10,000   1500
Lechauve, fils . 2400   1200
Daumet . . . 3200   500

Laurent . . . . 1400 . 500
Henri 1200 500

Plus haut enfin.

MESSIEURS,

Spire, chef . . 7000 1000
Dutilleul . . 3200
Cauchois . . 1500 500
Rochier . . . 1500 300

Total. Trente-quatre commis coûtoient cent trente huit mille six cens cinquante livres. Je leur dois une justice: c'est que la plupart n'avoient ni la morgue ni l'ignorance de l'ancien régime, & que dans ces jours orageux, où, abandonnés de leur maître, il leur étoit si facile d'avoir des torts, & où l'on se faisoit une gloire de leur en trouver, pas une plainte contre eux ne gêna la confiance de la *commune*. Tout au plus la malignité observa que M. Puissant, qui avoit plus de 30 mille livres de rente, venoit, sans son carosse, tous les jours au *département*, ne fut-ce que pour faire des enveloppes. Mais n'étoit-ce pas moins le désir d'avoir une retraite que l'habitude incurable du travail? Aussi les très-estimables lieutenans de maire, Jussieu & Celerier, qui sentoient que le droit le plus sacré à une place, étoit de n'avoir pas mérité de la perdre, appellèrent-ils quelques-uns de ces orphelins dans leur département. C'étoit un exemple qu'ils donnoient à M. Bailli, qui, s'en s'informer si dans le vaste hôtel où *l'intronisoit* le peuple, quelques pères, quelques époux, ne pleuroient pas leur ruine, s'entouroit de flatteurs-protégés, qui, en cheveux longs, se croyant presque son manteau, ne laissoient pas parvenir jusqu'à lui toutes les lettres &

toutes les femmes, & renvoyoient dédaigneusement les pauvres aux administrateurs gratuits qui n'avoient pas une douzaine de secrétaires. Je remercie M. *Boucher* de m'avoir réservé tous les malheureux : c'étoit cette classe-là que je voulois servir dans mon obscur cabinet, où sans écharpe, mais avec toute l'autorité qu'elle suppose, j'ai fait plus de bien qu'on n'en fait à toutes ces *audiences* qu'annonce de loin le *Journal de Paris*.

Nota. L'administration de la police crut que c'étoit acquitter une dette publique que de s'attacher MM. Lefrançois, Dufour & Audouine, qui le 14 juillet avoient pris les plumes & les registres de la commune, & n'avoient jamais quitté l'hôtel-de-ville, même quand les jours y étoient de 24 heures.

DE LA POLICE

SUR

LA LIBRAIRIE.

DE tous les vols que les rois ont faits aux peuples, celui qui leur coûte le plus à rendre, c'est la liberté de la presse. Les anglais ne reconnoissoient d'autres maîtres que la loi, quand la chambre étoilée exerçoit encore sur les pensées la puissance de Goa. Le long parlement, Charles II, Jacques II, écarterent, tant qu'ils purent, de toutes les Imprimeries cette censure publique qui seule assure les loix et les mœurs d'une nation : et c'est Walpole qui, retiré avec des protes dans sa maison de Patney, fut un des premiers à apprendre à tous les tyrans du monde que le choc des idées produit la vérité comme le choc des corps durs produit la lumiere.

Un gouvernement qui enchaîne ses écrivains, dénonce lui-même ses fautes et ses vices. Il n'y a que des sultans, des visirs et des bachas qui craignent les réverberes. Se laisser voir, c'est s'engager à être juste, et ils ne veulent pas se donner la peine d'être prudens.

L'on peut assurer qu'il n'y a dans un état que des tyrans et des esclaves, tant que les ministres du trône n'ont pas dit au peuple : Suis-moi par-tout, je ne te crains pas.

De tous ces despotes subalternes, il n'en est pas peut-être, qui ait plus retardé, en France, le culte de la raison que les lieutenans de police : car ils avoient la clef de cette Bastille, où, quand on n'ôtoit pas la vie aux philosophes, on leur coupoit du-moins la langue. Un *Sartine*, en reculant les bornes de l'espionnage, a plus étouffé de bons livres que *Seguier* : car l'avocat-général ne faisoit brûler, au bas du grand escalier, que quelques feuilles qui étoient souvent celles du réquisitoire même que le bourreau honteux substituoit à *Raynal* : et un *le Noir*, dont les cent yeux ne se fermoient jamais, précipitoit dans les gouffres de l'ignorance les éditions entières du génie. Sans les Suisses et les Hollandais, il y auroit eu des années où la patrie des d'Alembert eût été condamnée à ne lire que l'historiographe *Moreau*.

C'est pourtant le Chancelier d'Aguesseau, lui qui pensoit en philosophe et qui parloit en orateur, qui, en 1723, a le plus conspiré, par ses réglemens, contre le commerce des pensées! mais, grâce aux commis des fermes, qui, sans s'en douter, servoient la philosophie, l'intérêt a souvent franchi les barrières de la loi. Tantôt les libraires, au lieu de prendre aux douanes frontières des acquits à caution adressés à la chambre syndicale du lieu de la destination des ballots, les faisoient entrer sous l'apparence de marchandises de peu de valeur dont on payoit les droits : tantôt, quand ils étoient forcés de tromper les employés qu'ils ne pouvoient corrompre, leurs ballots plombés, ils adressoient un acquit à caution à une chambre intermédiaire, Lyon, par exemple, Dijon, Lille, où leurs correspondans, après avoir retiré ces ballots comme s'ils leur étoient destinés, les versoient dans des entrepôts, comme Versailles, St. Germain, la Villette, le Bourg-la-Reine ; là des colporteurs partageoient les ballots et les dangers.

Envain *monseigneur* le garde-des-sceaux avoit-il établi dans chaque chambre un inspecteur pour contrôler la visite du syndic et de ses adjoints; il y a des *d'Hemery* partout : et puis, on est indulgent, quand on veut pécher soi-même.

La formule des acquits à caution fournissoit aux libraires étrangers un moyen d'éluder les réglemens, en donnant aux juges, échevins et syndics des lieux où les livres sont adressés, la faculté de décharger ces acquits, lorsqu'il n'y a pas de commis aux traites. Comment M. le *Camus de Néville*, dont le nom n'a jamais été béni dans la rue du *Foin*, ne s'est-il pas apperçu que cette formule nécessaire peut-être pour les marchandises qui entrent dans le royaume, transportées d'une province à une autre, étoit mal adroitement appliquée aux livres, qui selon lui, ne doivent circuler qu'avec les précautions les plus rebutantes, comme des poisons ? Est-ce que son inspecteur *Henri* n'auroit pas dû lui dire : « à Versailles, monseigneur, il y a différens commissionnaires, Germont, la veuve Lanoue, chez lesquels les libraires étrangers adressent les livres prohibés ou contrefaits qu'ils veulent débiter en France : ces commissionnaires reçoivent les ballots accompagnés ou non-accompagnés d'acquits à caution : ils s'entendent avec tous les *Poinçots* de Versailles, de Paris, de Rouen, pour les leurs faire passer par des voies détournées, où se déchargent les acquits, loin de la douanne et de la chambre. Ni monseigneur le chancelier, ni monseigneur de Vergennes, ni monseigneur Amelot, ni moi, nous n'avons pu arrêter ces pirates ». Il eût paru bien plutôt, cet arrêt du conseil du 25 août 1781, qui enjoint aux libraires étrangers d'envoyer à la chambre syndicale la plus prochaine de la frontière, les ballots de livres, estampes, musique, cartes, etc. qu'ils voudroient faire introduire eu France ; et à tous rouliers et voituriers qui en seroient chargés, de les y conduire, à peine de 500 livres d'amende et de la confiscation de leurs chevaux et voitures, avec ordre aux commis des fermes de saisir tous les ballots ou caisses qu'ils trouveroient en contravention ou entreposés, dans l'intention d'éviter la visite.

M. le baron d'Ogny, qui n'étoit pas *le père des lettres*, avoit déjà proposé de charger les messageries, par un privilège exclusif, du transport des livres dans l'intérieur du royaume. Il pensoit, monsieur le baron, que les ordres qu'il donneroit seroient plus fidellement exécutés par ses messagers, riches de sa confiance, que par des charretiers qui n'avoient pas le bonheur de le connoître. Mais on avoit à craindre que ces messagers du roi, comme les courriers de Malle, ne vécuffent que de contrebande. On pouvoit encore craindre que le prix d'un baron ne fut pas celui d'un roulier.

La police qui attribuoit aux *mauvais* livres les premiers élans de l'indépendance, crut devoir resserrer le bandeau d'un peuple qui commençoit à entrevoir et le gaspillage des cours et le libertinage des prêtres. Pour l'empêcher de tout dire, il falloit d'abord ne lui pas permettre de tout lire. Chaque jour c'étoit un projet nouveau pour fermer le royaume aux vérités qui nous venoient de Londres ou de Genêve. Les uns vouloient que l'on amenât à la douanne, *rue* du Bouloi, toutes les brochures qui se présenteroient aux frontières de Bretagne, Normandie, Picardie, comme à celles de la Hollande, de la Suisse et des Pays-Bas. Ce n'étoit pas là le plus court des moyens. Les autres vouloient imposer sur la librairie étrangère des droits si onéreux, qu'un volume d'Amsterdam coûteroit deux fois plus cher qu'un volume de Paris. C'étoit combler le canal fertile des échanges.

Monsieur le lieutenant-général qui n'osoit plus répondre seul du sort de la monarchie, demanda du secours à monseigneur le chancelier, et *l'Atlas* de la capitale ne tarda pas à annoncer lui-même aux officiers de la librairie l'arrivée *d'Hercule*.

« La multitude des affaires attachées à ma place ne me permettant pas, messieurs, de donner toute mon attention à l'administration de la librairie, j'ai cru devoir prier M. le garde-des-sceaux d'en remettre une partie des détails à un magistrat digne de sa confiance. Ce ministre a fait choix de M. le Camus de Néville, maître des requêtes, lequel, à compter de ce jour, prendra connoissance et expédiera les affaires qui dépendront à l'avenir de son administration. Je vous ferai connoître les objets sur lesquels je continuerai de donner mes soins. Le bureau se tiendra encore chez moi jeudi prochain ; vous y viendrez : je me ferai un plaisir de vous présenter à ce magistrat et de lui inspirer les sentimens d'estime et de confiance que je ne cesserai d'avoir en vous.

Je suis parfaitement votre etc.

Le Noir.

Alors la librairie eût deux rois. La ligne de démarcation entre leurs empires est le chef-d'œuvre des deux souverains. Après plusieurs conférences, les articles suivans furent arrêtés.

Pour le lieutenant de Police.

1°. Permettre l'entrée des livres aux barrières.

2°. Les faire rendre à la douanne.

3°. Les saisies ou suspensions de livres par les commis des fermes, tant aux barrières de Paris que dans la province.

4°. Les saisies des livres prohibés faites dans les chambres syndicales, par les inspecteurs de la librairie ou officiers, ainsi que par les commis des fermes dans leurs tournées.

La visite qui se fait tous les ans à la chambre syndicale, pour décider du sort des livres qui y sont confisqués ou suspendus.

5°. Recevoir le serment des nouveaux officiers de la librairie, et celui des nouveaux libraires.

7°. Tenir la main à l'exécution du réglement.

8°. Permettre l'impression d'un ouvrage jusqu'à concurrence de deux feuilles.

9°. Défendre ou arrêter la vente de toute espece d'ouvrages suivant les circonstances.

10°. Toutes perquisitions ou saisies de l'ordre du roi, ou emprisonnement.

11°. Censure des pieces de théâtre.

12°. On doit fournir au magistrat une copie des permissions tacites.

Il faudroit aussi lui donner copie de tous les jugemens.

A quelques subtiles observations près, tout accordé.

Pour le directeur-général de la librairie

Détail de la librairie gracieuse.

1°. Proposer la nomination d'un nouveau censeur.

2°. Nommer le censeur d'un ouvrage.

3°. Recevoir son jugement.

4°. En rendre compte à M. le garde des sceaux.

5°. Lui adresser la feuille des jugemens, ou des permissions tacites.

6°. Proposer la nomination des inspecteurs de la librairie, tant à Paris qu'en province.

7°. Signer les ordres pour rendre les livres à la chambre syndicale.

8°. Permettre ou suspendre la distribution d'un ouvrage approuvé et permis.

9°. Punir un libraire qui aura mis en vente avant la permission.

10°. Recevoir les plaintes des auteurs contre les libraires, et en rendre compte à M. le garde des sceaux.

11°. Rendre compte à M. le garde des sceaux des demandes de privilèges, des refus d'enrégistrement desdits privilèges, à la chambre syndicale.

12°. Des plaintes de contrefactions, d'analyses, d'extraits, de plagiats.

Le tout accordé, en observant toutefois que le magistrat de la librairie doit avoir le droit de faire exécuter une interdiction prononcée par un arrêt du conseil ; mais dans le cas de police civile, il convient de consulter le magistrat de police.

On observe encore sur l'article 12, que quand les plaignans se pourvoient en justice réglée, cela regarde M. le lieutenant-général de police en première instance, par appel au conseil ou le bureau des affaires contentieuses.

Une fois à leur place, ces deux magistrats

se

se disputoient la gloire d'entretenir la cour de leurs services. L'un écrivoit au roi : ,, Une tolérance trop décidée a enhardi et les auteurs et les libraires. J'ai trouvé établi le systême que la librairie étant une branche de commerce, on ne pouvoit lui donner trop d'étendue et de liberté. A la faveur de ce principe, on ferme les yeux sur l'impression, la publication et la distribution de tous les ouvrages prohibés. Le prétexte de ne point faire passer l'argent chez l'étranger, autorise la plus coupable licence, comme si la religion ne devoit pas commander à la politique. Ce qui peut rassurer votre majesté, c'est que les littérateurs sont fortement persuadés qu'au milieu des grands objets dont votre majesté est occupée, elle a daigné descendre aux détails de la librairie, et donner les ordres les plus précis pour la défense de tout livre que je croirai dangéreux ,,. L'autre écrivoit : ,, Sire, votre majesté n'ignore pas qu'il y a dans Paris une imprimerie qui n'est pas entièrement soumise à mon inspection. Celle de *Simon*, est en quelque sorte dépendante du parlement ; elle ne devroit être employée qu'à imprimer ses arrêts. Cependant l'intérêt et la complaisance de l'imprimeur lui font quelquefois oublier son devoir; et c'est par cette voie que les ouvrages de parti se sont répandus souvent dans le public... Un abus d'un autre genre que je crois devoir vous dénoncer, c'est l'établissement qu'on a toléré depuis 40 ans des marchands de livres dans les maisons royales, aux spectacles, dans le château même de Versailles, et dans tous les lieux privilégiés ,,.

Tous les deux se faisoient un grand mérite d'avoir fait saisir à la foire de Beaucaire, 40 ballots de livres défendus, destinés pour la France et introduits par Avignon; d'avoir fait arrêter à Lyon, à Bayonne des libraires en contravention.

La postérité me pardonnera-t-elle de n'avoir pas déposé au temple de mémoire, les noms de ces magistrats qui sans la *gazette ecclésiastique* qui leur échappoit toujours, auroient eu, comme Dieu, la réputation d'être présens par-tout?

De la cérémonie du pilon.

Rome est si éloignée de Paris, sur-tout depuis la *révolution*, que Paris a peut-être oublié comment les livres se brûlent à Rome, depuis le *Dictionnaire* de Bayle, jusqu'à la vie *du diacre* Paris.

« On dresse dans une place publique un vaste échaffaud, et à trente pas un bucher. Les cardinaux montent sur l'échaffaud ; le livre proscrit est présenté lié, garotté de petites chaines de fer, au cardinal doyen ; celui-ci le donne au grand inquisiteur qui le rend au greffier ; le greffier le donne au prévôt ; le prévôt à l'huissier ; l'huissier à un archer, et l'archer au bourreau. Ce dernier l'élève en l'air, en se tournant gravement vers les points cardinaux ; ensuite il délie le prisonnier ; il le déchire feuille à feuille, et il trempe chaque lambeau dans de la poix bouillante ; enfin il verse le tout dans un bucher ; et le peuple, à ce signal, crie anathême aux philosophes ».

Comment le lieutenant de police, qui n'avoit pas moins envie que le pape, de brider, de museler les hommes, n'a-t-il pas imaginé de ces cérémonies augustes qui étonnent et subjuguent le vulgaire imbécille ? Presque seul avec ses valets, il jugeoit, condamnoit et exécutoit les livres qui ne devoient pas être lus ; et ce grand exemple qui n'avoit pour témoins que les murs muets de la Bastille, étoit perdu pour l'Europe. Que l'Europe du moins apprenne donc l'importance que la police donnoit à ce travail obscur. Quelques jours avant la descente du magistrat, voici l'ordre qui étoit envoyé au gouverneur de la place.

Ouvrir toutes les balles, ballots et paquets d'imprimés et gravures.

Mettre ensemble tous les exemplaires de chaque ouvrage sans distinction de ballots ou paquets où ils se trouveront.

Inscrire les titres de chaque ouvrage sur l'état général, par ordre alphabétique.

Après que l'état général sera fait, on tirera vingt exemplaires de chaque ouvrage pour être conservés au dépôt de la Bastille, et douze ou quinze pour les *distributions* d'usage qui seront ordonnées.

Ensuite il sera pris jour pour commencer le déchirage qui sera fait le plus promptement possible, tant par de bas officiers qu'on y employera que par les garçons du cartonnier, qui achetera le papier déchiré.

Comme il y a au dépôt certains ouvrages en malles, caisses, ballots ou paquets qui *exigent une attention particulière*, on n'en fera l'ouverture qu'en présence de M. le lieutenant-général de police, et ainsi qu'il l'ordonnera.

Tout le travail préparatoire du pilon sera fait en présence du garde des archives, ou en son absence, de l'un de MM. les officiers de l'état major, qui seront priés de veiller à ce qu'il ne puisse être distrait aucun exemplaire des différens ouvrages réservés au dépôt, ni mêmes de ceux destinés au pilon.

Tous les frais relatifs au pilon seront payés sur le produit de la vente qui sera faite du papier déchiré.

Approuvé LENOIR.

Ballots conservés au dépôt de la bastille sous le cachet de M. Lenoir.

NOMBRE DES EXEMPLAIRES.	TITRE DES OUVRAGES.	NOTES INDICATIVES.
385	Ministere de M. le comte de Maurepas.	Libelle contre ce ministre.
400	Lettre de Dangui.	Contre le duc de Chartres.
73	Réponse de M. Bourboulon au compte rendu de M. Necker.	

(38)

200	Réflexions sur les pirateries du Sr. Gombault.	
300	Administration provinciale.	
79	Conversation de Madame Necker.	
534	Essais sur la vie d'Antoinette.	Libelle abominable contre la R.
34	Les joueurs de Dufsault.	Libelle contre M. Amel. & autres.
500	Erreurs & désavantage de l'état, par Pellisery.	Libelle contre M. Necker.
300 400	De l'administration provinciale, in-4°. par M. le Trône.	Ouvrage saisi & retenu par ordre de M. le garde des sceaux & de M. Necker.
Toute l'édition.	Amours de Charlot & Antoinette.	Pieces de vers & gravures très-injurieuses à la R.
Toute l'édition. ou à-peu-près.	Porte-feuille d'un talon rouge.	Libelle contre toute la cour.
Toute l'édition. d'un ouvrage acheté à Londres.	Malle cachetée du Lord North.	On pense que c'est un libelle contre la R.

Ouvrages que le sieur Jacquet a fait imprimer.

Toute l'édition.	L'aiguillonnade par Linguet, deux caisses.	Piece contre M. le duc d'Aiguillon & autres personnes en place.
Toute l'édition.	Préface de l'Histoire de Louis XVI, en trois gros ballots.	Diatribe sur le regne dernier, & le commencement de celui-ci.

Jugement rendu le 13 mai 1783.

Jean Charles-Pierre Lenoir, chevalier, conseiller d'état, lieutenant-général de la ville, prévôté et vicomté de Paris,

Vu l'état-général de tous les livres imprimés, planches et estampes prohibés, depuis le mois de juillet, tant à Paris et dans les environs que dans les provinces du royaume et pays étrangers, et envoyés au château de la Bastille, soit en exécution des ordres du roi et de ceux de monseigneur le garde des sceaux, soit en vertu de nos ordonnances ou des jugemens par nous rendus à la chambre syndicale de la librairie; ordonnons que lesdits ouvrages d'impression seront supprimés et lacérés en la maniere accoutumée, et les planches gratées et brisées, en présence du sieur Martin, garde des archives dudit château, et de ceux de MM. les officiers de l'état-major, auxquels leur service permettra de s'y trouver, et ils nous certifieront de l'exécution du présent ordre par écrit, qui vaudra procès-verbal et sera déposé aux archives dudit château de la Bastille, pour servir et valoir ce que de raison. *Signé* LENOIR

D'après une sentence si forte de raisons et de formes, comment des livres osoient-ils renaître de leurs cendres !

Après cet assassinat typographique, le magistrat exigeoit la décharge de ces complices ; elle étoit conçue en ces termes :

„ Nous, avocat du parlement, garde des archives de la Bastille, et officiers de l'état-major dudit château, soussignés certifions qu'en exécution de l'ordre de *monsieur Lenoir*, conseiller d'état, lieutenant-général de police, commissaire du roi, en date du 18 du présent mois, il a été procédé en notre présence, le lendemain 19 et jours suivans, jusques et compris cejourd'hui à la suppression, lacération et destruction de tous les ouvrages imprimés, estampes et planches gravées, énoncés en l'état-général, annoncé audit ordre, et paraphé par premier et dernier feuillet. Fait à Paris, etc.

Et ont tous signés.

Il paroît que M. de Sartine, ne se donnoit pas la peine de célébrer lui-même cet auto-da-fé. Les livres qu'il avoit à condamner au feu ne méritoient pas son attention comme les amours de Charlot et d'Antoinette. C'étoient le *Contrat social*, les *Lettres* de la *Montagne*, l'*Esprit*, les *mémoires de Maintenon* : encore il y en avoit-il là d'autres qui sur leurs titres devoient lui paroître beaucoup plus dangéreux : les *avantages* du *mariage* des *prêtres* ; le *moyen* de rendre les *réligieuses* utiles, le *traité* de *la tolérance*, etc. Mais, plein de confiance en l'état-major, il lui envoyoit la torche de la police qui n'épargnoit ni les gravures jansénistes en cuivre, de Gondolfe, ni celles impudiques de Jourdan, de Darles, de Montigny et de Brocheron. Elle mettoit en cendres jusqu'à des presses qui avoient leur jumelle, train, marbre, visses, barreaux, tympan, frisquete, onze chassis, onze paires de casses, des boîtes remplies de Pâtés, et environ trois milliers de caractères, qui à dix sols la livre, l'un dans l'autre, faisoient 1500 liv.

Sous sa hache, des piles énormes du génie se réduisoient à trois milliers et quinze livres pésant de feuilles mortes qu'emportoit le cartonnier Tisset, à raison de 7 liv. 10 s. le quintal . . . . 226 l. 2 s. 6 d.

Sur laquelle s'élévoit la dépense :

Pour 7 journées de 3 déchireurs à 3 l.	63		
Pour 1 journée de 2 hommes.	6		
Aux compagnons pour boire.	3		
Pour les fiacres de Guerin .	15	12	
Il restoit de profit	138	10	6
Preuve	226	2	6

Voilà comme Mably, en composant ses *principes de morale*, a fait des cartons où reposent des chapeaux de femmes !

Du pouvoir des ministres sur le lieutenant-général de police.

Celui qui avoit sous ses ordres une armée de commis, de commissaires, d'inspecteurs et d'espions, pour qui rien n'étoit sacré, ni les aziles, ni les pensées, obéissoit lui-même comme un soldat à des satrapes qui se partageoient la force des rois. Tantôt c'étoit monseigneur le garde des sceaux qui faisoit passer ce billet à l'hôtel de la police.

« M. Albert aura pour agréable de mander les syndics et adjoints de la librairie, et de leur dire que l'intention du roi est qu'il ne soit imprimé aucun mémoire dans l'affaire du sieur Tort contre M. le comte de Guines, dans le cas même où il y auroit appel de la sentence du châtelet rendue sur cette affaire. A Versailles le 13 août 1775.

Hue de Miroménil.

Tantôt c'étoit monseigneur Amelot qui faisoit remettre à M. le Noir, dans sa loge aux *variétés amusantes*, cette lettre de cachet :

DE PAR LE ROI

Il est ordonné au sieur Henri, inspecteur de police et de la librairie, d'arrêter le sieur *Pavie* imprimeur à Angers, ainsi que ceux qui ont pu concourir à l'impression du *supplément aux lettres de l'espion anglais*, et de les conduire à la bastille. Fait à Versailles le 6 janvier 1782.

LOUIS.

AMELOT.

Ce coup de foudre est bientôt suivi d'un arrêt, rendu par je ne sais qui, cassant l'imprimerie de M. Pavie, avec ordre à la chambre d'Angers de vendre toute sa librairie. On n'imagineroit pas quel moyen M. le Clerc, le *consul*, qui passe pour avoir des lumières, mais qui certainement a de la probité, employa pour obtenir le pardon de son ami. Après avoir mis sous les yeux du lieutenant de police ses regrets, ses malheurs, une femme en pleurs, un beaupère qui se fait tailler de la pierre, il ajoute : ,, Vous pourriez vous servir de la grace que sa majesté annonce qu'elle va accorder à des criminels, en déterminant monseigneur le garde des sceaux à comprendre Pavie sur sa liste. ,,

Cette idée ne revolta personne. Sous le despotisme, la fortune valoit mieux que l'honneur.

Quelquefois c'étoient tout-à-la-fois monseigneur le comte de Vergennes et monseigneur Hue qui, à l'envi l'un de l'autre, avertissoient le lieutenant de police que *Valade* imprimeur et libraire abusoit de la tolérance que l'on avoit eue jusqu'à présent fort mal à propos, de laisser entrer sans visite dans Paris, les ballots qui lui arrivoient de Liège où, sous l'esprit des journaux, *Soer* avoit caché les fastes de Louis XV, au grand scandale de l'évêque de Liège et de M. Léonard, notre chargé d'affaires.

C'est encore le garde des sceaux qui commandoit à M. le Noir de faire imprimer par M. Anisson et afficher l'arrêt du conseil du 22 mars 1785, qui défend à *tous les journalistes de publier aucune lettre ou dissertation de quelque personne que ce soit, sur les matières de législation ou de jurisprudence, de même que de s'immiscer à interpréter les lois du royaume.*

Il arrivoit souvent que ces grandes puissances se heurtoient, malgré les précautions qu'elles prenoient pour s'entendre, par le besoin qu'elles avoient les unes des autres ; mais quand les ministres avoient des querelles de prétentions, afin de ne pas trop se fâcher, leurs secrétaires se battoient pour eux.

M. le Noir avoit été prévenu par M. Amelot que dans le passage de la grande écurie qui conduit de la rue de *l'échelle* au jardin des Thuileries, des estampes lascives embarrassoient le pudique regard des princes et princesses de la cour. Un inspecteur est lâché qui, avec l'esprit prompt et la chair foible, ne se donnant pas le tems de les compter pour ne pas trop les voir, emporte les Psiché, les Léda, les Venus aux belles fesses, les Diane, jusqu'à cette fille romaine qui avoit l'indécence de nourrir son père sans fichu. Chargé de ces oeuvres diaboliques, il entroit chez lui pour y rédiger seul, à son aise, le procès-verbal, lorsqu'une lettre imprévue lui annonça qu'il étoit presqu'un voleur.

23 Juillet 1781.

,, J'ai l'honneur, monsieur, de vous avertir que la manière dont vous vous êtes servi pour prévenir la vente des estampes prohibées, dans l'enceinte des écuries du roi, est irrégulière et aussi opposée aux droits de monseigneur le grand écuyer de France que contraire aux instructions que vous devez avoir reçues à cet égard de M. Lenoir.

Je connois trop bien la façon de penser de ce magistrat, pour croire qu'il ait voulu vous autoriser à entrer dans les lieux de la dépendance de monseigneur le prince de Lambesc, et y exercer les fonctions d'inspecteur vis-à-vis de gens qui ne dépendent que de lui.

Vous deviez vous adresser à *moi*, et en conséquence des ordres que j'ai de ce prince de concourir de sa part à tout ce que M.

Lenoir pourra désirer pour l'ordre public, j'aurois pris les mesures convenables dans la circonstance présente.

Comme son intention est qu'il ne paroisse dans les cours de la grande écurie de mauvaises estampes d'aucun genre, il trouve très-bon que les marchands à qui il a permis de s'y établir, ne puissent en exposer aucune nouvelle, à moins d'être munis de l'approbation de M. le Noir.

S'ils y contrevenoient, et que vous en fussiez informé avant moi, je vous prie de vouloir bien m'en instruire, afin que je puisse vérifier le fait, et que sur le compte que j'en rendrai à monseigneur le grand écuyer, ils soient renvoyés des lieux de sa dépendance.

Au surplus, je vous préviens que je viens de défendre de sa part aux marchands de reconnoître vos ordres.

J'ai l'honneur d'être avec un parfait attachement, votre ec.

MULLER,
secrétaire des commendemens de monseigneur le grand écuyer de France.

Monseigneur de Lambesc et monseigneur le Noir, qui n'étoient pas des *iconoclastes*, séparerent leurs hommes. L'inspecteur comprit pourquoi il falloit respecter comme un temple les grandes écuries du grand écuyer. Il n'en chercha pas moins à être utile aux mœurs et à l'état, puisqu'en 1786, M. Frussote, graveur, fut forcé de lui remettre la *magicienne* avec la planche et les gravures. Tout le conseil de la reine avoit cru reconnoître la comtesse de la Mothe. Il fallut une *révolution* pour que l'artiste pût se faire restituer par le premier maire de Paris, une estampe dont l'original est de Vanvelde, de 1620.

Pendant que la police s'occupoit d'images, les ministres faisoient la guerre aux livres : à les en croire, c'est le roi qui les commandoit : et voilà comme ils le prouvent.

« Le roi, monsieur, m'a envoyé chercher ce matin, et m'a dit qu'il vouloit absolument que l'on fît la recherche la plus exacte d'un ouvrage intitulé : *Claude et Néron*. Sa majesté m'a dit aussi qu'elle vouloit absolument que l'on fît tout au monde pour en découvrir l'auteur, et elle m'a ordonné de donner les ordres nécessaires, et de lui en rendre compte.

Je

Je vous prie de ne rien négliger, et de prendre même les mesures les plus actives pour y parvenir.

Vous connoissez, monsieur, mes sentimens; ils sont bien sinceres.

MIROMÉNIL.

Ce billet parvint le même jour, à la même heure, à M. le Noir et à M. de Neville; c'étoit le 29 avril 1782. Sa Majesté n'en parla jamais ni à l'un ni à l'autre.

Lorsqu'un ministre qui osoit tout ce qu'il pouvoit, trahi par des circonstances qu'il ne pouvoit ni prévoir ni craindre, apprenoit par des bruits vagues, qu'une de ses sotises étoit portée au tribunal du peuple qui alors ne tenoit guere ses séances, par un excès de prudence, il appelloit un de ses collègues à son secours. Quand le renard est au fond d'un puits, il dit à son compagnon : tend tes jarrets, dresse tes cornes, allonge ton corps, je grimperai et te tirerai de la citerne : et il s'enfuit.

M. Amelot avoit ordonné au sieur Debure, adjoint, de procéder conjointement avec le sieur Cardonne à l'estampillage des ouvrages contrefaits qui se trouveroient à Versailles. C'étoit un moyen qu'avoit

D

trouvé le conseil, de relever les nombreux possesseurs de contrefaçons, des peines portées par les réglemens. Guillaume Debure ne voulut manquer ni à la loi ni à son serment, ni à ses confreres. Entre sa conscience et la bastille, il craint moins un cachot qu'un remords. Paris s'apperçoit qu'il y a dans ses murs un honnête homme de moins; et le redemande au parlement qui auroit dû répondre de tous les citoyens. M. le Noir étoit menacé de paroître à la barre, lorsque M. Amelot lui fit écrire par le garde-des-sceaux.

« Monsieur, il étoit juste et indispensable de punir le sieur Debure, pour avoir désobéi aux ordres du roi, et pour avoir donné à sa désobéissance un prétexte fort indécent. Au surplus, je trouve fort inutile d'exposer d'autres adjoints aux suites d'une désobéissance semblable, et je préfere de faire estampiller les contrefactions par l'inspecteur de la librairie seule. Cette affaire en elle-même ne mérite pas l'éclat qu'on voudroit lui donner, et je pense, toutes réflexions faites, qu'il est plus sage de mépriser les ressorts qu'on fait agir, et de se livrer à la compassion pour les individus qui s'en trouveroient les victimes.

Vous pouvez faire sortir dès aujourd'hui le sieur Debure de la bastille.

Je suis, monsieur,

Votre très-affectionné serviteur,

MIROMÉNIL.

Paris, ce 29 janvier 1778.

Comme il eût été impossible de rendre aux pirates de province l'argent qu'ils avoient distribué aux roitelets de la librairie, pour obtenir sur leurs éditions furtives l'estampillage, Cardonne et son laquais imposerent dans le magasin des recéleurs les sceaux de *cartouche*.

Il faut convenir que ces larcins étoient effacés par quelques bonnes actions.

En ce tems-là M. le Camus de Neville, instruit par une lettre trouvée dans la poche de Duhamel, prisonnier au châtelet, que M. Lequatre, imprimeur du collége, à Montargis, composoit *l'esprit philosophique et politique d'un ami de la liberté*, avoit envoyé Chenon et Goupil, pour, après avoir requis M. Aulas, lieutenant de la maréchaussée, amener l'imprimeur à la bastille, si l'ouvrage dont il ne connoissoit que le titre, s'y trouvoit sans privilége : et sur le rapport qui lui fut fait, que celui qui imprimoit de mauvais livres faisoit aussi de jolis enfans que nourrissoit leur mere, il sut gré au sensible Chenon de n'avoir pas chargé de chaînes un époux et un pere.

Il faut convenir encore que les occasions d'être méchans étoient fournies aux ministres par des hommes plus vils et plus méchans qu'eux. Des dénonciateurs hypocrites qui faisoient le mal moins par intérêt que par le besoin de le faire, appelloient leur attention sur des délits dont la découverte ne les tentoit pas. Qu'importoit à monseigneur le baron de Breteuil *l'essai sur quelques changemens qu'on pourroit faire dans les loix criminelles de France*, par un honnête-homme qui, depuis qu'il connoît ces loix, n'est pas bien sûr de n'être pas pendu un jour ? Il n'avoit pas trop de son tems pour régler le département de l'opéra, où une chanteuse ne pouvoit s'écarter sans sa permission. Mais quand une voix forte s'écrie : il s'imprime *au temple un libelle contre M. Séguier et le parlement*; peut-il ne pas commander au lieutenant-de-police une perquisition ? Et quand elle est faite, peut-il ne pas lui écrire en style qui lui est propre : J'ai appris avec beaucoup de plaisir qu'on a trouvé et saisi 500 exemplaires. Je vous prie de ne rien négliger pour découvrir où la presse a été transportée, et de ne me laisser ignorer aucune des circonstances nouvelles. Je crois sur-tout très-important de surveiller le *nommé* Manuel, que sa précédente détention à la bastille ne paroît pas avoir corrigé ; et pour peu que vous voyiez du louche dans sa conduite, il ne faut pas balancer à le faire arrêter.

Fontainebleau, 14 Octobre 1786.

Oui, c'est moi, qui jaloux de concourir à la défense des trois *roues*, avois courageusement placé la presse ambulante du président Dupaty dans une chambre discrète. Un de ses amis, qui avoit été celui de Turgot, indigné comme lui de ce que la justice ne pésoit plus que de l'or dans ses balances, vouloit dénoncer au peuple, qu'il croyoit déjà le juge suprême des tribunaux, la vénalité des charges, l'influence du rapporteur, ou plutôt celle de son secrétaire, l'étendue inique de plusieurs ressorts, etc. ect. Et c'étoit-là insulter le parlement ! Il reprochoit au chancelier Séguier d'avoir soutenu, après la prise de St. Michel en Loraine, que le roi pouvoit légitimement envoyer aux *galeres* la garnison qui s'étoit rendue : et c'étoit-là insulter son descendant qui en eût bien dit autant pour être chancelier !

M. de Crosne qui n'avoit pas le talent, et qui ne pût jamais avoir l'ame d'un lieutenant-de-police, me fit prier de passer dans son cabinet. --- Où est le manuscrit ? --- Je l'ai rendu. --- De qui est-il? --- C'est mon secret. --- Sera-t-il imprimé? --- Peut-être. Et il l'a été.

Ce ne fut pas la faute du plus lâche des délateurs, qui honteux de ma fermeté, écrivoit encore au baron de Breteuil....
,, Quoi, l'on entre dans l'enclos du temple avec des hommes armés ! On réclame la permission d'un prince auguste ! Cet acte d'autorité est public ! On nomme par-tout celui qui présidoit à ce crime . . . . . . Quand cet ouvrage contre un magistrat et contre le parlement aura été consommé, n'auront-ils pas le droit de demander com-

ment, après les avis les plus certains, on n'a pas prévenu un coup dont l'amitié avoit d'avance indiqué les complices ?,,

Ce mémoire, plein de ce phébus que j'ai reconnu dans la *gazette de Paris*, n'est point signé. Mais voici une note dont l'auteur doit mourir de rage, si ce n'est pas de honte.

,, Il paroît que le manuscrit est à Lausanne. Pour s'en assurer, il suffiroit d'envoyer visiter les papiers de M. Manuel, et voici un prétexte bien détourné. Comme le bulletin de madame de Beaumont contient une anecdote sur cet ouvrage, le commissaire montreroit une plainte de M. le garde-des-sceaux sur l'annonce de ce libelle qu'il croyoit étouffé. ,,

,, On demanderoit à M. Man. comment il a fait mettre cet extrait, et s'il distribue des bulletins à la main. Sur sa réponse, visite dans ses papiers. On trouvera la lettre que je n'ai point lue, mais que je sais qu'il a chez lui. On en prendra d'autres, et même sa correspondance qui ne sera ouverte que chez M. de Crosne. ,, Et ailleurs : L'ouvrage est tiré à 3000 exemplaires. Il y auroit possibilité d'acheter l'édition, etc. ,,

Le monstre! c'est de moi qu'il avoit tous

ces détails. Je le recevois presque tous les matins. Il avoit l'amitié de M. Barrois, la confiance de M. Sechelles : j'avois vu chez lui l'abbé Syeyes. Le président de l'assemblée nationale, celui qui a tracé les droits de l'homme, chez un espion de police ! J'oubliois que c'étoit encore lui qui m'avoit offert et fourni le prote qu'avoit si mal protégé le bailli de Crussol qui n'assuroit que les banqueroutiers.

O scélérat ! je ne te nomme point encore. Si tu n'as trahi que moi, je te ferai grace.

Revenons aux ministres. Il n'y avoit pas loin des espions à eux. J'ai une lettre à montrer à Démosthène-Riquetti. Elle est de ce Calonne qui avoit toujours cru que le trésor de la France n'étoit que la bourse du contrôleur-général, à la charge d'entretenir la cour. Je doute que ce ministre-pantalon, dans ses entretiens nocturnes, lui ai jamais laissé soupçonner ce qu'il écrivoit à M. de Crosne.

« Je vous remercie de m'avoir envoyé un exemplaire de l'ouvrage de M. de Mirabeau. En combattant l'agiotage, il est entré dans les vues du gouvernement. Mais ce mérite est plus que contrebalancé par le tort inexcusable, je devrois dire, par l'audace criminelle d'avoir attaqué aussi indécemment que déraisonnablement plusieurs opérations du gouvernement, des actes émanés du roi et des compagnies légitimement autorisées. Cette considération, dont vous croirez facilement que je détache tout ce qui m'est personnel, m'oblige de vous recommander d'empêcher, avec le plus grand soin, la publication de cet ouvrage qui est l'abus du talent et d'une tolérance à laquelle il devient nécessaire de mettre des bornes.

J'ai l'honneur d'être avec un sincere attachement, votre ect. DE CALONNE.

Versailles, ce 16 mars 1787.

Monseigneur le baron de Breteuil qui n'a jamais cru qu'à la providence de la rue neuve des Petits-Champs, empressé de venger le caissier de Saint-Cloud, envoya dès le 18, 4 ordres à M. de Crosne qui les prit pour des ordres du roi.

1°. Pour faire arrêter et conduire au château de Ham le comte de Mirabeau.

2°. Pour exiler à Montargis le sieur abbé Sahuguet d'Espagnac.

3o. Pour enjoindre au sieur Barroud de se retirer à Lyon sous 24 heures, avec défense d'en sortir jusqu'à nouvel ordre, et ce, sous peine de désobéissance,

4o. Pour enjoindre au comte de Seneffe de sortir du royaume.

,, L'intention du roi est de prendre sur son compte la pension du comte de Mirabeau, et qu'il soit bien traité. J'en préviens le commandant du château de Ham par la lettre ci jointe. Vous voudrez bien charger l'inspecteur de police qui exécutera l'ordre, de prendre avec le commandant les mesures relatives à cette pension.

J'ai l'honneur d'être très parfaitement,
le baron de BRETEUIL.

P. S. Il faut choisir l'homme le plus sage de vos inspecteurs de police pour arrêter M. de Mirabeau et le conduire à Ham. ,,.

M. de Mirabeau en changeant de domicile, laissa protester sa lettre de cachet. Une assemblée de notables l'a fait oublier; mais monseigneur de Breteuil espère bien la reprendre après la tenue des *états-généraux*.

Ce n'est pas la première fois que le ministre qui se faisoit mettre des papillottes avec des billets de caisse, avoit désigné des victimes au compère *Tristan* Lenoir, qui les faisoit exécuter par le bonhomme de Crosne. Des 1786, il écrivoit au bibliothécaire du roi : « Le pamphlet que vous m'avez promis, mon cher ami, et dont je viens seulement d'appercevoir le venin, en lisant les dernières pages, mérite d'être réprimé. Il a pour but de faire baisser les actions des eaux, et d'en décrier l'établissement, et même d'attaquer nommément des personnes dont le crédit est intéressant, telles que MM. de Saint-James et Perrier. On dit que l'auteur est un nommé D'auberteuil, dont le vrai nom est Hilliard, déja mal noté à la police, et qu'on a déja mis en prison il y a deux ans. M. le maréchal de Castres s'est plaint d'un ouvrage qu'il a fait imprimer sur les colonies. On le soupçonne fort d'avoir fait celui-ci à la sollicitation des parieurs à la baisse. On ajoute que le sieur Brunot en est le distributeur ; c'est un agent de change qui s'est déjà mal conduit. Je crois convenable que M. de Crosne fasse faire cette nuit des perquisitions chez ces deux particuliers, et que s'ils sont trouvés avoir plusieurs exemplaires des libelles ou des indices de distribution, ils soient arrêtés, étant nécessaire de mettre un frein à cette licence qui tend à diffamer des citoyens estimables, à perdre leur crédit et à déranger le cours des effets publics.

J'ai l'honneur, etc. DE CALONNE.

Il ne falloit pas tant de raisons pour que des ordres fussent expédiés sur le champ. Un vu bon de M. de Crosne fut un ordre de Louis. Ni l'un ni l'autre ne savoient pas que celui qui faisoit rendre des arrêts du conseil contre l'agiotage, l'alimentoit en secret avec l'argent du trésor qu'il prêtoit à gros intérêt aux joueurs à la hausse. Ils ignoroient toutes les friponneries qui se commettoient dans cette caverne de Cacus. Une seule mériteroit Bicêtre; aujourd'hui que le mépris public dégrade comme la justice, la rapporter, c'est la punir.

M. Seneffe offre au gouvernement de faire un service de trente millions. On l'accepte; il porte au trésor royal 3,881,616 *livres* de lettres de change de M. Pourrat; celui-ci n'avoit point d'argent. Il emprunte à l'archevêque de Sens sur 2558 actions des eaux. Le ministre lui fait donner par M. le Normand 6,881,699. C'est un créancier qui prête six millions à son débiteur, pour le mettre dans le cas d'en payer trois. Le banquier étoit fâché d'avoir donné tant d'actions au gouvernement. Si on pouvoit lui prouver qu'en vertu d'un dividende imaginaire de 180 liv., chaque action vaut 3,600 livres! On le lui prouvera; dès-lors le gouvernement a 647 actions de trop, on les lui redemande et le prélat les a rendus. M. de Brienne ne devroit-il pas n'avoir que la portion congrue d'un curé, jusqu'à ce qu'il ait comblé avec son patrimoine, les abîmes que couvrit sa soutanne?

Comme les ministaus de la librairie, ont servi la révolution.

La renommée aux cent bouches l'a dit aux 83 départemens; elle le dira au monde entier: c'est à Paris que se réveilla la France, c'est au Palais Royal que nâquit la liberté. J'ai vu ce peuple que contenoit la vile baguette d'un exempt, montrer tout-à-coup à des Geisler la flèche de Guillaume Tell: et celui qui la veille n'annonçoit que la jeunesse stupide de Brutus, tout-à-coup fier et libre, eût fait pâlir un Tarquin. Dans ces caffés où le *babillard* lui-même n'avoit jamais osé répéter ce que Jupiter disoit à Junon, on discutoit déjà s'il ne falloit pas un moment ôter le tonnere aux dieux ivres.

Quel fut l'étonnement des ministres, quand ils apprirent que ce français, qui avoit toujours chanté, se faisoit expliquer dans des clubs, les droits de l'homme ; qu'il vouloit savoir si c'est la force de *Nembroth* qui avoit fait les rois ; si on est obligé de donner sa bourse à un brigand qui vous la demande sur un grand chemin, quand même on pourroit la lui refuser, parce qu'enfin le pistolet qu'il tient est une puissance ; si ce mot de puissance veut dire autre chose qu'une puissance légitime, et par conséquent soumise aux loix ; si un homme peut s'aliéner à un autre sans restriction, c'est-à-dire, s'il peut renoncer à sa personne, à sa raison, à son moi, en un mot, s'il doit cesser d'exister avant que de mourir ; enfin si ce n'est pas l'intérêt des nations qui forme le droit des rois.

Toutes ces questions effarouchèrent beaucoup le baron de Breteuil qui fit chercher dans ses bureaux la lettre qu'il avoit écrite le 19 août 1787 à M. de Crosne. « L'intention du roi est de faire cesser tous les clubs et sallons. Je vous prie de prendre sur le champ des mesures nécessaires pour cette suppression; si vous avez besoin à cet égard de *lettres de cachet* j'expédierai toutes celles que vous me proposerez ».

Mais on lui fit observer que les *Juillé*, les d'*Holbach*, les *Artaud* ne lui répondroient peut-être plus. « Nous sommes tous animés du même principe d'obéissance, et nous n'avons rien tant à coeur que de nous conformer aux desirs de sa majesté. En conséquence, dès ce soir, l'assemblée *du sallon des arts* cessera, et il ne sera ouvert aux commissaires de la société, qu'autant de tems qu'il sera nécessaire pour procéder à la résiliation du bail ».

Pour se consoler de ce qu'il ne pouvoit déja plus empêcher les citoyens de s'assembler, il chercha du moins à étouffer dans leur berceau ces bulletins, ces gazettes, ces papiers-nouvelles qui en propageant l'instruction, forment par le ralliment des sentimens et des opinions, la véritable puissance publique.

M. Brissot de Varville fut la première vedette qui cria: *constitution, patrie, vérité, liberté.* La cour fit dénoncer cette sentinelle du peuple au lieutenantenant de police qui avoit déja eu ordre de surveiller M. Beaudouin, l'imprimeur du *tiers*.

Au château de Tirlancourt, ce 14 avril.

Je viens d'être informé, monsieur, qu'on distribue dans Paris le prospectus d'un ouvrage périodique, intitulé : *le patriote français*, dont la permission n'a été ni demandée ni accordée, et dont la souscription est annoncée, comme ouverte, chez le sieur Buisson, libraire, qui m'assure que c'est sans son aveu que son nom s'y trouve placé. J'ai écrit sur le champ une lettre circulaire aux officiers de la chambre syndicale de Paris et à tous les inspecteurs de la librairie du royaume, pour défendre la distribution de ce *prospectus* et du journal qui en est la suite. J'ai adressé cette lettre toute signée à M. le garde des sceaux, afin qu'il l'approuve, comme je n'en doute pas, et la fasse passer dans mes bureaux : et dès le même jour elle sera imprimée et notifiée sans délai à tous les imprimeurs et libraires de France. J'ai l'honneur de vous prier, monsieur, de donner de votre côté les ordres les plus précis pour empêcher la circulation du *prospectus* dont il s'agit ; et ce concours entre nos deux administrations, est d'autant plus nécessaire que vraisemblablement on tentera

tera d'imprimer cet ouvrage périodique avec des presses placées dans des maisons particulières. Vous avez sûrement connoissance du *prospectus* en question et il vous paroîtra comme à moi être le dernier dégré de l'audace enhardie par l'impunité.

J'ai l'honneur d'être avec un respectueux attachement, etc.

DE MAISSEMI.

Ce maître des requêtes, ce directeur général de la librairie et imprimerie de France, a bien changé d'avis, puisqu'il mérita d'être président de l'assemblée générale de la *commune*. J'aime à croire que ce n'est pas lui qui sollicita les *deux arrêts du conseil* contre les *états-généraux* où l'orateur de la révolution révéloit déjà la turpitude, l'ineptie et la perversité d'un jongleur. Ce *veto* dénote trop bien le caractère et le génie de Barentin. Mais que vois-je? Ce billet de M. Demaissemi ne me permet plus de l'excuser. ,, L'on m'assure, monsieur, que la suite de la correspondance de Mirabeau sera distribuée à quatre heures à Paris. S'il vous étoit possible de faire guetter et saisir chez le Jay lui-même un certain nombre d'exemplaires, et d'en faire

E

dresser un bon procès-verbal, ce seroit une excellente affaire. ,,

Une *excellente affaire*! Et que pouvoient-ils donc ces mirmydons en simarre contre vingt-cinq millions d'hommes qui réclamoient la *liberté de la presse* !

Encore des observations importantes : elles sont d'un commis de M. de Villedeuil. ,, On remarque que les chansons que l'on débite dans les rues pour amuser la *populace*, lui communiquent le système de la liberté. La plus vile canaille se regardant comme le *tiers-état*, ne respecte plus les grands. Rien ne seroit donc plus utile que de soumettre tous ces *ponts-neufs* à une censure sévère pour étouffer cet esprit d'indépendance. ,,

On dit tel maître, tel valet. M. de Villedeuil qui n'avoit que le génie des bureaux écrivoit à M. Decrosne : ,, Je suis prévenu qu'on a fait imprimer les derniers arrêtés du *tiers* sur la constitution, et que l'on doit les faire crier et publier dans Paris, si fait n'a été. J'apprends que M. le garde des sceaux a donné ses ordres pour en empêcher la publication déjà commencée dans les rues de Versailles. Vous voudrez bien donner des ordres pour que cette publication n'ait pas lieu dans Paris, pas plus que celle de toutes délibérations des différens ordres des états-généraux, sans une permission du roi. Vous mettrez, monsieur, à l'exécution de cet ordre, toute la prudence que vous mettez dans toutes vos mesures. Une personne auguste m'a dénoncé la vente publique d'un imprimé scandaleux intitulé *le premier coup de vêpres*. Il est très essentiel d'en proscrire la vente et de veiller à empêcher toute distribution d'ouvrages semblables.

J'ai l'honneur d'être etc.

De VILLEDEUIL.

Et c'est le 20 juin, en 1789, que nos hommes d'état n'avoient encore que la science des mouchards! c'est lorsque la France secouant ses langes et ses fers, essayoit le vol de l'aigle, lorsque la renommée préparoit de nouvelles trompettes pour publier les miracles de la philosophie, que les ministres, dans les ténèbres, fermoient ces bouches dégoutantes, mais utiles, où se ramassent tous les jours des faits qui sous l'alambic de la vérité, forment l'histoire.

Ce n'étoit point assez de poursuivre dans les rues, les Stentors qui colportoient les *chroniques* de la liberté. Pierre Chenon, commissaire, et l'inspecteur Henri, tous deux conseillers du roi, s'élançoient jusques dans l'asyle sacré du citoyen ; et levant le rideau sous lequel reposoit M. Fouqueau de Pussy, avocat, ils lui demandèrent compte de toutes ses actions, de toutes ses pensées, et ce fut pour eux une conquête, que la découverte d'un registre où étoit déposé le nom de ses souscripteurs, à la tête desquels paroissoit l'ancien évêque de Châlons.

Le même jour fut pris d'assaut le journal de M. de Fontane ; mais c'est à M. de Maissemy lui-même à raconter cette expédition qu'il commanda. ,, Cette saisie a été faite chez Royez libraire, par les officiers de la chambre syndicale qui en ont dressé un procès-verbal que je porterai demain en cour. On sera par là à même de faire un exemple. Mais pour faire plus d'effet, il faudroit, par le même arrêt, pouvoir interdire plusieurs libraires. Je vais, monsieur, vous en indiquer deux qui, j'ai lieu de le présumer, d'après les renseignemens que je me suis procurés, seront pris en contravention. L'un est le nommé Prudhomme qui tient boutique sous le nom du sieur Dupuis, lequel est absent de Paris. Ce Prudhomme, papetier bouquiniste, demeure rue Jacob vis-à-vis celle St. Benoit : M. Henri doit au surplus le connoître. Il paroit constant que c'est ce prudhomme qui est chargé de la distribution du bulletin intitulé *états-généraux*, et qu'il a l'habitude de vendre tout ce qu'il y a de plus répréhensible. J'y envoyerois bien la chambre syndicale ; mais comme Prudhomme peut avoir des magasins séparés de la boutique, il seroit essentiel que la visite fût faite par un commissaire et un de vos inspecteurs, avec le plus grand soin et le plus grand secret.... Il circule aussi un prospectus ayant pour titre *résumé général ou extrait des cahiers des baillages*, pour lequel on souscrit chez M. Laurent de Mézières, rue St. Benoit, n°. 28, faubourg St. Germain. On croit que Prudhomme y est pour quelque chose. Ce seroit encore un objet à rechercher et à saisir. Il seroit encore bien nécessaire d'arrêter l'orateur des états-généraux, l'une des brochures les plus audacieuses qu'ait produites la licence du tems. Enfin on m'a dénoncé un autre libelle affreux, ayant pour titre *réponse de M. de Calonne à la dernière lettre de M. Lebrun.* Vous aurez sûrement donné des ordres pour l'arrêter. Le tems me manquant, je remets à demain de vous parler de l'autre libraire. "

De MAISSEMY

Ecrasé d'avis, M. Decrosne ne savoit de quel côté diriger son armée. Il lui eût fallu la tête d'un roi de Prusse qui ne se trouvoit guères sous la perruque d'un magistrat. Un nouvel ennemi se présentoit, rue des maçons-Sorbonne, n°. 25 : c'étoit l'abbé Robin, tout censeur-royal qu'il fut : mais la défaite de Prudhomme étoit jurée. Le commissaire Defresne est commandé ; il vole en fiacre et en robe ; d'un coup de plume, il renverse *le triomphe du tiers, la grande saignée, les conseils à la livrée, le bréviaire des députés, l'orateur sans souci* etc. etc. Cependant la compagnie des furets cherche le *résumé général* qui devoit décider la victoire. Quelle fut la surprise des assiégeans, lorsque M. Prudhomme leur montra son Palladium ; c'étoit un de ces privilèges du roi que donnoient des commis : le secrétaire de la librairie lui avoit écrit : J'ai l'honneur de faire mille complímens à M. Prudhomme et de lui envoyer le mandat de censure qu'il m'a demandé, avec permission du sceau pour le *résumé-général*. En faisant signer ce mandat, j'ai rendu compte au magistrat du plan de M. Prudhomme ; il a paru le goûter et trouver l'idée très-bonne. ,,

LE MERCIER.

La retraite fut honteuse. Henri se chargea de prévenir le magistrat de la police, de la méprise du roi qui donnoit des ordres sans savoir ce qu'avoit fait M. le Mercier : M. le Mercier se rejetta sur le magistrat de la librairie qui avoit signé le mandat de censure à Dom-Poirier ; mais pour couvrir toutes ses fautes, l'inspecteur observa dans son rapport que dès 1780, le le 6 août, il avoit saisi chez Prudhomme qui étoit alors à Meaux, une pacotille de livres que sa majesté défend de lire ; qu'en 1783, le 3 avril, il lui en avoit encore saisi que la religion défend de regarder, et que le 27 septembre suivant, il l'avoit condamné à passer quelques jours à l'hôtel de la force.

M. Prudhomme s'est bien vengé de

toutes ces lâches persécutions en fournissant des presses à *Loustalot*, ce premier évangéliste et peut-être le martyr de la *révolution*.

Que pouvoit-on espérer d'un gouvernement où la démence de l'inquisition avoit dérangé les têtes les plus philosophiques du conseil. M. Necker qui est un Sully, comme Louis XVI est un Henri IV, lui, dont le *compte rendu* sembloit promettre un cours public de finances, ne vouloit pourtant pas les livrer à la dispute des hommes ! Il écrivoit le 27 janvier 1789, a M. Thiroux : Je suis informé, monsieur, que malgré la défense faite aux colporteurs de ne pas crier les arrêts de finances, ils se permettent souvent d'enfreindre les ordres qui leur sont donnés. Je vous serai très-obligé de recommander à vos inspecteurs de tenir la main et d'empêcher cette manière de publicité, lorsqu'elle ne doit pas avoir lieu.

J'ai l'honneur etc.

NECKER.

Après tout, ce tort n'étoit peut-être que celui d'un contrôleur-général dont la crainte étoit de réveiller un peuple ruiné qui, dans ses accès d'humeur, exigeoit de lui qu'il eût le talent de Mydas. Mais que pourra l'indulgence, que pourra l'amitié contre cette lettre que sa main a écrite ? Je la dois à la postérité qu'embarrassera beaucoup celui qui a vu d'aussi près le mont Tarpéien que le Capitole. Elle ne juge si souvent mal les hommes que parce qu'elle ne connoit que leur génie et leur place. C'est toujours leur caractère qui lui échappe. Un billet les montre quelquefois tels que les voit leur valet de chambre pour qui il y a si peu de héros.

Le 1er. août 1780.

Un petit commis des fermes de St. Malo, nommé Goujon, s'est avisé de m'envoyer une lettre imprimée ayant pour titre : réponse à la lettre de M. Turgot à M. N... C'est une platitude achevée et que je haïrois autant qu'un libelle. Je vous en préviens, monsieur, à tout hazard, en vous renouvellant ma prière d'empêcher autant qu'il est possible la distribution de ces sottes apologies. J'écris à M. Dogny pour le prier d'y veiller, et je fais connoître à l'écrivain ma façon de penser, en lui ordonnant de supprimer tous les exemplaires qu'il peut avoir, et de vous faire remettre ceux qu'il pourroit par hazard avoir envoyés ici. Je vous renouvelle mes excuses sur la peine que je vous donne, et les sentimens avec lesquels j'ai l'honneur d'être bien véritablement, votre etc.

NECKER.

J'avois ce bout d'oreille d'un grand homme dans ma poche, le jour où les électeurs de Paris vouloient en faire un Dieu.

La réponse du lieutenant général de police me manque : mais celle du baron de la *grande boete* de la rue Plâtrière prouve la vileté de leurs ames et de leur état : ,, Je vous suis très-obligé, monsieur, d'avoir bien voulu me prévenir de l'existence d'un nouveau libelle contre M. le directeur-général des finances. Je ferai ce qu'il me sera possible pour en empêcher la distribution par la voie de la poste. Vous connoissez le sincère et respectueux attachement etc.

RIGOLEY DOGNY.

Une fois avertis, ces laquais décorés ne négligeoient rien pour faire leur cour à l'éclusier du pactole.

Une estampe parut, on lisoit au bas :

Des trésors de la France il épura les sources,
Rétablit son crédit, & prouva ses ressources.
En rendant compte au roi du fruit de ses travaux,
Il terrassa l'envie, & punit ses rivaux.

Le journal qui portoit ces vers fut suspendu : il falloit avoir l'agrément du modeste patron. Voici ce qu'il en pense :

„ Les intentions de l'auteur des vers que vous m'avez envoyés, monsieur, sont certainement fort honnêtes, et je ne puis que lui en savoir gré. Mais je ne puis me départir du parti que j'ai pris de n'autoriser ni permettre aucun éloge imprimé de mon administration, et je vous prie, monsieur, de vouloir bien persister dans la conduite que vous voulez bien observer à cet égard. Je vous renouvelle mes remerciemens de votre attention à cet égard.

J'ai l'honneur d'être, etc.

NECKER.

A cet *égard*, je sais aussi à quoi m'en tenir. L'homme vain n'aime pas que tout le monde le loue; il ne s'en rapporte qu'aux siens, et plus souvent encore à lui-même.

C'est cette morgue là, qui ordinairement n'est l'enveloppe que des sots, que le comte de Vergennes pardonnoit le moins à M. Necker. Et lui à qui il ne manquoit que son talent pour avoir son amour propre, n'étoit-il pas de plus hypocrite et intolérant? quand sur la même page il marquoit à Pierre Lenoir : Dites de ma part à l'abbé Petiot (*) que son mémoire ne me blesse point, que je ne suis et ne serai jamais le tyran des opinions, que je n'ai pas la folle présomption d'être infaillible; mais il doit savoir qu'il est quelquefois dangereux pour un particulier de se mêler de plus qu'il ne lui appartient, et sur-tout de propager ses idées au dehors... Il n'est pas adroit s'il a

---

* C'eſt cet abbé qui diſoit déjà à tous les *GRAVIERS* du monde : le temps s'approche où tous vos pareils feront contraints d'effacer leurs armoiries, de cacher leurs cordons & leurs breloques . . . . Mes amis, le regne des hauts & puiſſans ſeigneurs, des comtes, des marquis, des chevaliers, et même de MM. les ſecrétaires du roi tire à ſa fin; vous reviendrez tous au point d'où ſont partis vos peres, à vos noms de baptême, & vos *ſobriquets* feront bientôt remplacés par le beau nom de *citoyen*.

cru avec un pareil ouvrage faire sensation ou fortune,, et tout à côté : ,, Si vous pouvez acquérir quelques lumières sur tous les auteurs ou instigateurs de cet écrit, je crois qu'il sera bon que vous en rendiez compte directement au roi.... Lorsque vous l'interrogerez, n'estimeriez-vous pas qu'il faudroit lui en dissimuler le motif, et ne lui parler qu'incidemment de ce mémoire après l'avoir promené sur d'autres objets de recherche, comme libelles, et ouvrages contre la religion et le gouvernement... Je vous demande pardon de la peine que je vous cause ; je vous l'aurois épargnée, si j'avois prévu que la chose ne regardât que moi, etc. ,, C'est pourtant avec ces petits moyens que se fait la réputation d'un grand politique ! Quel bonheur que sa mort ait devancé la manumission des français ! Auroit-il pu jamais reconnoître la majesté du peuple, lui qui avoit toujours aidé les rois à mener le peuple en laisse ; lui qui en 1782 remercioit la police d'arrêter les brochures qui venoient de Genève. -- Il ne faut pas que les voyageurs apportent dans Paris le fanatisme de ces républicains qui cherchent à entraîner des suffrages dans l'espérance que la voix publique détournera le roi et le ministère des mesures annoncées pour les empêcher de bouleverser leur patrie. ,, C'est bien là raisonner comme une cour d'Espagne, qui craint plus la *cocarde* que le feu.

C'est lui qui le 21 avril 1783, recommandoit à M. Berenger, chargé des affaires du roi à la Haye, les *réflexions sur la Bastille*: et il falloit que M. Berenger lui répondit : monseigneur, je veille de très-près l'imprimeur Gosse. Je me flatte que vous ne doutez pas que je ne fasse tout ce qui dépend de moi. Je l'ai dénoncé confidentiellement au grand pensionnaire qui, par malheur, ne peut rien sans des preuves légales. (*)

O mon cher Camille Desmoulins, que seriez-vous devenu sous ce premier ministre qui, parce qu'un anonyme le prévient que M. Duquesne, encore l'ami de M. Linguet, a dit du mal de la femme du roi, écrit à l'arbitre suprême des cas royaux : ,, Si les propos tenus contre le roi et la reine avoient été tenus, le monstre mériteroit les peines les plus graves ,,.

J'aurois voulu pour punir tous ces des-

---

* M. de Montmorin a assuré l'asemblée nationale, le 17 mars 1790, de l'activité & du patriotisme de ce M. Bérenger, à la diette. Eft-ce une bonne caution que M. de Montmorin ?

potes en second, qu'un *décret* les obligeât d'assister tous les jours aux délibérations du sénat qui a émancipé la France. La journée où Guillaume-Thomas Raynal reçut l'hommage des Solons, et des Licurgue, le fanatique Miromesnil se seroit rappellé malgré lui les délations qu'il fit le 26 mai 1781 au lieutenant-général de la sûreté : ,, je suis informé que *l'histoire de Judes* se distribue dans Paris avec une profusion étonnante, quoiqu'on n'en ait laissé entrer aucun exemplaire par la chambre syndicale; ce livre est du nombre de ceux qui sont les plus capables de séduire et d'éloigner les hommes des principes salutaires qui pourroient seuls les attacher à leurs devoirs, dont le premier est la foi et le respect dus à la religion. Vous voudrez bien faire faire des recherches pour tâcher de saisir les exemplaires de cet ouvrage, et pour punir les distributeurs. ,, Et le jour encore, où tous les moines qui étoient forcés par la nature, plus forte que la piété, de braconner sur les plaisir de l'hymen, furent sommés au nom de la patrie de devenir citoyens et bientôt pères, en acquérant un champ et une femme, comme ce garde des sceaux auroit rougi de tous les efforts qu'il fit en 1785, pour repousser le coup que leur portoit *l'histoire naturelle de quelques espéces de moines, décrits à la manière de Linnée!*

La nouvelle *constitution* commençoit le procès de plus d'un ministre, si le mépris d'un peuple libre n'étoit pas le dernier des supplices.

De la police sur les gens de lettres, ect.

Le chef d'oeuvre des lieutenans de police, c'étoit la foi aveugle des citoyens qui les croyoient capables de tout voir, de tout entendre, de tout juger. Leur cabinet passoit pour un tribunal ; leurs avis étoient des sentences ; leurs ordres des décrets. C'est que nos loix étoient si mauvaises, qu'on aimoit à penser qu'ils étoient meilleurs qu'elles.

Croiroit-on que ce sont les hommes de léttres qui ont le plus craint la verge de la police, eux qui auroient dû les premiers apprendre à l'école de la raison qu'il n'y a qu'un maître sur la terre, comme il n'y en a qu'un au ciel, la loi et Dieu. Avoient ils des graces à obtenir, des plaintes à faire, des réparations sur tout à exiger ? c'étoit *monseigneur*, qu'ils appelloient pourtant monsieur, qui étoit leur confident et l'arbitre de tous les amours-propres. Si Fréron jettoit un peu d'encre sur le marquis de Ximenez,

Ximènez; le marquis de Ximenez au lieu d'en jetter beaucoup sur Fréron, adressoit une épitre à M. de Sartine.

Depuis que j'ai eu le bonheur de vous connoître, monsieur, j'ai toujours éprouvé vos bontés, et je ne les ai jamais implorées pour moi. L'occasion se présente de les réclamer pour moi-même, et j'espère que vous ne confondrez pas mes justes plaintes avec celles que votre place vous oblige d'entendre tous les jours. L'honneur est la seule règle que je doive respecter, et c'est lui seul qui me force à me plaindre à vous de l'impudence punisable de ce misérable Freron, dont je me croirois assez vengé par le mépris, si les personnes avec lesquelles mon état m'accoutume à vivre, portoient de cet odieux frippier d'écrit le même jugement que moi. Je vous fais passer les personalités que cet insolent ex-jésuite se permet contre moi qui n'ai rien écrit que sous votre protection, et sans aucune espérance que celle de rendre justice aux talens qui ont mérité cette année au théâtre français les applaudissemens du public. Vous jugerez, monsieur, s'il est convenable de laisser avilir les lettres jusqu'au point de permettre qu'on insulte impunément un homme comme moi

F

pour avoir écrit deux pages qui sont le résultat du jugement public.

Si vous ne reprimez pas de pareilles licences, c'est vouloir interdire aux gens qui pensent, la liberté d'écrire, ou exiger que tout homme qui écrira renonce aux principes de l'honneur qui n'endure point d'affronts

Voilà cependant, monsieur, les conséquences funestes qu'entraîne la protection dont jouit, à je ne sais quel titre, l'auteur détesté de l'année littéraire. Quand j'ose vous demander justice contre lui, je vous supplie de croire qu'il m'en coûte beaucoup, et si je me respectois moins, je n'aurois pas besoin d'appui pour me satisfaire.

Ce seroit donc, monsieur, me déclarer bien indigne de cette autorité dont j'ai reçu tant de preuves de votre part, que de suspendre le châtiment qu'a mérité le sieur Fréron en osant m'insulter. Quant au genre de châtiment, soyez-en l'unique arbitre. Le plus léger me suffira, pourvu qu'il sache bien que c'est moi qui le sollicite, non pour moi qu'il ne peut blesser, mais pour mon honneur qui m'impose la loi de paroître sensible à des affronts seulement médités.

J'ai l'honneur d'être, etc.

Paris, 26 avril

A ces accès de rage, on imagineroit que Fréron a mordu le marquis de Ximenes: et c'est tout au plus une mouche qui l'a piqué. Voici le dard : ,, Je ne sais quel est celui à qui M. Augers, dans le discours de clôture à la comédie française a prêté son organe; mais je lui conseille de garder l'anonyme le plus rigoureux, et de chérir son obscurité ,,.

Fréron n'en fut pas moins mandé à la barre du magistrat, qui, pour cette fois, fronçant le sourcil de Jupin, ne lui montra que les clefs de Vincennes.

On gâte les beaux esprits comme les jolies femmes. Dès le moment qu'il fut défendu de dire au marquis de Ximenez qu'il étoit un sot, il ne put plus se passer d'encens, et de si loin qu'il appercevoit la critique, vite il se sauvoit à la police. On le trouva, le 25 avril 1786, sous le manteau de M. de Crosne à qui il disoit : ,, Votre réputation, monsieur, et la sagesse circonspecte qui caractérise votre administration, m'ont fait penser que vous étiez du nombre des magistrats respectables qui aiment mieux prévenir tout genre de fautes que d'avoir à les punir. J'ai lieu de croire que le journal de Paris prépare une critique amère de mon épître en vers, adressée à M. de Riravol, et publiée avec votre approbation, et celle de M. le garde des sceaux. Cette critique est encore chez l'imprimeur Quillau ; et je vous serois très-obligé d'ordonner qu'elle ne soit point publiée sans de nouveaux ordres de votre part. Vous avez été témoin et juge de la circonspection avec laquelle je me suis permis de censurer des ouvrages livrés au public, et de la précaution que j'ai prise de ne nommer aucun auteur vivant. Cela seul semble mériter que vous arrêtiez la plume des journalistes qui pourroient être moins polis et plus injustes que je ne l'ai été envers leurs protégés.

J'ai l'honneur d'être, etc.

le marquis de Ximenez.

Ce n'étoit point assez de se venger ; il avoit le même courage à se battre pour les autres. En 1785, il avoit déja tiré la plume pour son ami de Bagnol.

« Monsieur,

Si vous avez le loisir de lire le *Mercure*, vous aurez vu avec quelle irrévérence M.

Garat se permet de parler du discours couronné à Berlin. M. Thibaut, l'un des membres de cette académie les plus distingués, dans laquelle M. le comte de Rivarol est admis, et qui est maintenant à Paris, en est un peu scandalisé. Je crois qu'il est de votre justice d'ordonner que la satisfaction soit egale à l'injure ». M. le lieutenant-général après avoir oui toutes les parties, fit mettre toutes les plumes dans l'écritoire.

Il paroît que c'est le malheur de tous les hommes de qualité d'avoir l'épiderme sensible, même en Suisse. Deux mauvais vers du *Mercure* ont plus tourmenté le baron de Besenval, que la prison de Brie-Comte-Robert et tout le procès du châtelet. Le sphinx Lacombe avoit parlé dans une enigme

> D'un Bezenval qui d'ancienne merveille,
> Avec un front d'airain vous fatigue l'oreille.

Le commandant des sept provinces se croit offensé, et tout en craignant de dérober au magistrat des momens si utiles au bonheur de *tant* de *gens*, il ne lui écrit pas moins : Ce qui me semble faire beaucoup de bruit, c'est la négligence ou l'impertinence des éditeurs du journal et des censeurs, d'y laisser imprimer un nom connu, quoique M. de la Combe m'a dit qu'il ne connoissoit pas le mien : comme il est en plusieurs endroits de l'almanach, l'excuse est mauvaise, et si j'ai paru m'en contenter, c'est que j'ai 5o ans. Les sentimens que je vous ai voués m'engagent à vous avertir que sans cesse on me demande quelle punition vous avez infligée à ces messieurs : à quoi je répond qu'on peut s'en rapporter à vous. Vous sentez bien que ceci est la cause de tout le monde et que chacun desire être à l'abri, et l'on ne peut disconvenir que chacun n'ait raison.

J'ai l'honneur d'être, etc.

le baron de BESENVAL.

Le censeur Louvel eut beaucoup de peine à faire entendre au héros de Soleure que Besenval, avec un z, est moins Besenval avec un s, que *Molé* du théâtre n'est *Molé* du parlement, que *Dupuis* de la comédie n'est *Dupuis* de l'académie. Une seule raison le désarma, parcequ'elle est sans réplique. » La scène se passe dans un caffé ; or on sait qu'un lieutenant général des armées du roi, un homme titré, un officier décoré comme l'est M. le baron, ne se confond point dans une pareille foule ; ou si par hazard il daignoit y paroître, toujours ne pourroit-on pas avec quelque vraisemblance le soupçonner d'y porter un ton qui ne seroit ni de sa naissance ni de son rang. "

M. Louvel eut sa grace : M. le baron de Besenval sera toujours un grand homme dans l'almanach royal et au châtelet, en dépit de cette grande dame qui prétendoit qu'il n'étoit bon qu'à être suisse à la porte de Cythère.

Ce n'étoit pas seulement M. Louvel qui se servoit de *paroles* de soie devant les grands. Quand on pense que M. Palissot, lui qui a eu le courage de juger les vivans comme les morts, disoit à un Sartine, pour lui faire passer sa *Dunciade* ! " J'ai loué le roi, M. le duc de Choiseul et d'autres personnes en place, qui sont comme vous l'élite de la nation ; et il ajoutoit : Il y eut une plainte commencée au parlement, contre Despréaux ; mais alors les Lamoignon, les Caumartin, les Bignon, les Termes, les Daguesseau existoient. En vain la sottise essaya de se faire un rempart de leur autorité. Je me flatte que ses entreprises n'échoueront pas

moins tant que la France conservera des hommes tels que vous et M. de Meaupeou. ,,
S'il falloit faire tous ces complimens là pour avoir la permission de trouver des vers mauvais, il me semble qu'il devoit moins en coûter au Pope d'Argenteuil de louer les Trublet et les Durozoi ; qu'un lieutenant de police qui traitoit les muses comme des *filles*.

On pardonnera bien quelques flagorneries à Charles Palissot, lorsqu'on verra Jean Jacques Rousseau donner des marques d'estime et de confiance à celui dont il avoit lui-même borné les fonctions aux fiacres, aux filles, aux rues et aux lanternes. C'est toujous l'homme qui a trahi le philosophe. Le pere d'Emile n'avoir pour s'épancher que le coeur d'un lieutenant de police !

le 15 janvier 1772.

MONSIEUR,

Je sais de quel prix sont vos momens, je sais qu'on les doit respecter, mais je sais aussi que les plus précieux sont ceux que vous consacrez à protéger les opprimés. Si j'ose en réclamer quelques-uns, ce n'est point sans titre pour cela.

Après tant de vains efforts pour faire percer quelque rayon de lumiere à travers les ténebres dont on m'environne depuis dix ans, j'y renonce. J'ai de grands vices, mais qui n'ont jamais fait de mal qu'à moi; j'ai commis de grandes fautes, mais que je n'ai point tues à mes amis, et ce n'est que par moi qu'elles sont connues, quoiqu'elles aient été publiées par d'autres qui sont quelquefois plus discrets. A cela près, si quelqu'un m'impute quelque sentiment vicieux, quelque discours blâmable, quelque acte injuste, qu'il se montre et qu'il parle : je l'attends et je ne me cache pas : mais tant qu'il se cache à lui de moi pour me diffamer, il n'aura diffamé que lui-même aux yeux de tout homme équitable et sensé. L'évidence et les ténebres sont incompatibles ; les preuves administrées par de mal honnêtes gens sont toujours suspectes, et celui qui commençant par fouler aux pieds la plus inviolable loi du droit naturel et de la justice, se déclare par-là déja lâche et méchant, peut bien être encore imposteur et fourbe, et comment donneroit-il à son témoignage, si l'on veut à ses preuves, la force que l'équité n'accorde même à nulle évidence, de disposer de l'honneur d'un homme, plus précieux que sa vie, sans l'avoir mis préalablement en état de se défendre et d'être entendu. Que celui donc qui s'obstine à me juger ainsi, reste dans ce stupide aveuglement qu'il aime : son erreur est de son propre fait ; c'est lui seul qu'elle déshonore. Après m'être offert pour l'en tirer, je l'y laisse puisqu'il le veut, et qu'il est impossible de l'en guérir malgré lui. Grace au ciel, tout l'art humain ne changera pas la nature des choses ; il ne fera pas que le mensonge devienne vérité, ni que de mon vivant la poitrine de J. Jacques Rousseau renferme le cœur d'un malhonnête homme. Cela me suffit, et je vis en paix, attendant que mon moment et celui de la vérité vienne ; car il viendra, j'en suis très sûr, et je l'attends avec un témoignage qui me dédommage de celui d'autrui. Tranquille donc sur tout ce qu'on me cache avec tant de soin, et même sur ce qui me parvient par hasard, j'ai laissé débiter parmi cent autres bruits non moins ineptes que j'avois cessé de voir madame de Luxembourg, après lui avoir emporté trois cent louis ; que je ne copiois de la musique que par grimace ; que j'avois de quoi vivre fort à mon aise ; qu'on me faisoit six bonnes mille livres de rente, que la veuve

Duchesne faisoit six cens livres de pension à ma femme, qu'elle m'en faisoit à moi-même une autre de mille écus, pour une édition nouvelle de mes écrits que j'avois dirigée. J'ai laissé courir tous ces mensonges et beaucoup d'autres : je n'ai fait qu'en rire, quand ils me sont revenus, et je n'ai pas même été tenté de vous importuner, monsieur, de mes plaintes à ce sujet ; quoique je sentisse très bien le coup que cette opinion de mon opulence devoit porter aux ressources que mon travail me procure, pour suppléer à l'insuffisance de mon revenu. Une petite circonstance de plus a passé la mesure, et m'a causé quelque émotion, parceque l'imposture, marchant toujours sous le masque de la trahison, a pris jusqu'ici grand soin de faire le plongeon devant moi et ne m'avoit point encore accoutumé à l'effronterie. Mais en voici une qui m'a, je l'avoue, affecté.

J'avois prié un de ceux qui m'ont averti des bruits dont je viens de parler, de tâcher d'apprendre si madame Duchesne et le sieur Guy y avoient quelque part. De chez eux où il n'a trouvé que des garçons, il est allé chez Simon, qu'on lui disoit avoir imprimé la nouvelle édition qui m'avoit été si bien payée. Simon lui a dit qu'en effet il venoit de réimprimer quelques-uns de mes écrits sous mes yeux, que j'en avois revu les *épreuves*, et que j'étois même allé chez lui il n'y a pas long-temps. Quoique je sois par moi-même le moins important des hommes, je le suis devenu assez par ma singuliere position, pour être assuré que rien de ce que je fais et de ce que je ne fais pas ne vous échappe : c'est une de mes plus douces consolations, et je vous avoue, monsieur, que l'avantage de vivre sous les yeux d'un magistrat integre et vigilant, auquel on n'en impose pas aisément, est un des motifs qui m'ont arraché des campagnes, où livré sans ressource aux manœuvres des gens qui disposent de moi, je me voyois en proie à leurs satellites et à toutes les illusions par lesquelles la puissance et l'intrigue abusent sans peine le public sur le compte d'un étranger isolé, à qui l'on est parvenu à faire un inviolable secret de tout ce qui le regarde, et qui par conséquent n'a pas la moindre défense contre les mensonges les plus extravagans.

J'ai donc peu besoin, monsieur, de vous dire que cette opulence dont on me gratifie si libéralement dans les cercles, que ces pensions si fiérement spécifiés, cette édition qu'on me prête sont autant de fictions. Mais je n'ai pu m'empêcher de mettre sous vos yeux l'impudence incroyable dudit Simon, que je ne vis de mes jours, que je sache, chez qui je n'ai jamais mis le pied, dont je ne sais pas la demeure, et que j'ignorois même avant ces bruits, avoir imprimé aucun de mes écrits. Comme je n'attends plus aucune justice de la part des hommes, je m'épargne désormais la peine inutile de la demander, et je ne vous demande à vous-même que la patience de me lire, quoique je fasse l'exception qui est due à votre intégrité et à la générosité qui vous intéresse aux infortunés. Mais ne voyant plus rien qui puisse me flatter dans cette vie, les restes m'en sont devenus indifférens. La seule douceur qui peut m'y toucher encore, est que l'oeil clairvoyant d'un homme juste pénetre au vrai ma situation; qu'il la connoisse et me plaigne en lui-même sans se commettre pour ma défense avec mes dangéreux ennemis. Je vous aurois choisi pour cela, monsieur, quand vous ne rempliriez point la place où vous êtes; mais j'y vois, je l'avoue, un avantage de plus, puisque par cette place même vous avez été à portée de vérifier assez d'impostures, pour en présumer beaucoup d'autres que vous pourrez vérifier de même un jour. Peut-être vous écrirai-je quelquefois encore, mais je ne vous demanderai jamais rien, et si ma confiance devient importune à l'homme occupé, je réponds du moins qu'elle ne sera jamais à charge au magistrat. Veuillez, monsieur, vous rappeller qu'elle ne tient pas seulement au respect que vous m'avez inspiré, mais encore aux témoignages de bonté dont vous m'avez honoré quelquefois et que je veux mériter toute ma vie.

ROUSSEAU.

P. S. Il n'est peut-être pas inutile d'observer que le sieur Guy vient très-fréquemment chez moi sans avoir rien à me dire et sans que je puisse imaginer aucun motif à ses visites; vu que toutes les affaires que nous avons ensemble, n'exigent qu'une entrevue de deux minutes par an, et qu'il n'y a point de liaison d'amitié entre lui et moi. Il m'a prié de lui faire un triage de chansons dans les anciens recueils pour en composer un nouveau. Je l'ai prié de mon côté de me prêter quelques romans pour amuser ma femme durant les soirées de l'hiver. Il est parti delà pour me faire apporter avec pompe d'immenses paquets de brochures qui, avec ses allées et venues, lui donnent l'air d'avoir avec moi beaucoup d'affaires. Tout cela joint aux bruits dont j'ai parlé, commence à me faire soupçonner que ces fréquentes visites, que je ne prenois que pour un petit espionage assez commun aux gens qui m'entourent et très-indifférent pour moi, pourroit bien avoir un objet plus méthodique et dirigé de plus loin. Il y a dans tout cela de petites manoeuvres adroites dont le but me paroîtroit pourtant facile à découvrir dans toute autre position que la mienne, pour peu qu'on y mit de soin. ,,

Reconnoîtroit-on là celui qui a fait le *contrat social* ? Comment le génie s'abaisse-t-il jusqu'à des propos que les femmes ne relèvent que pour se désennuyer ? C'est pourtant cet homme qui a fait la *révolution* de la France ! Né pour nous, il est venu trop tôt pour lui. Son caractère comme son génie demandoient d'autres hommes.

Il paroît qu'Antoine-Raimond - Jean-Gualbert-Gabriel de Sartines n'a pas soutenu la bonne opinion qu'avoit conçue de lui l'auteur d'*Héloise*. Lorsque la cour où toutes les femmes le portoient, parce qu'il rioit de leurs turpitudes l'eût élevé au ministere, un Rousseau qui n'étoit pas Jean-Jacques, le félicita de ce que de la *galliote* il avoit fait un saut dans la marine. Le nouveau Neptune répondit au législateur du monde :

On ne peut être plus sensible que je le suis, monsieur, aux choses obligeantes contenues dans votre lettre. Je ne le suis pas moins à la part que vous preniez à la grace dont le roi vient de m'honorer. Recevez, je vous prie, les assurances de ma reconnoissance, et tous les remercîmens que je vous dois.

J'ai l'honneur d'être avec considération, ect.

DE SARTINE.

Le citoyen de Genève répondit au ministre :

,, Je crois remplir un devoir indispensable en vous envoyant la lettre ci-jointe qui m'a été adressée vraisemblablement par quiproquo

quiproquo, puisqu'elle répond à une lettre que je n'ai point eu l'honneur de vous écrire ; non que je n'acquiesce aux félicitations que vous recevez, mais parce que ce n'est pas mon usage d'écrire en pareil cas. Je vous supplie, monsieur, d'agréer mon respect. «

ROUSSEAU.

Je ne sais si c'est avant ou après ce billet que Rousseau fut cité à la police. Les dames ne datent jamais, pas plus qu'elles ne signent. Par bonheur l'écriture de madame d'Epinay est connue.

Vendredi 10.

,, Il n'y a rien de si insupportable pour les personnes qui sont surchargées d'affaires, monsieur, que ceux qui n'en ont qu'une. C'est le rôle que je meurs de peur de jouer avec vous ; mais comptant, comme je le fais, sur votre amitié et sur votre indulgence, je dois vous dire encore que la personne dont je vous ai parlé hier matin, a lu son ouvrage aussi à M. Dorat, à M. Depezay et à M. Dusaulx : c'est une des premières lectures qui en ait été faite. Lorsqu'on prend ces messieurs pour confidens d'un libelle, vous avez bien le droit d'en dire votre avis sans qu'on soit censé vous en avoir porté des plaintes. J'ignore cependant s'il a nommé les personnages à ces messieurs. Après y avoir réfléchi, je pense qu'il faut que vous parliez à lui-même avec assez de bonté pour qu'il ne puisse s'en plaindre ; mais avec assez de fermeté cependant pour qu'il n'y retourne pas. Si vous lui faites donner sa parole, je crois qu'il la tiendra. Pardon mille fois, mais il y va de mon repos, et c'est le repos de quelqu'un que vous honorez de votre estime et de votre amitié, et qui, quoiqu'en dise J. J., se flatte de la mériter. J'irai vous faire mes excuses et mes remerciemens à la fin de cette semaine ; ne vous donnez pas la peine de me répondre ; cela n'en demande pas ; je compte sur vos bontés, cela me suffit. "

Etoit-ce à un magistrat qui vouloit tout savoir, à empêcher les confessions d'un homme qui veut tout dire ?

Rousseau n'est pas le seul homme de lettres qui se soit plaint à la police des injustices des hommes. M. Gaillard y dénonça sa maligne *étoile*, mais sans humeur, avec la dignité du talent et de la vertu.

L'historien de François I avoit quelques raisons de disputer à l'auteur des *contes moraux*, la place d'historiographe de France, et encore plus de trouver mauvais qu'on donnât pour collègue à Marmontel M. Moreau, sous le prétexte qu'il falloit que le vainqueur de Fontenoi eût comme Louis XIV, son Racine et son Boileau. La philosophie pouvoit-elle exiger que celui qui avoit consacré de longues années à peindre la *rivalité*, vît sans surprise, quand le procureur-général l'a nommé commissaire au trésor des chartres, le chancelier de Maupeou donner de son autorité, la place à M. Lebrun ? Il est vrai que pour le dédommager de cet emploi de deux mille francs, le chef de la justice lui promit une pension de 600 livres sur l'année littéraire, une de 300 sur les almanachs, et une de 300 livres encore sur le journal de Bouillon ; toutes récompenses qui dépendoient de la *chute des feuilles*. N'en méritoit-il pas de plus sures et de plus lucratives, celui qui, choisi pour la censure de la police, écrivoit aux collateurs de bénéfices simples : ,, ma fortune ne me permet pas d'être généreux, mais ne peut me dispenser d'être juste. Je me suis vu enlever toutes les places auxquelles sembloit m'appeller la voix publique : je me réserve d'en demander justice à M. le garde des sceaux : mais ce seroit perdre le droit de réclamer que de donner moi-même un exemple dont j'ai souffert et dont j'ai gémi. M. de Crébillon a un fils : quoique ses talens et ses succès soient d'un genre différent, ce fils jouit de l'estime et de l'amitié des gens de lettres ; il a moins de fortune que de mérite. etc. ,,

GAILLARD.

Paris le 21 septembre 1774.

On ne trouve pas souvent dans les archives du gouvernement de ces actions qui honorent les lettres. Combien de fois ceux qui les cultivent ont-ils ressemblé aux Dieux d'Homère qui se traitent comme des crocheteurs ! La dispute de Linguet et de Dorat est la honte et la leçon des hommes d'esprit.

L'avocat écrivoit au mousquetaire.

,, Ce n'est pas moi que votre dernière avilit ; je vous l'ai déjà dit, le courage et la vérité sont calmes. Les transports de fureur ne vont qu'au mensonge et à la lâcheté. Quelque fertile que soit votre imagination, je dois la croire épuisée ; mais si elle a encore des ressources, rien ne seroit plus inutile : je ne recevrai plus de vos lettres; ce que j'en ai, me suffit pour prouver d'un côté, aux gens d'honneur, que tout ce que peut faire un homme de coeur outragé pour obtenir satisfaction, je l'ai fait ; et de l'autre côté, aux tribunaux que vous êtes l'auteur de la diffamation dont j'ai à me plaindre.

Suivant nos moeurs, vous manquez à l'honneur pour lequel vous dites poétiquement que sera *votre dernier soupir*.

A la manière dont vous vous y prenez, vous en retarderez long-tems le moment.

A cet égard votre ridicule orgueil n'en imposera à personne.

Sur le reste, nos lettres respectives et les faits parleront.

Je n'ai plus qu'un mot à vous dire : ne vous présentez jamais devant moi. D'après vos lettres qui ne sortiront plus de ma poche, il n'y a pas de considération qui pût m'empêcher de vous faire éprouver l'ascendant qu'a un galant homme sur un lâche, ni de loi qui pût me punir de m'être fait justice. Voilà déjà une supériorité bien réelle que j'ai sur vous : vous n'oseriez pas me tenir ce langage. »

Le mousquetaire répond à l'avocat.

« Un petit ex-avocat chassé, conspué et couvert du mépris public, ne doit point parler d'honneur. Encore une fois, ce que vous savez seroit la seule arme dont je puisse me servir avec une espèce telle que vous ; mais quand je vous aurois battu, vous n'en seriez pas moins un fripon.

Vous avez raison de ne point m'inviter à me présenter devant vous ; car vous ne soutiendriez pas aisément les regards d'un honnête homme. Vous ressemblez à l'âne de la fable, qui croit faire peur parce qu'il sait braire. Il me semble que je mets votre valeur à de terribles épreuves. Je suis visible tous les matins ; arrivez, votre chevalerie sera la bien venue, et je vous donnerai un petit essai de la mienne. Eh bien, monsieur le coquin, êtes-vous content ? Je suis de meilleure composition que vous ; car je vous permets de vous présenter devant moi, et soyez sûr que cela se passera le mieux du monde. Il me fait rire, ce pauvre Linguet, avec son honneur ; d'où diable tombe-t-il ? N'importe, il faut voir ce que c'est que cet homme la, il doit être curieux. A demain, mon gentilhomme. Pour vous reconforter, je vous préparerai une tasse de chocolat. Quant à mes billets doux, s'ils peuvent être de quelqu'utilité pour votre réputation chevaleresque, vous pouvez les montrer ; si vous voulez même, j'en donnerai des copies. Je dicte à mon secrétaire qui sera bien aise de vous connoître ; il aime les gens de coeur et vous voyez que je ne néglige pas une seule occasion de vous ménager des suffrages. ,,

Avec tout cet esprit-là, on se bat quelquefois ; mais ce n'est toujours que le courage de l'amour propre. Il paroit que dans cette affaire, il n'y a eu que de l'encre de répandue. C'est l'Ovide de la rue de Vaugirard qui annonce lui-même au magistrat que la paix est signée. ,, Mille fois pardon, si je vous ai importuné pour ma malheureuse affaire avec M. Linguet ; j'ai eu occasion de le voir, tout s'est passé à ma pleine satisfaction ; et je vous supplie de vouloir bien m'envoyer mes deux lettres, désirant ne faire aucun éclat et ne point donner ce scandale aux lettres et à la société. ,,

3 février 1776.
DORAT.

On voit que le chantre des *nez retroussés* avoit prévenu le magistrat du cartel qu'il proposoit au Ciceron du barreau ; c'est un conseil que sans doute lui avoient donné ses mille et une maitresses.

Les lieutenans de police ne connoissoient pas seulement des duels entre hommes. L'amour et la folie les consultoient quelquefois sur des affaires de ruelles. Il est plaisant de voir le marquis de Bievre, qui leur supposoit le talent de rapprocher les parties, leur redemander son infidèle *à ma-rente*. ,, Monsieur, je crois n'avoir pas besoin de vous faire une confession générale pour vous mettre au fait de toutes mes sottises, et vous savez déjà que si le réglement qui a supprimé les galons des domestiques de ces demoiselles, avoit aussi supprimé les contracts, j'aurois dans ce moment-ci de grandes actions de graces à vous rendre. La belle *Raucourt* qui commence par où les autres finissent, à 17 ans et 9 mois, a arraché à mon ivresse ou à ma stupidité, un contract qu'elle a fixé à deux mille écus ; car il faut lui rendre justice, elle m'a sauvé l'embarras de cette affaire, elle a choisi elle-même le notaire, elle a pris son heure, réglé les articles et je n'ai eu que la peine de signer. La forme de ce maudit contract est si sévère, toute cette manoeuvre étoit si mal déguisée, que j'ai ouvert les yeux une demi heure : je me suis même ouvert au notaire sur mes craintes, et j'ai signé doutant encore si on me tiendroit les conditions verbales qu'on avoit faites avec moi. On les a tenues tant bien que mal pendant cinq mois et demi, et avant-hier j'ai reçu mon congé, sans me douter du prétexte honnête qui a pu y donner lieu, sans pouvoir même en venir à une explication. Vous conviendrez, monsieur, qu'un rêve aussi court qui laisse à sa suite de pareilles réalités, rend le reveil un peu fâcheux. Tout ceci paroît jurer fortement avec la gaieté que je porte dans le monde, et la tournure honnête que j'y avois prise. Vous avez eu des *bontés* pour Melle. Raucourt, je ne veux point lui faire tort dans votre esprit ni dans celui du public. Quoiqu'il arrive, je ne m'échapperai sur elle d'aucune manière, je le dois à moi-même, et d'ailleurs je ne puis la croire coupable d'un aussi détestable procédé ; je l'attribuerai toujours à des conseils étrangers qu'elle aura suivis, parce qu'elle n'a point de caractère. S'il n'est pas indigne de votre ministère d'amortir un peu le coup que je reçois, je me prêterai aux accomodemens que vous voudrez bien prescrire. Quoique le sceau du notaire y ait passé, je crois qu'il vous est possible de changer sur cet article les intentions d'une femme qui vous doit beaucoup, et qui mériteroit moins vos bontés, si elle persévéroit. Si vous voulez avoir la bonté de me donner aujourd'hui un moment, j'aurai l'honneur d'en causer avec vous de la manière la moins fastidieuse possible ; car cette lettre-ci le devient un peu, et je me conduirai d'après vos intentions comme un galant homme qui ne méritoit pas d'être aussi grossièrement trompé, mais qui n'en conserve ni aigreur ni ressentiment. J'attends vos ordres et suis avec respect votre etc.

De BIEVRE.

Ce 22 juin 1774.

Le lieutenant-général de police mande la reine du théâtre, et après avoir examiné les formes et le fonds, M. de Bievre fut mis hors de cour.

En parlant de marquis, en voici un autre qui ne se bornoit point au métier stérile de *séducteur*, encore moins celui de *payeur de rentes*, il craint que la réputation d'être poëte ne l'empêche de devenir maréchal de France.

Paris, ce 18 mai 1774.

Monsieur, la confiance que j'ai dans votre amitié m'autorise à vous indiquer un service que j'oserai attendre de vous dans l'occasion. Je vous disois hier, parce que je le pense, que je crois le règne des petits vers un peu passé. Ce passe-tems très-innocent d'une imagination vive et d'un cœur sensible, a occupé quelques années de ma première jeunesse. Une facilité souvent plus nuisible à la perfection du talent même, que faite pour exalter l'amour-propre, a prodigieusement multiplié les fruits de ce genre d'occupation. J'en ai des porte-feuilles pleins, et je ne méprise ni n'estime trop ce qu'ils contiennent. Des chansons sont toujours des chansons ; les chans ont un prix, mais le bled vaut mieux. Le fait est, monsieur, que quand j'aurois dix volumes de vers de plus, il n'en est pas moins constant que j'ai fait autre chose que des vers, que j'ai fait des choses qui valent mieux, que j'en fais tous les jours, en qu'en conséquence je trouverois un peu cruel de ne passer que pour avoir rimaillé toute ma vie aux yeux des personnages importans dont la moindre opinion peut influer sur mon sort. Comme cette crainte n'est déja que trop réalisée, comme l'effet pourroit m'être funeste, nuisible, ou au moins défavorable, et qu'il seroit injuste, je m'adresse au plus honnête homme que je connoisse parmi les gens instruits, pour le détourner. Il faut vous dire que le petit succès d'un grave opéra-comique, m'a valu de grandes rivalités. Vous reconnoitrez là le genre moins national que parisien, et plus encore de Versailles. En conséquence, il y a eu de bons amis de cour, qui n'ont pas manqué de faire remarquer à M. le dauphin, aujourd'hui roi, combien peu le métier d'un aide maréchal général de logis, étoit de faire des opéras-comiques. Vous sentez à merveille, monsieur, que ces donneurs d'avis bien intentionnés, n'ont garde de dire que ce même faiseur d'opéra - comique, qui n'a guère plus de trente ans, ménace le public de lui lancer au premier jour à la tête quatre énormes volumes in-4°, très-peu comiques, très-ennuyeux peut-être, mais très-militaires aussi; et qui, fussent-ils très-médiocres, attesteroient encore un travail assez rigoureux, et à coup sûr au moins égal aux études de ces bailleurs d'avis. Je les compare à nos bailleurs de fonds dans les affaires, c'est-à-dire aux gens qui veulent recueillir seuls ce que les autres sèment. Ils n'ont pas davantage parlé de vingt mémoires militaires, déposés aux archives de la guerre, et que l'on a jugé dignes d'y occuper une place. Ils ne pouvoient pas parler de vingt autres mémoires sur les parties les plus intéressantes de l'administration. Ceux-là sont encore dans le secret du portefeuille; ils n'attendent, pour en sortir, que l'instant de la réunion du crédit et de l'intégrité en place; eh! fasse le ciel que ceci puisse bientôt vous regarder personnellement. Alors, monsieur, je ne serai pas plus disposé à me jetter à la tête; mais je ne le serai jamais moins à me trop faire valoir. Enfin, il est certain que je dois à toutes ces menées misérables quelques mots échappés au roi, quand il étoit dauphin, et annonçant plutôt une prévention défavorable qu'avantageuse sur mon compte. Personne n'est encore mieux au fait que vous du peu de relations que je me suis permises avec celles qui ont pu me faire taxer de me mêler de ce dont je n'avois que faire. Vous connoissez le fond de mon coeur, je ne vous le cache jamais, et j'attends de la sensibilité et de la générosité du votre, de ne pas perdre une occasion, si elle se présente, de dire la vérité. Vous savez, monsieur, que mon tendre et inviolable attachement est de vous à moi, autre chose qu'un protocole ordinaire.

J'ai l'honneur d'être, etc.

De Masson, marquis de Pezai.

M. Masson qui passoit à la ville pour un marquis de Pezay, vouloit être à la cour tout-à-la fois Mars et Apollon.

C'étoit en deux mots que M. le Chevalier de Cubières se défendoit d'avoir fait des épigrammes qui inquiétoient le gouvernement. « Un homme de mon état et de mon nom ressemble à la femme de César, qui ne devoit pas même être soupçonnée. »

Encore un marquis, c'est le socrate de la *révolution*, celui qui avoit tant besoin d'être pendu pour devenir un grand homme. Les aristocrates ont voulu m'acheter sa lettre et la couvrir de louis. Ce seroit une relique pour eux, comme une pierre de la bastille en est une pour moi.

A Mannheim dans le Palatinat,
le 26 janvier 1776.

MONSIEUR,

Je crois devoir vous prévenir que j'ai reçu aujourd'hui une lettre anonyme dont je reconnois la main qui en me disant un tas d'horreurs, m'ajoute qu'il paroîtra incessamment un libelle contre moi qui doit être envoyé tant à Paris que chez l'étranger, aux personnes de marque desquelles je peux me recommander.

Ce libelle doit contenir des injures atroces et controuvées pour me perdre d'honneur et de réputation, et entr'autres, on vous y compromet, monsieur, par une piece que l'on prétend avoir été retirée de vos mains, qui, dit-on, est une plainte de madame de Galland, de l'année 1772. J'espere que vous voudrez bien vous servir de votre autorité pour empêcher un pareil factum, qui, dit-on, doit être imprimé, et qui est l'effet de la *vindique* de madame la princesse d'Anhalt, logée rue Coqueron, dont j'ai nouvellement épousé la fille en Allemagne, du consentement du prince son pere. Vous y êtes d'autant plus intéressé, que madame de Galland nieroit elle-même le contenu de cette prétendue injure, dans les termes où on prétend la donner au public; et je crois que toute la police ne doit pas permettre l'impression d'un pareil factum.

Je vous prie, monsieur, et j'espere que vous voudrez bien faire prévenir madame la princesse d'Anahlt que le roi n'approuveroit pas des libelles diffamatoires répandus contre un de ses sujets pour le diffamer, sans autre motif que celui d'une vengeance.

Ce sera un acte de votre justice dont j'aurai la plus sincére reconnoissance, ainsi que la princesse Caroline d'Anhalt ma femme.

J'ai l'honneur d'être, etc.

Le marquis DE FAVRRAS, lieutenant des Suisses, de la garde de S. A R. Monsieur.

Ce

Ce style de qualité n'annonçoit guère l'ame d'un Catilina.

Est-il étonnant que les grands et petits seigneurs, dont toute la vie étoit un roman, qui empruntoient jusqu'à leur réputation, aient toujours eu tant peur d'un libelle? Leur masque tient à si peu de chose! Que de héros qui s'évanouiront aujourd'hui, parce que c'est un service à rendre à la société que de médire!

Mais comment les gens de lettres, accoutumés aux sifflemens de l'envie, occupoient-ils toujours le lieutenant-de-police des coups d'épingles qu'ils se donnoient. Celui qui les enfonçoit le plus, le *Lucien* de la Lorraine, étoit le premier à se plaindre d'un journaliste qui n'étoit pas malin.

Monsieur,

Je vous dois mille remerciemens pour la bonté avec laquelle vous voulez bien vous prêter à faire en ma faveur un acte de justice. J'ai l'honneur de vous envoyer la réponse que j'ai cru devoir faire à M. l'abbé Remi, qui ne devoit pas se permettre de traiter, dans le *Mercure de France*, d'ouvrage scandaleux, une comédie représentée de l'aveu du gouvernement, et qui n'a paru qu'après avoir subi toutes les formes prescrites par les loix. J'ai ouïs dire que cet abbé qui me persécute, sans qu'il ait jamais eu à se plaindre de moi, avoit été persécuté lui-même à l'occasion d'un éloge du chancelier de l'Hôpital. Ce seroit pour lui une raison d'avoir le plus grand ménagement pour tout le monde.

Il m'est permis, monsieur, d'être sensible aux calomnies qui se renouvellent sans cesse contre mes ouvrages. Ce sont elles qui m'ont confiné dans ma retraite, et qui m'ont écarté jusqu'à présent de toutes les graces littéraires. Puisque vous voulez bien être touché de cette injustice, et vous occuper même de la réparer, c'est remplir en quelque sorte vos vues bienfaisantes, que de me permettre de me justifier. Je vous supplie donc, monsieur, de vouloir bien donner ordre au sieur Pankoucke d'insérer cette réponse dans le *Mercure*, et sur-tout de ne pas se permettre de l'altérer. J'en ai pésé avec soin toutes les expressions; j'ai eu le ménagement de ne pas même soulever le masque de l'abbé Remi, et j'ose me flatter que vous la trouverez aussi modérée qu'elle pouvoit l'être.

Je vous demande encore d'exiger qu'elle paroisse samedi 26, ce qui sera très-aisé, si vous voulez bien ne pas l'éloigner de votre vue, et la faire passer sur le champ au sieur Pankoucke, avec un ordre précis. Vous sentez que plus l'attaque commenceroit à vieillir, plus une réponse perdroit de son effet.

Je suis avec respect,

PALISSOT.

Ce 17 août 1780.

Ce n'étoit pas la peine de se retirer à Argenteuil pour n'être pas plus philosophe. A quoi vous servoit donc, monsieur De-Montenoi, cette lorgnette de l'enchanteur Merlin, qui a l'avantage, dites-vous, de montrer les objets tels qu'ils sont ? Moi qui ne l'ai pas, je ne peux pas m'empêcher de rire en lisant la lettre du moderne *desaccords* au magistrat :

Monsieur,

J'apprends à l'instant qu'il doit paroître

demain dans le Mercure une piece de vers adressée à M. Palissot, pour le prier de ne plus garder l'anonyme. Cette piece paroîtra sous le nom du vicomte de . . . . et elle est du chevalier de Fargès. C'est M. de St. Ange qui a le détail des pieces fugitives qui paroissent dans ce journal. A la seconde représentation, il soutenoit que la piece étoit de Palissot, et un de mes amis lui a fermé la bouche. Ainsi il ne peut ignorer que j'en suis l'auteur. De plus, j'ai consigné ma déclaration dans le journal de Paris. Ainsi, je ne pourrois considérer cette piece que comme un démenti public. C'est une petite intrigue sourde des prétendans à l'académie. J'ose vous prier de vouloir bien arrêter cette honteuse cabale dans sa naissance, et de prévenir les suites qui en pourroient résulter. Je me flatte que vous ne refuserez pas d'ajouter cette marque de bontés à celles que j'ai reçues de vous. C'est M. de St. Ange seul qui est coupable de cet excès. M. Imbert vouloit faire mettre un carton; il est encore tems: car il m'est arrivé d'en faire mettre un du soir au lendemain, pour corriger un article insolent où on rendoit compte de la premiere folie que j'ai fait imprimer.

Je suis avec respect, etc.

le marquis de B<small>IEVRE</small>.

En vérité, il faut avoir le talent d'Eole, pour contenir tous les amours-propres littéraires. Se mettre en colère parce que le public, à qui on se cache, ne devine pas tout de suite que le *séducteur* est de celui qui n'avoit encore fait que des calembourgs (1)! Et pour changer l'adresse d'un compliment, exiger qu'un journal de 4 feuilles, tiré à 8000, et huit jours d'avance, subisse en une nuit huit mille cartons! On peut donc avoir beaucoup d'esprit et peu de sens commun.

Enfin jusqu'à M. le chevalier de Rivarol, qui se plaint de ce qu'un cabaretier au village de Bagniol, écrit à son frere, le comte, comme à un cousin, en patois, et que ce cousin semble croire que le comte, son frere, a reçu au jardin des Tuileries un coup de poing dans le ventre. ,, J'ai voulu avoir

---

(1). Marquis, vous avez fait le sot; on vous le croit toujours.

l'honneur de vous prévenir, monsieur, de tout cela, avant que de présenter un mémoire au roi, comme me l'ont conseillé plusieurs gardes de sa majesté, mes camarades. Je vous aurois demandé un rendez-vous, si je n'étois retenu par un rhume affreux ,,.

Paris, le 6 février 1788, rue Montmartre, n° 184.

M. de Crosne, qui savoit toute la peine que feroit la lettre du *cousin Longchamp* à un roi, l'ami de toute sa noblesse, déploya tout le pouvoir exécutif de la police sur un libelle qui couvroit d'une *lie* épaisse, le plus beau sang de la monarchie, celui des Rivarol et des Champcenetz.

On ne voyoit dans les bureaux de messieurs Martin et Cauchy, que des muses qui se battoient tous les jours comme des harangeres. Combien de fois M. Laus de Boissy ne déclamât-il pas contre M. Masson de Morvillier ? ,, Voudriez - vous l'envoyer chercher et lui faire défense de rien imprimer contre moi, soit sous mon nom véritable, soit sous la dénomination injurieuse de *Bos de Poissy*. Il est indécent et peut-être punissable de jeter du ridicule sur un homme qui remplit des fonctions graves, nobles et intéressantes à l'ordre public. ,, Et c'est alors que le lieutenant particulier du siége de la Connétablie et maréchaussée de France, pour donner une idée de l'ame de ce *martial*, donnoit la clef de l'épître *à une femme de 40 ans*. Cette *femme de 40 ans* étoit la mere de son éleve : *le petit sultan de la finance*, c'est M. *Bonnot* ; *Damis*, c'est M. de Rumare, les laïs aux *deux battans*, ce sont mesdames Châtelain, Rousseau et le Jai, etc. Toutes ces confidences amusoient des commis et ne vengeoient pas M. Bos.

Il valoit mieux faire comme le censeur Suard, qui en dénonçant la préface de Figaro, protestoit qu'il n'y avoit point d'injures qu'il n'acceptât de Pierre-Augustin Caron de Beaumarchais avec beaucoup plus de résignation qu'un éloge. Mais qu'avoit-il donc besoin de prier un magistrat qui a toute autre chose à faire que de lire des préfaces, de *vouloir bien exiger de lui qu'en lui faisant l'honneur de citer ses paroles, il ne lui fasse dire que ce qu'il a dit* ? Passe que M. de la Harpe l'interrompe. On le menaçoit d'un procès-criminel et jamais il ne fut plus innocent. Mécontent du jugement qu'avoit porté le journal de Paris de sa tragédie des Barmécides, il se plaignit, au journal lui-même, de M. d'Ussieux dont le *nom* n'est *guerre connu* qu'au *caveau*. Le secrétaire avoit écrit au *carcan*. Cette phrase également barbare et inintelligible, étoit déja dans la poche d'un procureur pour *valoir ce que de raison* : tant il est vrai que les hommes ne manquent pas de prétexte pour se nuire, quand ils n'en ont plus de cause.

La vengeance a toujours été l'esprit de corps. Une compagnie, quand elle nait, n'a que le desir d'être utile. Bientôt c'est l'ambition des honneurs, et enfin l'insolence du pouvoir. Quelle société promettoit plus d'avantages que celle de médecine, si elle n'eût pas été *royale* ? M. de Lassone, en lui conquérant des privilèges et des droits, avoit ouvert dans son sein une source de disputes et d'injustices : il fallut ou combattre ou hair la faculté. Le secrétaire qui se sentoit le courage de faire tout à la fois et sa fortune et sa réputation, se donna tout entier à l'hypocrate de la reine qu'il entretenoit de nouvelles et de flatteries. C'est lui qui pour ses étrennes, lui écrivoit le 6 janvier 1781 : Il se répand avec profusion un libelle contre la société, dans lequel vous êtes, ainsi que moi, fort maltraité. C'est un dialogue fort mal fait et fort bête, entre un citoyen et un docteur de la faculté de Paris, sur la société royale. J'en ai prévenu M. le Noir il y a plusieurs jours, et j'ai appris hier de plusieurs de nos confrères, qu'ils s'étoient procuré ce libelle en l'achetant chez un libraire nommé Lacloye, près l'orme St. Gervais. Il est étonnant que M. le lieutenant de police n'ait point été instruit de cette vente. Il est inconcevable qu'un pareil abus se commette impunément au milieu de la capitale ; j'en ai écrit ce matin à M. le Noir.

Il se répand aussi contre M. Geoffroi, une épigramme imprimée qui est de la plus grande méchanceté.

J'ai l'honneur d'être avec respect,

VICQ d'AZIR.

Comme il n'y a plus dans le monde entier qu'un exemplaire de cette épigramme, celui que j'ai, paraphé du commissaire Chenon, fils, toute très-méchante qu'elle est, elle doit être connue.

L'âpre docteur Geoffroy, dont maint et maint logis,
Pour une fois mandé pour catarre ou migraine,

Revient, sans en être requis,
Multiplier son droit d'aubaine.
Naguère un mort de sa façon
En vint porter sa plainte au manoir de Pluton :
Oui, répondit le prince antropophage,
Caron, écoute; aux rives d'Acheron
Quand Geoffroi paroîtra, laisse-le sur la plage,
Ou prends sur ce sillon triple droit de passager.

Cette épigramme où le venin est caché comme l'esprit, fut sentie par M. le Noir ; il devina même qu'elle devoit sortir de la même tête que le libelle, et comme rien n'étoit plus pressant que de punir un délit si sacrilège, il prit sur lui d'avancer les ordres du roi contre Louis-Charles Hallot, de Noyers, en Bourgogne, docteur-régent de la faculté de médecine en l'université de Paris, demeurant rue St. Thomas du Louvre ; et ce décret chamberland lui valut un compliment du ministre : ,, Vous avez très bien fait, monsieur, de faire conduire le libraire dans les prisons du petit châtelet, et le sieur Hallot à la bastille, après avoir fait faire perquisition dans ses papiers. Vous trouverez ci-joints les ordres du roi, nécessaires pour autoriser ceux que vous avez donnés. Je vous prie d'en faire remplir les dattes que j'y ai laissées en blanc.

J'ai l'honneur d'être etc.

AMELOT.

Il ne fallut rien moins que ce petit mot d'une grande dame pour faire sortir du cachot un marchand que recommandoit envain le curé de St. Gervais : „ Je viens d'apprendre, monsieur, que le petit de la Cloye, mon libraire, étoit en prison pour une étourderie dont il n'a pas sans doute prévu les conséquences. J'ai toujours reconnu en lui de la droiture et de la probité. Comme vous m'avez donné déjà des marques d'attention dont je n'ai pas perdu le souvenir, j'espère que vous aurez égard à ma recommandation, en lui procurant son élargissement, le plutôt possible etc.

M. V. H. de la Tour
d'Auvergne, duchesse
douairière de la Tremoille.

Mais la *société* entière n'étoit pas de trop pour obtenir la grace du docteur de 29 ans, et l'interprête de ses sentimens généreux fut le dénonciateur lui même.

MONSIEUR,

La société royale de médecine ayant appris que M. Hallot est détenu à la bastille, et qu'il s'est répandu dans le public que cette punition lui a été infligée, parce qu'il a été convaincu d'avoir fait imprimer et répandre un libelle injurieux contre la société royale de médecine et plusieurs de ses membres; la compagnie, après avoir délibéré, a pensé qu'elle devoit oublier cette offense, quelqu'en puisse être l'auteur, et elle a arrêté dans sa séance au Louvre, le 12 janvier 1781, que quatre de ses membres seroient députés pour prier le ministre d'obtenir de sa majesté, le prompt élargissement de M. Hallot, dans le cas où il seroit détenu à la bastille pour avoir fait imprimer ou répandre le susdit libelle. En conséquence, quatre commissaires ont été nommés à cet effet, et il a été décidé que je vous rendrois compte de cette délibération, en sollicitant au nom de la compagnie, votre indulgence en faveur de M. Hallot.

J'ai l'honneur d'être avec le plus profond respect, votre etc.

VICQ dAZIR.

Leurs majestés Amelot et le Noir se laissèrent fléchir; peut-être avoient-elles quelques raisons secrètes d'obliger leur esculape; car enfin on ne pardonne pas sitôt quand on punit si vîte.

Mais c'est sur-tout quand il croyoit faire sa cour à un prince, qu'un lieutenant de police avoit l'inflexibilité du destin.

M. le duc de Chartres, qui n'étoit point encore ce Louis-Philippe-Joseph d'Orléans, avoit trouvé mauvais que M. Garat ait imprimé, sans son agrément, la vie de M. de Bonard, du moins à ce que dit M. Fontaine. ″ Son altesse sérénissime trouve l'imprimeur on ne peut pas plus répréhensible, et exige qu'il soit puni de ce manquement, et vous prie, monsieur, de faire supprimer cet ouvrage. ″

14 mai 1785.

Le 29 juin parut un arrêt du conseil qui interdit au sieur Didot jeune, l'usage de ses presses pendant un mois.

C'est encore avec plus de célérité que fut ordonnée, d'après une note de d'Alsace, prince d'Hénin, une perquisition chez un peintre qui, croyant donner quelque chose de nouveau au public, dessinoit à nu les appas lubriques d'une Melpomène.

Sans doute que le duc de Fronsac dénonça le tableau hardi où Gilbert représente un libertin de qualité qui, pour *son plaisir d'un soir*, livrant au feu les *toits héréditaires* d'une vierge aussi sage que belle, l'emporte *mourante en son char ravisseur*. Je trouve une lettre qui effacera toute la gloire du poète.

MONSIEUR le duc,

« De toutes les persécutions que mes ennemis pourront me susciter, ils ne sauroient m'en faire éprouver une qui me soit plus sensible que de me noircir injustement dans votre esprit. Votre rang, le respect que je dois à votre personne, mon nom placé à la tête de mon ouvrage, suffiroient pour rendre invraisemblables les sentimens qu'on me prête si généreusement. Le diffamateur se cache dans l'ombre : si mon dessein eût été de vous offenser, aurois-je eu l'imbécillité de me nommer ? Ne me serois-je pas mis à couvert de votre juste vengeance, sous le voile de l'anonyme ? aurois-je eu en me nommant la ridicule bêtise de vouloir, moi, homme de lettres, isolé, lutter de crédit avec un duc et pair, un premier gentilhomme de la chambre? Vous avez trop d'esprit, monsieur le duc, pour en croire mes calomniateurs.... Jettez les yeux sur ma satyre. Un grand dérobe à des laquais une courtisanne, un comte ou un marquis l'épouse; il en ravit plusieurs encore qu'il jette à l'opéra. Pouvoit-on rassembler plus de traits, plus de caractères propres à repousser loin de votre personne, l'ombre du moindre soupçon? Duc et Pair, ayant épousé une demoiselle d'une maison conforme à la vôtre, pouvez-vous vous reconnoître dans des vers où je peins un personnage si contraire à M. le duc?.... Mes détracteurs profiteront de tout, inventeront tout pour couvrir d'un grand nom, leur vengeance. Mais vous êtes juste et noble, et je me flatte que la persécution qu'ils ont voulu me faire éprouver par votre moyen, tournera à leur confusion, et que vous imposerez silence à leurs calomnies, en m'accordant une protection déclarée. Cette conduite du moins eût été celle d'un Richelieu. ,,

Avec des idées si basses, eût-on quelquefois la plume de Boileau, on ne mérite qu'une pension d'un duc de Fronsac.

Il y avoit des valets de cour qui se faisoient craindre comme des princes et des ducs. Le directeur des *Mencus* écrivoit très bien lui-même : ,, il est convenu que M. Suart ne laissera rien mettre dans le journal ni pour ni contre le sieur Viotti. Mais je viens d'être informé qu'il fait un nouveau mémoire pour imprimer. Il seroit instant que vous voulussiez bien envoyer chercher tout de suite le sieur Viotti, pour lui faire connoître les intentions du roi, avec défense précise de ne plus rien faire imprimer sur cette affaire, à peine d'être prié, comme étranger, de retourner dans son pays ou ailleurs : car il faut un peu de fermeté pour finir toutes ces tracasseries.

Je suis etc.

De la FERTÉ.

Ce 11 mai 1789.

Tous ces gens-là ne parloient jamais que par ordre du roi. Je croirois presque qu'ils lui faisoient signer jusqu'à leurs déclarations d'amour, quand ils n'avoient pas de quoi

quoi les payer. Est-ce que M. le Noir n'a pas fait ouvrir, de par le roi, la boutique de l'épicier de madame de Kornnman, entre onze heures et minuit, pour avoir du fromage qu'il aimoit comme elle ?

Ce Pluton de toutes les maisons de force devenoit quelquefois un juge de paix. Il fut choisi par M. de Vergennes lui-même, aussi versé dans la politique que dans le commerce, pour régler un mémoire de mademoiselle Bertin. ,, L'intérêt de la France, monsieur, nous invitant à prévenir, autant que possible, qu'on ne surfasse avec excès les cours étrangères qui veulent bien faire usage de nos modes et de nos chiffons, je vous prie de vouloir bien vous prêter aux desirs de M. l'ambassadeur de Portugal. ''

14 décembre 1785.

Tantôt on lui croyoit la puissance de cette déesse *viri placa* qui rétablissoit l'ordre dans les ménages. C'étoit une marquise de la rue des Filles du calvaire, au Marais, qui craignant pour la santé et encore plus pour la bourse de son mari, tout âgé qu'il étoit de 56 ans, lui dénonçoit les lettres adultères de sa rivale, dont le cœur étoit tout à la fois au bourreau et au marquis. Dans ses accès de jalousie, elle vouloit se plaindre au roi de cette *liaison avilissante qui n'étoit fondée que sur des besoins factices*, au roi qui ne rit pas de tout, comme le beau monde. ,,.

3 octobre 1782.

Tantôt c'étoit la marquise de Bef... qui le prioit de la débarrasser d'une femme de chambre indiscrette : et il fallut que cette femme de chambre donnât, avant que de sortir, ce certificat à sa maîtresse. ,, Je soussigne promets à monseur le lieutenant generalle de police de ne james ouvrire la bouche a quique sois des aintérets de madame la marquis de B... et ce sous penes de punisiont nayant qua me louer de madame.

A Paris 17 novembre 1777.
Marie Sophie de Lano.....

Mons adresse est, che madame Etiene etpissier, au cegond, rue etc. ,,

Un jour un duc et pair lui mandoit :

,, La vertu a rendu ma fille grosse. Mais c'est à vous à savoir et à me dire si mon gendre est toujours un libertin et fait toujours des dettes. ,,

Quelquefois confident des bonnes actions, il étoit prié de les partager et de les éclairer : et pendant que le public plus souvent malin que juste, se permettoit des propos sur un illustrissime prélat qui, tous les matins, au Luxembourg, dans les caffés et jusques dans les allées, traînoit modestement la redingotte et le surnom de l'abbé *Antoine*, il acquéroit la preuve que cet apôtre de l'évangile étoit le père des orphelines. ,, J'ai eu l'honneur, monsieur, de vous demander une pension sûre pour y mettre un enfant dont j'ai eu la bonté de prendre soin depuis déjà plusieurs années ; mais comme elle devient grande et que j'ai quelques soupçons qu'elle n'est pas assez bien peut-être dans la maison où elle est, je vous prie donc, monsieur, de vouloir bien donner une lettre adressée à la maîtresse de pension où vous me conseillez de la mettre, pour qu'elle se charge d'en avoir soin, moyennant les arrangemens que l'on prendra avec elle, jusqu'à ce que je renvoye la jeune personne à ses père et mère. M. de Lescaze, porteur de ma lettre, pourra se charger de celle adressée à la maîtresse de pension.

J'ai l'honneur d'être avec un parfait attachement, votre etc.

† Pr. Ferd. de Rohan arch.
duc de Cambray.

Ce 4 mars 1785.

On le consultoit jusques dans le choix d'un précepteur, et c'étoit un *espion* qui fixoit l'estime d'une famille. Le sieur Gobert, disoit le rapport, est un homme de 30 à 35 ans, taille de 5 pieds, 2 ou 4 pouces, d'une figure avantageuse et honnête. Il est très-lié avec un littérateur, demeurant rue du Four St. Germain, maison d'un sellier. (Ce n'étoit que l'abbé de Mably !) je l'ai fait suivre pendant huit jours. Il ne sort que vers une heure pour aller dîner rue des Boucheries, à 24 sols par tête, et se proméne presque tous les jours au Luxembourg avec M. Bonnet, ingénieur. Il avoit commencé l'éducation des enfans de M. Thiroux de Monregard, intendant et fermier général des postes. " Sa gloire étoit de ne l'avoir pas continuée, cette éducation. Pouvoit-elle être bonne avec une maman qui avoit la foiblesse d'admirer même le sommeil de ses fils : et elle les réveilloit pour leur dire que dans l'attitude où ils étoient, ils ressembloient à *l'amour blessé*. Des *Cupidons* ne deviennent jamais des hommes.

Les lieutenans de police qui laissoient vaguer tant de *filles* dans les rues, conservoient avec soin quelques vases d'élection dans les couvens. Ils avoient pour modèle, M. de St. Florentin, qui a conquis tant d'ames à la religion. Sa manière de préparer les abjurations étoit celle d'un chrétien inébranlable dans sa foi, qui connoit le *force-le d'entrer*, et sait qu'il faut tout briser, jusqu'aux liens sacrés de la nature, pour suivre J. C. Sa lettre a M. de Sartine devroit être dans la bibliothèque de la Sorbonne.

Fontainebleau, le 20 octobre.

Sur l'avis que j'ai reçu, monsieur, en l'année 1760, que le sieur de Campan, gentilhomme de Languedoc, faisoit élever ses enfans dans la religion prétendue réformée, je pris les ordres du roi pour faire mettre ses deux filles aînées, âgées pour lors, l'une de 11 et l'autre de 10 ans, dans le couvent des Ursulines de Toulouse. En 1761, ce gentilhomme fit agir auprès de moi pour obtenir qu'elles sortissent de ce couvent et qu'elles fussent confiées aux soins de la dame de la Chaud, habitante de Paris, et veuve d'un maître chirurgien de cette ville. Le sieur Hevin, premier chirurgien de madame la Dauphine, me certifie que les demoiselles de Campan ne recevroient chez cette veuve que des leçons de piété et de sagesse. Sur le compte que j'en rendis au roi, sa majesté voulut bien permettre le transférement. Le sieur de Campan me fait solliciter aujourd'hui pour leur liberté, et je vous envoye son placet. Vous jugerez comme moi que le motif de leur établissement n'est qu'un vain prétexte, ces demoiselles étant encore trop jeunes pour être établies. On m'a aussi allégué la dépense considérable que lui cause leur séjour à Paris; mais en la supposant telle, il s'y est lui-même soumis; et d'ailleurs il est riche. Ainsi les raisons sur lesquelles il se fonde, me paroissent mériter peu d'égard. Mais à cette occasion l'on m'a rapporté que ce gentilhomme, depuis que ses filles sont à Paris, est venu s'y établir lui-même, qu'il est parvenu à les maintenir dans leurs premiers préjugés, et qu'en cherchant à se procurer dans Paris des recommandations, soit auprès de moi, soit dans mes bureaux, il donne lieu aux tolérans, dont le nombre augmente tous les jours, de s'élever contre les mesures que le roi prend pour faire instruire de la religion catholique les enfans des protestans. Je vous prie de vérifier ces faits et particulièrement si les demoiselles de Campan professent la religion prétendue réformée, et si elles y sont déja assez attachées pour qu'il n'y ait plus d'espérance de les ramener.

Je suis votre etc.

F. FLORENTIN.

C'est ce petit Philippeaux, à qui le Sabatin faisoit accroire qu'il lui faisoit ses enfans, qui vouloit prendre d'un seul coup de filet vingt religieuses pour leur prouver que cinq propositions latines étoient dans Jansénius. Voilà comme les idées les plus fausses et les plus barbares s'amalgamoient avec les préjugés et les vices!

De la police sur les libelles.

Si un libraire prétendoit qu'un auteur qu'il *ne nomme pas*, a écrit un ouvrage capable de nuire à quelqu'un, et proposoit de le *supprimer pour une somme d'argent*; si cet ouvrage étoit un libelle obscène et calomnieux; si, pour ajouter à la terreur des parties désignées, on distribuoit un *prospectus inquiétant* ; si dans le même tems on écrivoit *des lettres anonymes* et menaçantes aux personnes intéressées à la suppression du libelle annoncé ; si enfin après avoir échoué dans cette tentative, ce libraire, qui est le seul *sommateur* apparent, exposoit le libelle inventé ; on demande si le rôle qu'il a joué est celui de *libelliste*, de conspirateur ou d'incendiaire.

En ajoutant la circonstance que l'agent des personnes nommées dans les *soupers de l'hôtel de Bouillon* (ignorant que ce libelle étoit un tissu d'absurdités, et voulant empêcher des noms respectables d'être cités de quelque maniere que ce fût), a vu *le libraire et lui a offert 150 livres*; que ce *libraire les a refusées en demandant une somme plus forte ou menaçant de mettre l'ouvrage en vente*; ce qu'il a fait:

Ce cas à décider coûta beaucoup d'argent à la police de Paris. Elle vouloit absolument que le libraire *Boissiere*, lorsqu'il annonça les *soupés de la duchesse de Bouillon*, fût comme celui qui sachant que je dois passer au coin d'un bois, m'y attendroit et me présentant un poignard, diroit : Si vous ne me donnez pas telle somme que je sais que vous avez dans vos poches, je vous assassine.

C'étoit l'avis barbare de Morande, ce *gazetier cuirassé*, qu'il assuroit être celui de MM. Cooper, Bowles et Stackpoole ; et pour flatter le génie persécuteur du comte de Vergennes, il lui rappelloit ces tems heureux où la chambre étoilée faisoit couper le nez et les oreilles aux libellistes qui jusqu'à leur jugement étoient détenus prisonniers dans des cachots, souvent avec des fers : car ce n'eût point été assez de citer les exemples sévères de Shebbeare, mis au pilori pour des lettres contre le feu roi George II, et la maison de Hanovre :

De Bingley, imprimeur, mis au pilori pour les lettres de Junius :

De Williams, libraire, qui subît le même supplice pour la même offense :

Du sieur Wilkes, pour le North Briton, emprisonné pendant vingt deux mois :

De Griffiths, imprimeur, emprisonné six mois et mis à une forte amende, pour avoir avancé que Lady Sarah Bunbury étoit grosse de son neveu M. Fox :

De Miller, imprimeur, condamné à la prison et à une amende de 2,000 livres, pour avoir accusé Lord Sandwich d'avoir vendu un emploi :

De Millidge, imprimeur, pour avoir imprimé une lettre tendante à préjudicier les jurés par devant lesquels devoit être jugé le sieur Stacpoole :

De Bates, éditeur de gazettes, condamné à un an de prison, quoique ce fût à son insçu, selon ce qu'il a prouvé, qu'une lettre s'étoit glissée dans le Morning Post, contre le duc de Richmond :

Du même, pour avoir imprimé la conversation d'un tiers sur un Pédéraste connu, condamné à trois mois de prison :

De Finny, éditeur d'une gazette (pour avoir laissé imprimer que M. Burke, élevé aux Jésuites, étoit protecteur né des Pédérastes), emprisonné six mois :

Du sieur Horne, pour avoir répandu un avis pour faire une collecte en faveur des enfans et veuves des Américains tués à Bunkers Hill, appellant meurtriers les soldats anglais qui les avoient attaqués, et invitant les fidèles Bretons à secourir leurs freres :

De Mills, pour avoir écrit contre *Sikes*, et l'avoir appellé concussionnaire, le fait étant évident :

De Parker, imprimeur du général Advertisser, pour avoir imprimé un avis d'illuminer en faveur de Keppel, dans des termes un peu trop chauds :

De six à sept imprimeurs de gazettes, pour avoir imprimé que M. de Simolin, ambassadeur de Russie, avoit eu ordre de se retirer, parce qu'on avoit découvert qu'il favorisoit les espions de la France, et leur facilitoit la communication : Chaque imprimeur ayant eu plus ou moins de prison, et payé des amendes plus ou moins fortes, selon leurs démarches subséquemment à l'outrage fait à ce ministre qui ne put obtenir la grace absolue d'aucun.

Ce procès fut intenté *ex officio* par le procureur-général : c'est une manière de procéder fort rare, et dont les Anglais contestent encore la légalité.

Enfin on a le fameux et ridicule exemple de la demoiselle d'Eon, qui n'échappa au jugement qu'eût obtenu le comte de Guerchy contre elle, que par la fuite et son séjour à la campagne, où elle resta deux ans déguisée *dans ses habits naturels.*

Mais l'embarras du ministère français étoit de choisir la forme du procès: sera-ce par information au banc du roi ? Sera-ce sur une plainte rendue pardevant les magistrats ? Sera-ce aux fins d'obtenir des dédommagemens ? Cette dernière manière de procéder, est une action civile.

Celle de l'information est très-longue ; un an quelquefois ne lui suffit pas : il est vrai qu'elle procure presque toujours, quand le délit est prouvé, ou l'emprisonnement, ou le pilori, ou une amende qui équivaut à une prison perpétuelle, si elle est forte. Quand on n'a pas un écu, comment payer cent mille francs ? Et le roi seul peut faire la remise à ces *prisonniers de la couronne.*

La plainte pardevant les magistrats est le moyen le plus simple : ce tribunal des *justices of the peace*, prononce définitivement et sans jurés. C'est par lui que l'escroc *Dignam* fut condamné aux galères. Mais comme ce sont des épiciers qui le composent, des drapiers, des charpentiers, à qui la noblesse refuse encore des notions assez délicates sur l'honneur, pour prononcer sur des calomnies ; presque toujours les libellistes sont traduits au banc du roi.

Pour ne courir aucune de ces chances, où auroit pu succomber *Antoinette*, comme la duchesse de Bouillon, l'une avec ses *passe-tems*, l'autre avec ses *soupers*, une idée lumineuse fut offerte à M. Lenoir, dont toute l'ambition étoit de venger ces dames.

On lui dit : l'insuffisance de la *commune loi* d'Angleterre, à l'égard des libelles séditieux et injurieux à la personne du souverain, a été suppléée par des *statuts*.

Ceux qui sont intitulés : *against flander and scandalum magnatum*, portent que celui qui sera assez hardi pour faire ou publier des nouvelles histoires, ou contes diffamatoires, propres à engendrer de la discorde entre le roi et son peuple, ou entre les grands du royaume, sera pris et appréhendé au corps et détenu en prison, jusqu'à ce qu'il ait représenté en justice le premier auteur ou fabricateur desdites nouvelles, histoires ou contes.

Les Anglais que gouverne ce principe, doivent encore sentir qu'il n'importe pas moins à leur bonheur domestique, d'étouffer tous les germes de rancune entre deux nations.

Eh bien! proposez-leur d'étendre ces *statuts* à tous les fabricateurs, publicateurs et vendeurs de libelles diffamatoires contre la *personne sacrée* des *souverains*, avec l'engagement solennel de cette réprocité que se doivent des voisins et des frères.

Alors fut rédigé dans le cabinet des affaires étrangères par un inquisiteur consultant, ce

Projet d'un bill.

Anno vigesimo secundo Georgii Tertii Regis.

Acte pour empêcher les personnes qui résident dans les pays étrangers d'être diffamés avec impunité par des auteurs de libelles, résidans dans ce pays, et pour autoriser les personnes à qui leur état ou leurs affaires ne permettroient pas de comparoître personnellement dans une cour de justice en Angleterre, à nommer des procureurs pour demander satisfaction en leur nom.---Et spécialement pour autoriser le procureur général à poursuivre le délinquant ou les délinquans, lorsque le rang ou la dignité des personnes diffamées rendront la poursuite personnelle de leur part impraticable ou peu convenable.

Attendu que quelques auteurs de libelles et calomniateurs résidans dans ce pays, ont depuis peu ajouté a la publication de libelles contre les premiers et principaux personnages de l'Europe, la circonstance d'écrire ou de faire écrire des lettres menaçantes à des personnes distinguées et respectables résidant dans les pays étrangers, pour les informer (1) *que si elles ne font pas remettre à leur agent à Londres, certaines sommes d'argent pour la suppression de libelles où leur réputation est singulièrement compromises, ces libelles seront infailliblement publiés.* --- Ces avis étant suivis de près par des avertissemens imprimés et par des billets écrits à la main, ainsi que par d'autres lettres où quelque partie des libelles est renfermée et *dont les feuilles sont coupées d'une maniere si adroite, qu'ils augmentent l'inquiétude des personnes attaquées en les mettant dans l'impossibilité d'en tirer aucun sens.* Il est clair que ces manœuvres n'ont d'autre objet *que d'extorquer de l'argent* ; attendu que

---

(1) Ces manœuvres ont été pratiquées plusieurs fois par Boissiere, libraire françois dans S. James Street, agent connu de tout avanturier qui veut sortir de la misère par cette ressource.

l'agent desdits auteurs de libelles qui a été nommé dans les lettres menaçantes susmentionnées, a avoué, d'après la demande de quelques amis de la partie attaquée, qu'il étoit autorisé par les auteurs de ces libelles à les supprimer, moyennant certaines conditions, et qu'il avoit pouvoir pour transiger, recevoir et donner quittance puor eux et en leur nom, ce qui avoit été fait plusieurs fois par ledit agent (1) dans des cas semblables ; des estampes et des écrits calomnieux ayant été gravés à différentes fois et mis entre les mains dudit agent par la même personne ou par d'autres auteurs de libelles, agissant d'après les mêmes principes : Ces infâmes manœuvres sont non-seulement criminelles en elles-mêmes, mais elles finiroient certainement, si on souffroit qu'elles fissent des progrès ultérieurs, ou *si on les soutenoit d'une maniere quelconque*, par deshonorer ce pays, attendu qu'au moyen de ces agens qu'on laisse s'établir entre la partie

---

(1) Boissiere a reçu en son propre nom 1000 livres, dont il a donnée quittance signée de sa main, pour un libelle de cette nature et deux gravures, par une personne qui n'a point paru dans cette affaire.

et

et l'auteur de libelles, les criminels les plus insignes sont soustraits à la punition qu'ils méritent et à l'infamie d'être publiquement connus : Tolérance qui pervertit la liberté de la presse et fait du privilège de la constitution britannique, une protection pour les écrivains incendiaires et calomniateurs contre les poursuites à l'occasion de libelles, de complots ou d'extorsions qui non-seulement sont contraires au droit des gens, mais portent atteinte à notre caractère national ainsi qu'à l'affection mutuelle et à la correspondance amicale entre les nations civilisées ; toutes (1) choses qui doivent être regardées comme sacrées et inviolables.

En conséquence soit ordonné par la très-excellente majesté du roi ainsi que de l'avis des Lords spirituels et temporels et des communes assemblées en parlement, et par l'autorité des susdits qu'à l'avenir tout auteur

___

(1). Dans toute cour d'Europe où l'on voudroit publier un libelle contre une tête couronnée ou contre aucun prince étranger, le coupable seroit non seulement exposé à être puni par l'autorité, mais il seroit traduit en justice réglée où l'on instruiroit son procès à l'occasion du délit.

Tome I.   K

de libelles et écrivain calomniateur qui attaquera *par des écrits calomnieux ou des libelles obscènes* des personnes qui résident dans les pays-étrangers et spécialement celles qui retenues par des circonstances et des difficultés *qui équivalent* (1) *à des empêchemens*, ne pourroient pas venir personnellement pour demander satisfaction, sera poursuivi; que de telles personnes seront dispensées de la nécessité de se rendre en Angleterre, et qu'il leur sera permis de poursuivre les délinquans par leur procureur --- Que le procureur général sera autorisé à traduire en justice ces délinquans, et qu'en vertu de ces présentes, ce délinquant ou ces délinquans seront poursuivis *ex-officio* (2), comme si le libelle avoit rapport à sa très gracieuse majesté et à sa famille, ou à quelque question publique d'état. ---- Le but de ces libelles

---

(1). La famille royale et les princes du sang, les ministres et les personnes de la première qualité ne pouvant pas se rendre en Angleterre pour y demander satisfaction, le procureur général se chargera de poursuivre en leur nom.

(2). C'est à dire à sa requête et poursuite.

étant également préjudiciable à l'honneur et à l'intérêt de ces royaumes en rendant la constitution anglaise (destinée à protéger tous les individus) une sauve-garde pour les calomniateurs et un abri pour l'infamie et l'extorsion, sous lequel voile les plus hardis malfaiteurs peuvent diffamer et noircir les personnages les plus éminens sans mettre en danger leurs propres personnes relativement à ce délit ; comme en annonçant la publication des plus grossieres faussetés, et en se retirant derriere un agent prêt à les supprimer si la contribution que l'on se propose de lever par ce complot est payée entre ses mains et à une époque donnée ; de sorte qu'il n'y a point d'homme dont la réputation soit à l'abri de ces manoeuvres.

Et soit ordonné par l'autorité susdite que tout auteur de libelles et calomniateur qui à l'avenir publiera des anecdotes calomnieuses ou obscènes contre des personnes qui résident dans les pays étrangers, de même que les imprimeurs et éditeurs de ces anecdotes seront responsables pour ce délit, *de même que si ces libelles étoient publiés contre des individus résidans dans ces royaumes*, et s'exposeront à être poursuivis pour ledit délit par le procureur général dans tous les cas *où le rang et la haute dignité de la personne ou des personnes diffamées* ne leur permettroit pas de se rendre en Angleterre ; et toutes autres personnes ou personnes ainsi diffamées par des écrits calomnieux, ou menacées par des auteurs de libelles, dans le dessein d'extorquer de l'argent, pourront charger leurs procureurs à Londres de poursuivre en leur nom ; soit pour demander des dommages, soit par information ou accusation, selon qu'il leur plaira, par-devant toute cour de justice du domaine de sa majesté Britannique.

Et soit ordonné que, pour que la partie offensée obtienne plus aisément satisfaction, il seroit suffisant *pour commencer ces poursuites*, de prouver à la cour sur le serment d'un ou de plusieurs témoins dignes de foi, que la personne au nom de laquelle se fait la poursuite est la personne dont il est question dans le libelle; (1) laquelle preuve la cour examinera convenablement

---

(1) Pour prouver qu'une personne est attaquée dans un libelle, il devroit suffire qu'un commis ou un secrétaire puisse prouver que la personne attaquée lui est connue pour être M......

lors du procès ; l'objet de cet acte étant seulement d'empêcher les extorsions, et de faire échouer le projet des calomniateurs, et non pas d'exposer aucun individu résidant en Angleterre, à la persécution et à la méchanceté de ses ennemis dans les pays étrangers.

Et soit en outre ordonné *que tout libraire*, ou agent de tout auteur de libelle, ou écrivain calomnieux, qui enverra des lettres anonymes *ou menaçantes à des personnes de toute espece, résidantes dans les pays étrangers*, pour leur inspirer des craintes ou allarmer leur délicatesse, leur proposant en même tems de supprimer ces libelles pour certaine somme d'argent, que dans ce cas l'agent ostensible soit regardé comme partie principale dans l'affaire, et que l'envoi de ces lettres incendiaires étant prouvé d'une manière convenable, et leur intention également démontrée, et ces lettres étant produites ici auxdits agent ou agens, cette action soit en vertu de l'autorité susdite *réputée un acte de félonie* punissable suivant les circonstances et les preuves résultantes de l'information.

Et soit en outre ordonné par l'autorité susdite que tout sujet quelconque de tout prince ou état étranger, qui se retireroit dans ce pays pour y vivre sous la protection de ses loix, et qui contre leurs intentions oseroit attaquer par des écrits obscènes, des personnes de distinction hors du royaume et les menacer de publier de faux rapports contr'elles, avec l'offre de les supprimer moyennant certaines considérations, et écriroit ces lettres soit par lui-même, ou par un agent employé à cet effet, ou feroit connoître par quelqu'autre voie ses intentions à la partie attaquée; que dans tous ces cas, lorsque le fait sera complétement prouvé pardevant quelque cour de justice; le délinquant ou les délinquans soient bannis de ces royaumes, et dans certains cas, conduits au port le plus proche et appartenant à leur souverain naturel, comme étant le moyen le plus efficace de rémédier à un délit de cette sorte, parce qu'il ne faut pas soutenir les étrangers dans des désordres qui peuvent faire naître des divisions entre les puissances souveraines, et qu'on ne doit point présenter aux autres états, la nation anglaise comme protégeant les manœuvres les plus criminelles.

Soit ordonné et déclaré qu'aucun écrivain politique (1) qui publiera ses opinions politiques contraires à l'intérêt ou au système adopté dans le pays dont il est né sujet, ne sera jamais recherché à cet égard en Angleterre, *soit en tems de guerre, soit en tems de paix*, ledit susdit châtiment ne portant que sur les écrivains incendiaires et obscènes, dont les productions paroissent avoir principalement en vue l'extorsion de quelque argent. Soit en même tems ordonné et déclaré pareillement qu'aucunes personne ou personnes qui se trouveront dans le cas plus haut mentionné, ne seront poursuivies en vertu de cet acte pour des offenses passées; mais que toute action pour libelles, complots ou extorsions, s'il y en a de portée contre les auteurs de libelles ci-dessus mentionnés, le sera conformément à la loi actuellement en vigueur, cette loi ne devant point avoir d'effet rétroactif pour aucune offense commise avant la date de cet acte.

Soit de plus ordonné que toutes les per-

---

(1) Cette condition est nécessaire pour prévenir les craintes qui pourroient s'élever au sujet de la presse en Angleterre.

sonnes convaincues des délits susdits, sur le serment d'un ou de plusieurs témoins dignes de foi, devant le lord chancelier, le lord garde du grand sceau de la Grande-Bretagne, le lord chef justicier de la cour du banc du roi, le chef justicier de la cour du plaids commun qui existeront alors, seront réputées coupables d'avoir troublé le repos public, et dans quelques-uns des cas ci-dessus, d'avoir violé le droit des gens, et subiront les peines, punitions corporelles et amendes que ledit délit requerra et que le juge croira devoir leur infliger.

Soit de plus ordonné par l'autorité susdite que cet acte sera admis et considéré dans toutes les cours de ce royaume comme acte public, et que tous les juges et justiciers s'y conformeront sans plaidoyer spécial etc. etc. et que tous les officiers de justice que concerne l'exécution des procédures, sont par les présentes requis d'avoir égard à cet acte, attendu qu'en cas de contravention, ils en répondront à leurs risques et périls ".

On devoit distribuer des copies de ce bill à tous les membres du parlement, surtout à ceux qui aiment les *louis* de France.

Je doute qu'il eût passé chez un peuple à qui l'expérience a appris, il y a long-tems, ce qu'elle commence à nous montrer, que la liberté de la presse est comme la lance d'Achile ; elle guérit elle-même les plaies qu'elle fait.

Le grand moyen de supprimer les libelles, c'est de les souffrir ; il n'y en a plus par cela seul qu'il y en a beaucoup ; on en viendra à ne plus croire l'écrivain qui ne signe pas : ce n'est point encore assez : il faudra que nous convenions tous de ne pas le lire.

Ce n'étoit pas le systême du comte de Vergennes qui contesta toujours au peuple le droit de juger, de parler même de ses maîtres, et qui, fort de son âge et de sa place, n'eût jamais osé dire à la reine ce que pensoit la nation muette de l'affaire du *collier*. On s'apperçoit de l'humeur que lui donnoit la *tolérance* dans cette lettre à M. le lieutenant de police :

Du 12 juin 1783.

Depuis le retour de M. Receveur de sa dernière mission à Londres, monsieur, j'ai reçu une dépêche de M. le comte d'Adhémar, en datte du 28 mai dernier, touchant les libelles qui s'impriment en Angleterre et qui sont, depuis long-tems l'objet de nos sollicitudes. M. le comte d'Adhémar appuye avec force, non-seulement sur l'inutilité, mais encore sur les inconvéniens des mesures employées jusqu'à présent pour mettre un frein à l'audace des libellistes, et un terme au débordement de leurs infâmes productions. L'avis que cet ambassadeur a proposé, de dévouer au mépris les détestables écrits, et de ne faire aucune démarche pour en arrêter l'impression, a prévalu. Je suis chargé de vous en faire part, monsieur, mais je ne vous en recommande pas moins de faire veiller de près les colporteurs, et de punir très sévèrement ceux qui vendront de pareilles infamies, et de vouloir bien m'en informer.

J'écris d'un autre côté à la ferme générale pour recommander à la compagnie de faire visiter soigneusement tout ce qui entre d'imprimés par les ports de la Manche, et par les barrières de la Flandre et du Hainaut, de saisir et arrêter tout imprimé, et de les envoyer à la chambre syndicale à Paris, pour y être soumis à votre inspection. A cette précaution, j'ajoute encore celle de mander à M. d'Oigny de redoubler d'attention sur ce qui peut venir par la voie de la poste, et d'arrêter tout envoi suspect.

J'espère que les mesures produiront l'effet qu'on en attend, et qu'en condamnant au mépris les atrocités des libelles, nous parviendrons à amortir la cupidité des libellistes. En faisant part de ces dispositions à M. le comte d'Adhémar, je lui mande qu'il n'est pas moins nécessaire de surveiller la conduite de ces écrivains orduriers et scandaleux, et je le prie de continuer à m'informer de ce qui pourra se débiter des productions de ce genre à Londres.

J'ai l'honneur etc.

Morande qui pouvoit donner de bons conseils, quand il n'y avoit pas d'argent à gagner à en donner de mauvais, a fini par écrire aux mannequins de la cour qu'il a fait plus d'une fois mouvoir à son gré :

,, La recherche des libelles est plus capable de faire naître l'idée d'en faire que de les prévenir ; cela donne de l'activité à des malheureux qui, si on ne paroissoit pas s'occuper de leur existence, croupiroient dans l'ignominie sans qu'on entendît parler d'eux. Le papetier et l'imprimeur d'un libelliste suffiroient presque pour le punir du projet de faire un libelle, s'il n'est pas bien fait, ce qui est le plus ordinaire. Ce genre d'écrire n'a de l'importance que celle qu'on y attache, et c'est par des enquêtes qu'on en donne.... Malgré toutes les menaces des *sommateurs*, je suis très-assuré qu'un mépris soutenu mettra fin à tous les projets de ceux qui ont faim.... Il y a d'ailleurs des moyens de les embarrasser dans des filets sans se compromettre en aucune manière, ni sans leur faire croire que l'on s'occupe d'eux. ,,

Il rapporte comment il fit arrêter *Chamorand*, en lui suscitant une affaire arrangée exprès pour l'intimider. Il fut forcé de brûler une collection de libelles, pour être relâché.

L'autorité de Morande doit être citée par tout où il sera question de faire une loi contre les libelles.

DE LA POLICE
SUR LES CENSEURS ROYAUX.

Lorsque Louis Dufour de Longuerue,

abbé de sept-Fontaine, et de Saint-Jean du Jard, alla se plaindre à M. Daguesseau, des impertinentes difficultés que l'on faisoit à ses ouvrages, il ne craignit pas de dire à ce chancelier garde-des-sceaux, « monsieur, vous les examinerez donc vous-même : car je ne veux pas qu'ils le soient par ces *anes bâtés* de censeurs de livres (1).

Il n'avoit peut-être pas une plus haute idée de son métier, ce docteur Morel que l'on a pris pour un sot, et que je croirois presque un philosophe, qui, censeur d'une traduction de l'alcoran, n'y trouvoit *rien de contraire ni à la religion, ni aux moeurs, ni au gouvernement.*

N'est-ce point un peu la faute des hommes de lettres, si les commis à la phrase ont si long-tems coupé les aîles au gén'e ? Il valoit mieux fermer le temple des muses que de souffrir des eunuques à la porte. Quand je vois que M. Mercier, un de ceux qui ont le plus hâté la liberté de la presse, écrivoit de Genève à M. Lenoir, en 1784 : „Je ne me fâcherai jamais d'aucune suppression de mes écrits, parceque le ministre doit

―――――――――――

(1) Le censeur Marin retrancha *ma foi* dans une comédie, pour y mettre *morbleu.*

avoir ses raisons, et que je les respecte même sans les connoître.,, Une réflexion m'échappe : on n'est pas plus philosophe que l'on n'est héros, tous les jours. Voltaire lui-même qui a tant passé de pensées en fraude, avoit la foiblesse, pour faire jouer son Mahomet, de se prêter au grave enfantillage du ministère. Comment ne fouettoit-il pas d'un vers sanglant, ne marquoit-il pas de son fer rouge, ce procureur-général qui écrivoit le 11 août 1742, au lieutenant de police : On a parlé ce matin, monsieur, dans une chambre du parlement, d'une comédie où quelques-uns de *Messieurs* ont été, et qu'ils disent contenir des choses énormes contre la religion.

Je suis, etc.

JOLY DE FLEURY.

Et qui, quand M. de Marville lui avoit envoyé cette *comédie*, (1) lui répondoit le 13 : ,, Vous jugez bien, monsieur, que je n'ai encore rien lu. Mais sur ce que je viens d'apprendre, je crois qu'il faut défendre la pièce. Trois personnes de ma connoissance y ont été aujourd'hui. Voici ce qu'on m'a dit :,, C'est l'énormité en fait d'infamies,

---

(1) Mahomet, une comédie !

de scélératesse, d'irréligion et d'impieté : et c'est ce que disent ceux même qui n'ont pas de religion. Je suis étonné, disoit l'un pendant la comédie, qu'on ne se lève pas pour faire finir la pièce ; voilà de bonnes instructions, disoit l'autre, pour un Ravaillac. Il faudroit mettre l'auteur, a dit un autre, â Bicêtre pour le reste de ses jours. Un homme sortant a trouvé son ami qui sortoit : il lui a demandé ce qu'il en pensoit ; il a répondu : Je l'ai vue trois fois, c'est-à-dire la pièce ; l'autre a répliqué, je ne te reverrai de ma vie d'avoir eu le courage de voir trois fois de pareilles horreurs. Tout le monde dit que pour avoir composé une pareille pièce, il faut être un scélérat à faire brûler. Voilà tout ce que l'on a dit : c'est une révolte universelle. On ne peut être plus parfaitement. etc.

Je finis parce que je vais me coucher ; on m'en a tant dit que j'en oublie la moitié : que vous poursuiviez les jansénistes, et que vous laissiez tranquille un auteur scélérat, et que vous faites triompher l'irréligion et les crimes : que la pièce est mal jouée, parce qu'il n'y a point d'acteur qui puisse jouer une telle scélératesse : qu'il faut avoir une insolence à toute épreuve pour oser donner une telle pièce.

Ce soir on l'a annoncée, pour jeudi: ne faudroit-il point demain à l'annonce, en annoncer une autre? ,, 10 heures du soir, ce lundi ,,.

Ce rabachage est à l'instant communiqué par un courier extraordinaire du cabinet, à M. le comte de Maurepas, dont la réponse est la bêtise d'un homme d'esprit.

Versailles, ce 13 août 1742.

J'ai porté votre lettre, monsieur, à M. le cardinal, et lui en ai fait lecture, ainsi que de celle du procureur-général qui y étoit jointe. Quoique son éminence pense toujours de même au *fond*, elle ne pense pas cependant que vous deviez risquer une scène pour un pareil sujet, et elle approuve que vous fassiez dire aux comédiens de supposer la maladie d'un acteur pour se dispenser de jouer la pièce jeudi; et à Voltaire de la retirer de lui-même de leurs mains, pour éviter l'éclat. Je crois même que si vous faites bien, vous commencerez par ce dernier parti; et qu'il vous
aidera

aidera lui-même à l'exécuter et à couvrir la démarche. La communication des épithètes que lui donne le procureur-général jointe à un certain arrêt du parlement, en vertu duquel il ne tient qu'à lui de l'informer et de décréter l'auteur des *lettres philosophiques*, rendront votre argument persuasif, et par ce moyen vous ne serez commis avec personne. Je me hâte de renvoyer votre exprès, afin que vous puissiez, avant la fin de la comédie, parler à lui ou à madame Duchâtelet. Vous connoissez, monsieur, mes sentimens pour vous.

MAUREPAS.

Le lieutenant-de-police qu'effrayoit à chaque représentation la *colique* du parterre, demande la paix à Voltaire qui la signe avec la résignation de la peur.

Ce mercredi 4, 4 heures et demie.

Monsieur,

J'ai exécuté l'arrêt que vous avez prononcé malgré vous contre moi; et tout se passera comme vous l'avez très-sagement prescrit. Celui qui a le manuscrit signé de votre main est à la campagne : il ne reviendra qu'à neuf heures ; et si je peux sortir, j'irai lui demander ce manuscrit moi-même ; sinon, j'enverrai chez lui, et j'aurai l'honneur de vous le remettre. Je n'ai jamais mieux senti la différence qui est entre la raison et le fanatisme, entre la connoissance du monde, et la pédanterie, que lorsque j'ai eu l'honneur de vous parler. Je suis avec beaucoup de respect, et j'ose déjà dire avec attachement, votre, etc.

VOLTAIRE.

Voltaire, en renonçant à l'honneur d'être joué, comptoit du moins sur le plaisir d'être lu. Mais il falloit tromper les juges imbécilles qu'il craignoit : et pendant que lui-même faisoit imprimer sa pièce, il écrivoit au cardinal :

Bruxelles, 29 octobre 1742.

Monseigneur,

Malgré la honte où l'on doit être de parler de petites choses à votre éminence, sa bonté semble m'autoriser à la supplier instamment de vouloir bien que M. de Marville se charge de découvrir les *éditeurs* de Mahomet, qui ont imprimé cet ouvrage malgré toutes les précautions qu'on avoit prises pour le dérober au public. Daignez ajouter cette grace, monsieur, à tant d'autres bontés.

Je suis avec la plus respectueuse reconnoissance,

Monseigneur,

de votre éminence,
le très-humble et très-obéissant serviteur,

VOLTAIRE.

Et huit jours après, au lieutenant-de-police.

Monsieur,

M. le cardinal de Fleury m'a fait l'honneur de me mander qu'il vous avoit renvoyé la lettre par laquelle je le suppliois que la petite affaire en question vous fût renvoyée. J'aurois été bien affligé qu'un autre que vous s'en fût saisi, et vous savez mes raisons.

Je vous aurois, monsieur, la plus sensible obligation, si vous pouviez découvrir le dépositaire infidèle qui a trafiqué du manuscrit. Je ne me plains point des libraires, ils ont fait leur devoir d'imprimer clandestinement et d'imprimer mal; mais celui qui a violé le dépôt mérite d'être connu. Je crois que vous avez d'autres occupations que cette bagatelle, et j'abuse un peu de vos bontés : mais les plus petites choses deviennent considérables à vos yeux lorsqu'il s'agit d'obliger. Je crois savoir que le nommé Constantin a débité les premiers exemplaires, au palais-royal. Je suis bien loin de demander qu'on en use sévèrement avec ce pauvre homme; mais on peut remonter par lui à la source. Enfin je m'en remets à vos lumières et à vos bontés.

Je suis, etc.

VOLTAIRE.

Bruxelles, 30 octobre 1742.

A la marge de cette lettre, le magistrat a mis pour l'instruction de ses secrétaires :

Ne faire réponse à Voltaire que dans huit jours : si Mérigault ne déclare point d'où il tient le Mahomet, le faire mettre en prison pour huit à dix jours.

A la place de M. de Marville, j'aurois bientôt déviné que Voltaire se mocquoit de moi, et tout mon regret eût été qu'il n'ait pas eu le courage de secouer le joug des censeurs. Car c'est cette serpe de la police qui a le plus prolongé l'empire de l'ignorance et de la superstition. On l'offroit pourtant aux hommes de lettres comme une récompense, et ils ne la dédaignoient pas ! M. du Belloy lui-même, en la refusant, croyoit sacrifier sa gloire à son repos. ,, Jusqu'ici j'ai eu le bonheur de ne donner aucun sujet de plainte au gouvernement, ni au public, ni à aucun particulier honnête, parce que je n'ai répondu que de moi-même, et qu'avec quelque sagesse on est à-peu-près sûr de soi. Mais une fois examinateur des ouvrages des autres, j'en répondrai ; je m'exposerois, par la plus légère inattention, à mécontenter mes supérieurs, ou à redoubler, par une sévérité légitime, les persécutions littéraires auxquelles je suis en but depuis le fatal succès du siége de Calais et de Bayard. Si je ne jouis pas de votre bienfait, monseigneur, c'est une suite de mon malheur ,,.

Quel honneur pour les lettres, si un écrivain comme lui, digne de former l'opinion publique, eût substitué à ce compliment d'un esclave, cette leçon d'un homme libre : monsieur, tout citoyen peut parler, écrire, imprimer, sauf à répondre de l'abus de ses talens devant la loi. Il y a long-temps que ce décret étoit dans la tête des philosophes.

Il n'est pourtant point encore dans celle de M. Suard, qui en présence de l'assemblée nationale a toujours voulu censurer, comme George-Dandin vouloit toujours juger. Et je n'ai jamais pu, quand j'étois administrateur de la librairie, ni par l'autorité de ma place, ni par celle plus forte encore du ridicule, lui ôter la verge d'un régent. Il n'y a plus qu'un moyen de le convertir, c'est de lui rappeler l'usage qu'il en faisoit avant la révolution. Vous souvenez-vous, monsieur Suard, lorsque les *italiens* vous montrèrent la fête *bostonnienne ou l'anniversaire de l'indépendance* d'avoir écrit au magistrat le 14 Décembre 1778 : Le sujet tenant aux affaires politiques, j'ai cru, monsieur, que vous pouviez juger convenable de le communiquer à M. le comte de Vergennes, ou du moins de l'examiner vous-même ‚, : et lorsqu'on vous demandoit seulement la permission de débiter quelques exemplaires de la comédie, *le retour du comte de Falkenstein*, d'avoir observé que s'il étoit question d'imprimer cette piece, deux phrases mériteroient attention :

,, La premiere est, page 3 : Un autrichien s'écrie : ah ! françois, françois, vous êtes dignes d'avoir une reine de la famille : et page 5 : Un valet autrichien dit de l'empereur ; je l'aime sur parole, ni pu ni moins que le bon dieu, sans l'avoir jamais vu ,,. Ces remarques qui ne sont que minutieuses, prouvent du moins avec quel soin vous corrigiez le thême des auteurs que le public eût corrigé encore mieux que vous. Mais c'est sur-tout quand le nom sacré de la cour étoit prononcé sur la scène que vous développiez au magistrat, et vos scrupules et vos raisons.

Monsieur,

J'ai l'honneur de vous renvoyer trois pieces, la joie *universelle et l'heureux jour* pour le théâtre de Nicolet, et *l'impromptu du sentiment* pour celui de *l'Écluse*, toutes trois relatives à l'accouchement de la reine. Comme on a toujours permis de célébrer sur les différens théâtres les événemens qui intéressent la famille royale, et qui sont pour le peuple une occasion de faire éclater son amour pour ses maîtres, j'ai cru, moyennant quelques légeres corrections, pouvoir approuver ces trois pieces, parce que je n'y ai rien trouvé qui m'ait paru susceptible d'aucune impression fâcheuse, ni même équivoque.

Je n'ai pas besoin de vous observer, monsieur, que les louanges données au roi et à la reine, ne sont pas tournées d'une maniere bien piquante ni bien délicate ; mais ce qui pourroit être de quelque conséquence sur les deux grands théâtres de Paris, me paroît sans inconvénient sur ceux-ci, où la classe des spectateurs qui y sont en plus grand nombre, n'est pas difficile sur le ton des ouvrages qu'on y représente, et où les spectateurs plus délicats qui s'y trouvent, portent une grande disposition à l'indulgence. J'ai cru cependant devoir soumettre cette observation à votre sagesse.

Il y a dans *l'impromptu du sentiment*, et dans *la joie universelle* quelques couplets pour lesquels les auteurs esperent dans votre indulgence, monsieur, en faveur de la circonstance qui peut en effet mériter une exception sans conséquence. J'ai réservé cet objet dans mon *approbation*, et l'ai soumis à ce qu'il vous plaira d'en ordonner.

La piece de *l'Heureux Jour* m'a paru mériter une attention plus particuliere. L'intrigue en est fort simple, mais le ton en est meilleur que celui de la plupart des pieces qu'on donne à ces théâtres. L'intention en est excellente; mais leurs majestés y sont nommées et louées de la maniere la plus directe; on y raconte tout simplement des actions de bienfaisance, comme entre autres celle du paysan blessé à la chasse, en 1779, que la reine fit ramener dans sa calèche; on met sur la scène ce même paysan; et quoique toutes ces circonstances ne me paroissent devoir produire sur les spectateurs qu'une impression intéressante et favorable, et qu'en conséquence j'ai cru devoir approuver conditionnellement la piece, je vous prie, monsieur, d'y jetter un coup-doeil, et de me donner vos ordres sur les règles qui doivent me guider dans la censure des ouvrages de ce genre.

Je suis avec respect, etc.

SUARD.

Le 11 décembre 1778.

Monsieur le lieutenant-général, sans trouver très-extraordinaire qu'on fît un mérite à la femme du roi, de donner une place dans son carrosse à un homme que son mari avoit eu le malheur d'estropier, se décida à trouver bon que la troupe de Nicolet ne sût pas tourner un compliment comme celle de l'académie française : mais des remercimens ne vous en furent pas moins votés, M. Suard, pour votre attention : ce qui vous encouragea deux jours après à rayer dans une comédie en cinq actes, un passage où il étoit question des billets de caisse, « *Parce qu'il* ne faut pas offrir au porteur des occasions de dire son avis sur ces objets-là : » et quelques plaisanteries sur le *costume du matin de la magistrature*. Sans doute, c'étoit dans le tems que monsieur d'Epresmenil assistoit, en crapaud, à la toilette des femmes, et monsieur Séguier, en chenille, à celle des filles. Que de réputations votre prudence a conservées ! c'en étoit fait de celle de monsieur de Baujon, cet homme de *bien*, la providence des filles, si vous aviez permis les *scènes dialoguées sur le malheur* d'être riche. Qui ne l'auroit pas reconnu dans ce *touron*, si replet, si sot, qui tombe en apoplexie sur le théâtre, au milieu de ses *berceuses* qui pensent déja à une autre vie ! Votre bon coeur cependant vous suggéroit quelquefois des moyens adroits de tolérance. Lorsqu'on vous soumit *Montesquieu à Marseille*, tout scandalisé que vous deviez l'être de la boutade de la p. 29, sur les *censeurs-royaux*, de celle sur les gouvernemens, page 108, de celle sur la Sorbonne, page 121, vous donnâtes à votre avis cette tournure piquante : ,, Comme cette piece offre beaucoup moins de hardiesses que quelques autres du même auteur, qui n'ont excité aucun scandale, parcequ'on en a peu parlé, je pense que celle-ci sera encore moins lue, et qu'on peut sans inconvénient en tolérer le débit avec réserve, et pourvu qu'elle ne soit annoncée dans aucun papier public ,,. le 5 décembre 1784. Quelle place que la vôtre, monsieur Suard, où vous aviez toujours la crainte des princes devant les yeux! Lorsque votre doyen, le Chroniqueur *la Place*, vous montra ses *pieces intéressantes*, en voyant l'anecdote de mademoiselle d'Orléans, page 4, et celle de la duchesse de Berry, page 5, vous courutes dire à monsieur le Noir: ,, Il m'est impossible de deviner jusqu'à quel point la maison d'Orléans peut s'intéresser à la mémoire de ces princesses. ,,

Et comment n'auriez-vous pas toujours tremblé devant ces grands de la terre qui avoient leur tonnerre à la main? Un maréchal de Ségur n'est pas tout-à-fait un d'Orléans. Voilà pourtant comme il écrivoit, quand il étoit fâché.

Versailles, le 23 décembre 1786.

J'ai lu, monsieur, dans la feuille du journal de Paris, du 22 de ce mois, un article consacré à l'éloge de feu monsieur le comte de Guibert, gouverneur des invalides, qui y a été inséré sans mon agrément. Je vous prie de vouloir bien prescrire au rédacteur de ce journal, de ne rien imprimer dans ses feuilles, concernant le militaire, sans m'en avoir demandé l'approbation, et surtout de ne jamais se permettre d'imprimer mon nom en bien ou en mal. Vous le préviendrez en même tems que s'il contrevenoit à cette défense, je prendrois les ordres du roi sur sa désobéissance.

J'ai l'honneur d'être, etc.

le maréchal de SÉGUR.

C'est à vous, M. Suard, que ce soufflet qui n'étoit pas de main-morte, fut rendu. Vous le reçûtes presqu'à genoux, si on en juge par vos expressions. ,,Les propriétaires du journal de Paris, certainement, ne seront jamais tentés de désobéir à un ministre du roi. Il n'a besoin que de signifier sa volonté sans menacer de la toute-puissance. On n'imprimera plus rien qui touche de près ou de loin le département de la guerre, sans avoir l'agrément du ministre. C'est ce que je prie monsieur de Crosne de vouloir bien assurer à monsieur le maréchal de Ségur. ,,.

Ce 27 décembre 1786.

Vous devez être bien riche, monsieur Suard: car, moi qui n'ai que ce qu'il me faut pour ne pas dîner même comme *Aristote*, quand *Philippe* le veut, je n'écrirois pas de ces lettres là pour deux cens mille livres. Et encore quand vous vouliez aller à Spa, pour votre santé, vous étiez obligé de prier monsieur Martin de prier son maître de vous accorder la permission de vous absenter pour quinze à dix-huit jours......! C'est pourtant vous qui avez écrit quelque part que l'homme de lettres doit savoir être pauvre et libre!.. Non: je me trompe, c'est d'Alembert.

Tous les censeurs ne ressembloient pourtant pas à M. Suard. Il y en a qui ne consentoient à être censeurs que pour empêcher que d'autres le fussent; et dans cette vue, il étoit utile de l'être. Que de tracasseries a évitées à monsieur Palissot, monsieur Coquelay de Chaussepierre, par cette sage consultation du 15 août 1782: ,, J'ai lu avec la plus grande attention *l'Homme dangereux*. Je ne vois aucun inconvénient à en permettre la représentation. La piece est un peu maligne; mais ce sont des critiques générales, et elles tombent sur des travers que l'on peut, je crois, critiquer en gros; et si la méchanceté vouloit en faire l'application à tel ou tel individu qui auroit la maladresse de se l'appliquer, ce seroit l'affaire de l'auteur et non des comédiens, ni de ceux qui ont approuvé ou permis. A l'égard du succès ou de la chûte, c'est au public à en décider.

J'ai l'honneur d'être, etc.

Croira-t-on que c'est la même piece que juge M. Suard?,, Je l'ai lue avec attention et il n'en faut pas beaucoup pour voir qu'un censeur honnête ne peut en approuver la représentation. Ce n'est pas une comédie, mais une satyre personnelle, et l'on est dispensé de le prouver: l'auteur lui-même l'annonce dans les discours qui la précedent. Ce ne sont pas des ridicules qu'il relève: ce sont des vices, des opinions dangereuses qu'il dénonce au gouvernement; c'est à ce qu'il appelle les philosophes qu'il les impute; et le public sait qui sont les philosophes de monsieur Palissot: c'est comme s'il nommoit messieurs d'Alembert, Diderot, Morellet, etc. Il désigne même celui-ci par le nom d'abbé Moralès. Je pense que c'étoit un acte de justice autant que de sagesse, de défendre la représentation de cette piece, lorsqu'elle a été soumise en manuscrit à la police. Aujourd'hui qu'elle est imprimée, c'est un nouveau motif qui rend cette défense irrévocable. Il étoit peut-être possible d'en retrancher, dans l'origine, les traits de satyre personnelle, et il n'en seroit resté qu'un drame innocent à tous égards. Mais aujourd'hui on auroit beau supprimer ces mêmes traits, on n'éviteroit pas le scandale de voir le public s'ameuter pour aller entendre un libelle au théâtre Français : on répéteroit au parterre les vers qui auroient été retranchés, et le public lui-même restitueroit la satyre que la police auroit supprimée . . . Peut-il convenir au gouvernement que des hommes de lettres, honorés des marques les plus éclatantes de l'estime des souverains les plus éclairés de l'Europe, soient livrés sur le théâtre de leur propre nation, aux insultes d'un ennemi déclaré, qui ne jouit pas tout-à-fait de la même réputation ? Je soumets ces observations aux lumieres supérieures du magistrat.

SUARD.

Ce premier avril 1782.

Il eût été bien plus grand d'engager les
philosophes

philosophes à demander eux-mêmes la pièce, où rassemblés tous dans une loge, ils auroient opposé à l'aristophane qui après tout, ne les accusoit pas, comme Socrate, de *décrocher les manteaux*, leurs ouvrages et leur vie.

Les lieutenans de police ne s'en rapportoient pas toujours aux contrôleurs de la pensée, brevetés du garde des sceaux. Ils avoient souvent l'honnêteté de confier aux très-hauts et très-puissants seigneurs, les manuscrits qui pouvoient avoir quelque rapport avec leur auguste famille. Lorque monsieur de la Harpe fêta l'amant incestueux des neuf Soeurs, il fallut que les *muses rivales* passassent sous les yeux du duc du Châtelet qui exigea le changement de trois vers dans ce *petit drame qui n'étoit pas sans mérite*. ,, La maniere obligeante dont vous avez bien voulu accueillir mes représentations, ne peut me laisser ni défiance ni inquiétude sur les ordres précis que vous voudrez bien faire donner à l'auteur et aux comédiens ,, ce 6 février 1779. On fit pourtant à l'académicien la grace de ne pas le juger sans l'entendre. Il consentit à la suppression du nom de *Cirey* qui apprendroit à toute la terre ce que monsieur le duc prétendoit lui cacher, qu'une marquise voit couché avec un poëte. Mais quant à cet aveu que fait Uranie ;

> Je ne dus qu'à lui seul ces brillans attributs,
> C'est par lui que la poésie
> Fit entendre des sons aux mortels inconnus,
> Et que le voile d'Uranie
> Devint l'écharpe de Vénus :

Il soutint que c'étoit là la Vénus de la Fable, et non pas la Gabrielle Emilie de Breteuil, le commentateur de Neuton. ,, J'ose vous supplier, monsieur, de vouloir bien permettre qu'on rétablisse ces vers qui ne peuvent blesser personne, qui étoient très-applaudis et que l'actrice regrette : car pour ce qui est de moi, s'il ne falloit que sacrifier cinq vers pour plaire à monsieur du Châtelet, ce seroit assurément le plus petit sacrifice que je pusse faire. Ce 11 février 1779. ,, Voilà comme le génie lui-même baisoit le cordon bleu d'un sot !

Il semble que cette langue servile s'apprenoit sur les fauteuils où se fabriquoient les éloges de Louis XIV et de Richelieu. Car tous les académiciens la parloient, ceux même qui avoient la morgue des cours. Je vois le comte de Tressan se mettre à genoux devant un lieutenant de police. ,, Je vous supplie de m'accorder une permission tacite pour faire imprimer un éloge de Fontenelle, de 30 pages *in*-12 d'impression tout au plus, par Pissot mon libraire ordinaire, sans nom d'auteur, de ville, ni d'imprimeur. Je veux garder le plus profond incognito. Mon âge, mon état, les deux académies dont je suis, vous répondent que je ne veux pas me compromettre, si l'on me devine. Vous pouvez être sûr qu'il n'y a pas un seul mot qui puisse blesser les oreilles sorboniques; quand on est sage, on respecte ce qui doit être respecté, etc.

Ce 3 août 1783.

On respectoit la Sorbonne du tems de monsieur de Tressan, quand on avoit un fils qu'on vouloit faire évêque. Ces philosophes à talons rouges qui aimoient beaucoup plus leur repos et leur fortune que les lettres, étoient encore bien éloignés d'avoir le courage de Brissot de Warville qui, dès 1781, tonnoit, comme s'il eût été à la tribune des états-généraux, dans sa *théorie des lois criminelles*, contre le célibat des prêtres, l'intolérance des théologiens et le fanatisme des moines; qui prétendoit que le noble et le roturier, quand ils sont tous deux assassins, doivent subir les mêmes peines; qui ne trouvoit que des atrocités dans le code des chasses, qui enfin le premier a fait un chapitre des crimes des rois envers leurs sujets. Ils seroient morts de chagrin, si monseigneur le garde des sceaux avoit dit d'eux ce qu'il écrivoit de lui : « Je serois plus disposé à faire faire le procès à l'auteur qu'à accorder la moindre permission à son ouvrage ».

le 13 mai 1781.

La permission accordée par l'un, étoit quelquefois révoquée par l'autre. L'abbé Baudeau en avoit une des sceaux, il avoit eu un censeur, il avoit son approbation, le tout enregistré à la chambre syndicale pour ses *Idées d'un citoyen*. Le baron de Breteuil avoit même lu les *épreuves* : et quoiqu'il eût supprimé, de *son chef*, les doutes sur le déficit de 1787, tout-à-coup l'inspecteur Henri vient le 15 mai défendre aux marchands du palais-royal qui avoient acheté ce livre de le vendre.

Peu s'en est fallu que le poëme des mois fait pour relever la poésie française *qui se meurt de timidité*, n'ait passé sous le scalpel de l'archevêque de Paris. On eut bien de la peine à faire entendre à sa grandeur que si monsieur Roucher parle des fêtes d'Adonis en Phénicie, comme l'écriture en parle, lorsqu'elle nous montre les Syriennes *plangentes Adonidem*, c'est parceque qu'Adonis en Syrie, et Osiris en Egypte étoient, au rapport de tous les savans et de M. l'abbé Pluche lui-même, le symbole du soleil : que si le soleil est appellé un Dieu dans le mois de Décembre, s'il représente alors tous les peuples consternés à la vue de cet astre pâle et languissant, s'il leur dit de se consoler dans l'attente de le voir encore, c'est qu'il s'adresse aux Incas et aux Guebres qui transportés tout-à-coup en Europe, cherchent l'objet de leur culte dans notre ciel, où ils l'apperçoivent à peine, eux qui dans le ciel de leur patrie le voyoient tous les matins brillant et radieux. On accusoit monsieur Roucher de nier l'existence de Saint Roch, et il ne parle pas plus de lui que de son chien. On l'accusoit d'impiété, et en parlant des sacrifices humains offerts dans les bois par les Druïdes gaulois, il rend hommage à notre seigneur Jésus-Christ :

Qu'il foit béni le dieu dont le bras fecourable,
A purgé nos climats de ce culte exécrable.

A la vérité, s'il n'y avoit pas plus de foi dans le coeur de monsieur Roucher que de poësie dans ces deux vers, ce n'est pas un très-bon chrétien que M. Roucher.

Mais l'événement le plus mémorable dans l'histoire de la censure, c'est le mariage de Figaro. Jamais affaire d'état n'a plus intéressé et la cour et la ville. Les cent quatre-vingt censeurs furent consultés. Les uns prétendoient qu'il étoit bon de ramener la nation à son véritable esprit, qui est celui de la gaieté, si *bonne à la santé*, comme dit Gresset. Les autres disoient qu'il ne faut pas rire, quand on a à rougir d'avoir ri. M. Guidi prétendoit *qu'un ambassadeur ignorant et un juge prévaricateur, ne sont pas faits pour être exposés à la risée publique, le premier devant être rappellé par son maitre, et le second puni par les loix ou au moins par ses remords*: que quant aux prisons d'état, loin d'en badiner, il falloit s'en tenir au mot de Saint-Foix: la bastille est un château qui sans être fort, est un des plus redoutables de l'Europe et dont je ne dirai rien. Un autre qui jugeoit Figaro, comme Pascal, trouvoit dans le *rien* du monologue, le matérialisme tout pur. Il n'auroit donc point approuvé l'épitaphe du cardinal Barbarini, à Rome, chez les capucins : *pulvis, umbra, nihil*: encore moins celle de Piron :

>Je vécus nul, & certes je fis bien,
>Car entre nous bien fou qui se propose,
>De rien venant, et redevenant rien,
>D'être en passant ici-bas quelque chose.

Enfin l'auteur qui avoit déja été forcé de faire *cinquante-neuf* fois le chemin du marais à la police, sans avoir pu parler à son juge plus de cinq fois, répondoit à tous ces aristarques : ,, J'ai lu hier (30 mai 1782) ma pièce chez Madame la maréchale de Richelieu, devant des évêques et archevêques, qui après s'en être infiniment amusés, m'ont fait l'honneur d'assurer qu'il n'y avoit pas un mot dont les bonnes mœurs pussent être blessées ,,. Ces bons apôtres ne voyoient sans doute dans Marceline, que la femme adultère à laquelle le fils de l'homme n'osoit pas jetter la pierre, et dans le petit page, le disciple Jean, sur le col duquel dormoit complaisamment son maître.

Malgré l'autorité du clergé de l'hôtel de Richelieu, monseigneur le garde-des-sceaux n'en renvoyoit pas moins la *folle Journée* au magistrat des théâtres, avec défense de la laisser représenter, »: et vous pouvez même dire à l'auteur qu'il se garde bien de la faire imprimer ailleurs, pour en introduire les exemplaires en France. Recommandez à M. Suard, d'être de la plus grande exactitude, et assurez-le qu'il sera soutenu : c'est un homme sage, de bon esprit, et qui connoît le véritable bon goût, et je suis fort aise que vous me l'ayez proposé pour le censeur des pièces.

MIROMESNIL.

Ce 19 janvier 1782, au soir.

Cependant M. Bibikoff, Lieutenant-général chambellan, chevalier de l'ordre de Sainte-Anne, directeur général des spectacles, en son hôtel, à Pétersbourg, prévient, le 14 mars 1782, M. de Beaumarchais, que sa majesté, sa très-auguste souveraine, désire les noces de Figaro, comme l'ouvrage le *plus étonnant qui soit sorti de sa plume ingénieuse*, le prie de les lui envoyer avec toutes les instructions, *pour qu'elles ne perdent rien de l'absence de l'auteur qui a la réputation de faire plus de plaisir en lisant une piece qu'on n'en peut gouter à la représentation même.*

Le père d'*Eugénie* étoit tenté d'envoyer son Figaro sur les bords de la Neva, jouir des faveurs d'une impératrice. Mais la reine de France lui avoit aussi promis les siennes : et elle méritoit bien la préférence, fût-elle obligée de se cacher dans une loge grillée des *Menus*. On n'attendoit que le consentement du roi que sollicitoient M. le duc de Chartres, M. de Fronsac et M. de *Nassau*, malgré les *capucinades* de M. de Lauragais. Avant de se décider, il répondit de sa main à M. Lenoir : J'ai reçu, monsieur, votre lettre, au sujet de la pièce de M. Beaumarchais ; il faut que vous y nommiez un ou deux autres censeurs, pour avoir leurs avis, d'après ce qui m'est revenu il y a plusieurs choses qui ne peuvent pas passer, et il sera aisé à l'auteur de les ôter, car la pièce est d'une longueur terrible.

LOUIS.

Ce billet à la royale donnoit des espérances. Rien ne coûtoit à M. Caron, pas même d'être court. La victoire demeura à celui qui, doué d'une volonté forte, disoit à ses ennemis que s'il se l'étoit bien mis dans la tête, il feroit jouer la *folle Journée* dans l'église de Notre-Dame. Après avoir pendant plusieurs années lassé ses chevaux et les ministres, il arracha le privilège de se mocquer de tous les *brid'oisons* du monde. Sa préface, qui n'étoit pourtant pas un *rôle*, fut un nouveau prétexte de persécution. Le lieutenant-de-police avoit ordonné de la part du garde-des-sceaux, à l'imprimeur Pierres, de suspendre l'édition. Le baron de Breteuil ordonna le 30 mars 1785, au lieutenant-de-police, de la part du roi, de se persuader pour cette fois, sans tirer à conséquence, *que les sottises imprimées n'ont d'importance qu'aux lieux où l'on en gêne le cours.*

Le succès rend quelquefois insolent : on crut s'appercevoir que le pere du *barbier de Séville* l'étoit. Il attira sur lui une des meilleures plumes de la cour. Quelle force de style, quelle élévation d'ame dans cette requête à M. Lenoir !

,, En arrivant de la campagne, monsieur, j'ai trouvé établi dans tout Paris, que M. de Beaumarchais avoit écrit une lettre adressée à M. *le Duc*, et que cette lettre répandue partout, étoit supposée, suivant les sociétés, avoir été adressée à mon frère et à moi. J'ai jusqu'aprésent gardé le silence, meprisant d'une part, un bruit aussi faux qu'invraisemblable, puisqu'il n'y avoit point de réclamation, d'aucune espèce de mon frère, ni de moi. Vous jugez bien, monsieur, que si nous eussions reçu cette lettre, M. de Beaumarchais auroit entendu parler de nous: d'un autre côté la reine, m'avoit fait l'honneur de me dire, qu'il devoit se rétracter dans les papiers publics. Cependant jusqu'à présent, rien ne paroit. Les bruits s'acréditent de jour en jour, et supposé que M. de Beaumarchais, n'ait pas écrit la lettre, comme on dit qu'il la désavoue, j'ai droit de me plaindre, au moins que son désaveu ne soit pas public. S'il avoue au contraire l'avoir écrit, à quelque particulier quelconque, c'est au ministère public, à juger le mérite d'une telle pièce, et la récompense: les particuliers ne peuvent pas se servir des mêmes voies. Quoiqu'il en soit enfin, monsieur, le silence de M. de Beaumarchais, devient pour lui, dans tous les cas, un aveu facile du desir qu'il a de faire une impertinence, à quelque *duc* que ce soit, à qui le public juge à propos de l'adresser. Je voulois m'en expliquer avec lui, mais une réflexion plus sage, la connoissance de son caractère, et de ses propos peu mesurés, m'a fait penser que je ferois mieux de m'adresser à vous, pour éviter des voies peu judiciaires. Je demande donc, monsieur, au nom de mon frère et du mien, que l'esprit et l'éloquence de M. Beaumarchais s'employe une fois à persuader au public, la pure vérité, sans réticence, que les expressions soient telles, qu'elles doivent être de M. de Beaumarchais à nous.

Je me crois aussi en droit d'exiger qu'il écrive à chacun de nous, une lettre d'excuse, non des propos du public, il ne manqueroit pas de se servir de l'excuse si commune, qu'on ne peut arrêter les langues, mais du tort réel, qu'il a de les avoir laissé accréditer par son silence. Pour éviter toute espèce d'explication nouvelle sur le stile, souvent ambigue de M. de Beaumarchais, je vous serois très-obligé, de vouloir bien exiger qu'il vous montrât les lettres, avant de nous les envoyer, ainsi que le désaveu public. Je désire infiniment, que vous soiés juge des termes respectueux, que j'ose dire, que dans cette circonstance, nous sommes en droit d'exiger.

J'ai l'honneur d'être très-parfaitement, monsieur, votre très-humble, et très-obéissant serviteur,

Le duc de VILLEQUIER.

Cette lettre dont l'ortographe prouvera ce que valoit l'éducation des abbés et des laquais, faisoit de monsieur le lieutenant de police un préfet de collège. Il fit entendre qu'il y avoit des verges à St. Lazare. A la première occasion, et on en combinoit une, un homme de lettres, un commerçant, un banquier fut mis dans la prison des pages! de quel ordre? Ce que je sais, c'est qu'il y étoit dans les premiers jours de mars, et que ce n'est que le 12 de ce mois que monsieur le Noir reçut cette patente.

Vous trouverez ci-joints, monsieur, les ordres du roi, nécessaires pour autoriser la capture du sieur de Beaumarchais et sa détention à St. Lazare.

J'ai l'honneur d'être etc.

le baron de BRETEUIL.

Par bonheur, on oublia un moment l'axiôme de monsieur de Beaumarchais lui-même : *ce qui est bon à prendre, est bon à garder* : et le 15, il étoit dans les bras de la mère de sa fille. Après l'amour, la reconnoissance eût ses droits. Il remercia le Vice-roi de toutes les maisons de force.

Monsieur

. . . .

Malgré la résolution que j'avois prise de rester dans ma prison, jusqu'à ce que j'eusse obtenu du roi la permission de mettre à ses pieds les preuves de mon innocence ; après avoir résisté deux heures aux larmes de ma famille à genoux auprès de mon lit, j'ai cédé à ce fort argument de monsieur le commissaire Chenu, que je devois à l'ordre de quitter ma prison autant de respect que j'avois montré de soumission à celui de venir m'y renfermer : que si la retraite me paroissoit une suite nécessaire de ma disgrace, je pouvois aussi-bien garder ma chambre en ma maison jusqu'à ce qu'il plût au roi d'admettre mes justifications. J'ai donc obéi respectueusement, monsieur, au second ordre comme au premier. Je suis rentré chez moi ; mais dans mon opinion, je n'ai fait que changer de prison. Accusé d'un crime de lèze-majesté, je ne me consolerai point que le roi m'ait cru capable et coupable de l'exécrable folie d'avoir voulu lui manquer de respect. Je viens de vendre à l'instant mes chevaux ; et la résolution de la plus profonde retraite est la seule chose qui m'empêche d'aller moi-même vous renouveller l'assurance du très respectueux dévouement etc.

CARON de BEAUMARCHAIS.

L'innocent Beaumarchais qui se condamnoit à l'obscurité heureuse du ménage, méritoit bien d'être oublié. Mais la méchanceté des rieurs avoit glissé jusques dans son cabinet un catalogue d'ouvrages qu'elle lui prêtoit : des *méditations chrétiennes*, *l'histoire des flagellans*, *le carillon mystique*, *figaro pénitent* etc. Il sut que c'étoit un abbé de Vauxcelles qui avoit tiré ce catalogue sur deux presses qu'un hollandois qui n'entendoit pas le français, vouloit vendre, et qu'il avoit feint d'acheter, pour s'en servir, du moins en les essayant. Il n'eût pas assez de fierté pour ne pas s'en plaindre. Il paroit pourtant que par la suite il s'accoutuma un peu aux libelles ; car en 1787, il écrivoit au magistrat qui, trop souvent, a voulu réprimer des médisances comme des calomnies : ,, Ce libelle contre moi a été tiré à 3000 exemplaires : et cependant on dit que vous avez eu la bonté d'en faire saisir une douzaine d'exemplaires au palais-royal, quand on les a vendus. Ce n'est plus que 2988 exemplaires de répandus dans le public. Le mal n'est pas si grand qu'il l'eût été sans cette saisie. Recevez-en mes humbles remerciemens. ,,

Et cette même police qui quelquefois sommeilloit sur des brochures sans nom, arrêtoit le *bouquet du vaudeville*, par M. de Piis ! Elle ne vouloit pas qu'une poissarde qui célébroit avec un charbonnier, la naissance de monseigneur le dauphin, chantât :

    V'là l'lendemain Paris qui riposte
    Dans l'cérémonial ordonné :
    Car d'abord cheux le nouveau né,
    C'est le clergé qui vole en poste,
    Lui dire un *domine, salvum*,
    A compte sur le *Te Deum*.

Puis

Puis tout' les cours, sans s'fair' attendre,
S'y sont rendu' solemnell'ment,
Et l'ont t'harangué tendrement :
C'est la justice qu'on doit rendre
A ces messieurs du parlement,
Qui la rendront journellement.

Mais le poète du *tiers* manda au sécrétaire du prohibé : ,, La reine a eu hier la chanson que je vous ai fait passer, et toute la cour en a pris des copies. Cependant je devois y envoyer dans la journée 200 exemplaires qui sont attendus, par la raison qu'on a la bonté de me distinguer dans ce pays-là du tourbillon des chansonniers de profession. Jugez de l'embarras où me jette aujourd'hui la radiation inattendue de deux couplets que je n'ai jamais prétendu faire chanter à la comédie, mais qui concourent à l'ensemble de la chanson, au jour de l'impression ; car il est presqu'impossible de ne pas faire mention *du parlement et du clergé* à leur tour, puisqu'il est question de tous les autres corps. Comme je suis malade, je vous prie, en me suppléant, de vouloir bien m'obtenir un laisse-passer pour l'impression de ces deux couplets, sans quoi j'aurai le chagrin d'écrire en cour que je ne puis plus envoyer la chanson complette.

J'ai l'honneur etc.

De Piis.

M. Lenoir ne voulut point se brouiller avec la cour pour des chansons, pas même avec son *Vadé*. Il savoit fort bien que c'est surtout dans ce pays là qu'est vrai ce vers de la Motte, que Voltaire avoit crayonné sur les murs de sa chambre, à la bastille :

Un ennemi nuit plus que cent amis ne servent.

Les propriétaires du journal de Paris le savent encore mieux. Que de tort n'a pas fait un protégé de M. de Vergennes à leur feuille ? Dès sa naissance, elle a voulu s'élever, et le censeur Aubert lui disoit : rampe. Sans cesse il étoit à citer les *lettres-patentes* de 1761 : ,, Faisons défense à toutes personnes de quelque qualité qu'elles soient, de s'immiscer dans la composition, vente et débit d'aucunes gazettes de France ni d'aucuns imprimés de relations et de nouvelles, tant ordinaires qu'extraordinaires, lettres, copies ou extraits d'icelles, et autres papiers généralement quelconques, contenant la relation des choses qui se passeront tant en dedans qu'en dehors de notre royaume ; ni de faire aucune des choses qui ont été ou du être dépendantes du privilège de la gazette, sans la permission expresse et par écrit du ministre et secrétaire d'état, ayant le département des affaires étrangères ; à peine contre les contrevenans de confiscation des imprimés et exemplaires, ainsi que des caractères et des presses, de six mille livres d'amende et de tous dépens, dommages et intérêts, même de punition corporelle. "

Plus d'une fois l'abbé Aubert proposa d'exécuter ces loix sévères chez *l'imprimeur Quillau, rue du Fouare*; et il étoit déjà parvenu à faire convenir le ministre dans une lettre du 26 décembre 1776, que le journal de Paris reproduisoit *sous une autre forme, le scandale et la licence des bulletins à la main*. Mais monsieur l'abbé eut beau faire sa cour à monseigneur, jusqu'à rester debout derrière son fauteuil, lorsqu'après dîné il s'endormoit dans son sallon diplomatique, pour dire de tems en tems à la compagnie, *respectez le sommeil du juste*, il ne put empêcher l'arrêt du conseil qui, pour assurer la fourniture des neuf exemplaires à la chambre syndicale, faisoit défenses à tous auteurs et éditeurs, directeurs et rédacteurs des gazettes, journaux, affiches etc.; tant à Paris que dans les provinces, même ceux étrangers, dont la distribution est permise dans le royaume, d'*annoncer* aucun ouvrage imprimé ou gravé, national ou étranger, *si ce n'est après qu'il aura été annoncé par le Journal des Savans, ou subsidiairement par celui de Paris*, à peine d'être tenus, en leur propre et privé nom, d'acquitter ladite fourniture; et en outre, de cent livres d'amende pour la premiere contravention, de trois cents livres pour la seconde, et d'amende arbitraire, ainsi que de déchéance de leurs privilèges ou permissions pour la troisieme, même de telle autre peine qu'il appartiendra, s'il s'agissoit d'ouvrages prohibés.

C'est alors que l'abbé Aubert lança dans le bureau un mémoire que tous ses amis trouverent trop fort. Ils comparoient la péroraison à celle de *l'apologie des Jésuites*, par Céruti; elle fit trembler le Journal de Paris. ,, C'est-là, s'écrie le Cicéron des cafés, qu'on a lu entre une infinité d'autres faits hasardés, que *madame*, belle-soeur du roi, étoit grosse, et qu'elle avoit senti son enfant remuer; c'est-là que toutes les extravagances du magnétisme ont été consignées et prônées. C'est-là qu'on a ouvert une souscription pour un être imaginaire qui devoit traverser à sec la riviere de Seine avec des sabots élastiques : C'est-là que la loterie pour l'édition prohibée des œuvres de Voltaire a été imprimée à différentes reprises : C'est-là qu'a été exaltée la prétendue découverte d'un charlatan qui promettoit de neutraliser les fosses d'aisance avec une pinte de vinaigre, et qui s'est enfui après avoir été la cause de la mort de deux hommes. Ce journal, à qui l'administration est sans cesse obligée de faire faire des rétractations, des désaveux, est devenu le repertoire de toutes les nouvelles controuvées, de tous les faits apocryphes, de toutes les inventions, ou imaginaires ou nuisibles, de toutes les querelles entre les gens de lettres, les artistes et les particuliers. C'est par la facilité qu'on trouve à y faire insérer des écrits mêmes satyriques, qu'a été publiée cette lettre scandaleuse qui a porté le roi à un acte éclatant de sévérité envers un écrivain peu maître de son imagination et de ses premiers mouvemens, qui n'auroit peut-être pas essuyé cette disgrace, s'il n'avoit pas trouvé cette voie ouverte aux écarts de sa plume? „ Puis mêlant de la logique à l'éloquence : ,, Quoi ! mes *affiches*, dont le privilège, qui fait partie de celui de la gazette, remonte à 1612, seroient subordonnées à celui du Journal des Savans, qui étant de 1665, leur est postérieur de 53 ans ; à celui du Journal de Paris, qui n'étant que de 1776, leur est postérieur de 164 ans ! Et la faculté accordée à ces deux journaux par un simple privilège du sceau, d'annoncer toutes les nouveautés avant la gazette et le journal général de France, anéantiroit les dispositions des lettres-patentes d'octobre 1612, mars 1628, février 1630, octobre 1631, avril 1751, juillet 1756, et août 1761, toutes lettres enregistrées, soit aux requêtes de l'hôtel, soit au parlement! „

Ces raisons parurent sans réplique au baron de Breteuil, qui donna dans ses bureaux des ordres très-sévères, à ce qu'écrivoit du moins l'abbé à M. Durival, le 19 mai 1785, pour qu'à l'avenir les objets qui intéressent son département fussent annoncés par la gazette, et non par le journal. Et le jour même de l'arrêt du conseil, M. de Villedeuil le prévient de la part de M. le garde-des-sceaux, d'empêcher qu'il ne soit parlé dans aucun papier du prétendu secret d'enlever de dessus le papier, même les ratures, sans faire disparoitre l'écriture, annoncé dans le journal de Paris, du 16 avril.

M. Pankoucke ne parla pas avec autant de force pour le *Mercure*, le premier de tous les journaux, le plus utile de tous aux gens de lettres, au gouvernement, et qui rendoit annuellement aux différens départemens, à la grande et petite poste, dix fois plus que tous les autres papiers de France et étrangers réunis. Il conseilloit tout simplement au gouvernement d'ordonner à la chambre sindycale de remettre à chaque propriétaire des Journaux, une copie de tous les livres, estampes et musique qu'on pouvoit annoncer, en payant les frais de cette copie ; et quant à la remise des neuf exemplaires, il falloit en rendre responsables les imprimeurs, en les autorisant à les retenir.

L'abbé Aubert a toujours nourri le désir et l'espoir de faire mourir la feuille de Paris : il l'avoit toujours sous la dent. Tantôt il se plaignoit au ministre de ce qu'elle annonçoit le 21 décembre 1784, la nomination de l'abbé Maury à une place de l'académie dont il ne seroit question que dans la gazette du 22 : tantôt, pour remuer les puissances, il faisoit souffler à monsieur Dangevilers, que tous les articles sur le salon devoient lui être soumis : et à monsieur de Crosne qu'il avoit le droit de connoître les juges anonymes des peintres. Mais son grand art étoit de vanter son crédit en cour. » Le service du roi, mandoit-il au magistrat, le 22 septembre 1787, m'a été expressément recommandé, parce que sa majesté a témoigné plusieurs fois l'envie d'avoir les *affiches* de très-bonne heure, surtout le lendemain d'une pièce nouvelle. » Il est certain que les grands de Versailles devoient au moins être ses abonnés : car il étoit bien leur très humble serviteur. Son respect pour eux ne lui permettoit pas de les présenter au public avec la moindre tache. On lui avoit remis l'estampe du bonheur imprévu : il lit au bas : *son altesse généreuse et bienfaisante mit le comble à leur étonnement en gratifiant de ses libéralités le père, l'enfant et la commère*. Le mot *étonnement* lui paroit une épigramme : il lui substitua celui de *ravissement, parce qu'il seroit impertinent de laisser subsister dans un papier public l'apparence d'une épigramme contre le premier prince du sang*. Il a été bien trompé par son zèle, si monsieur le duc d'Orléans a vu une épigramme dans le service même, grande leçon pour les flatteurs !

DE LA POLICE

Sur les nouvelles a la main.

Un peuple qui veut s'instruire, ne se contente pas de la gazette de France. Que lui importe que le roi ait lavé les pieds à des pauvres qui ne les ont pas sales : que la reine ait fait ses pâques avec le comte d'Artois : que *Monsieur* ait daigné agréer un livre que peut-être il ne lira pas : et que le parlement en robes, ait harangué un dauphin en maillot ? Il veut à la fin savoir tout ce qui se dit et tout ce qui se fait à la cour, pourquoi et pour qui un cardinal de Rohan s'amusoit à enfiler des perles ; s'il est vrai que la comtesse *Diane* nommoit les généraux d'armée, et la comtesse *Jule*, des évêques (1) ; combien le ministre de la guerre

---

(1) Charles Eutrope de Laurencie étoit chez la favorite de la reine, lorsqu'on annonça la mort de l'evêque de Nantes. Ah ! je parierois bien cent mille livres que

donnoit de croix de Saint Louis à sa maîtresse pour ses étrennes. C'est au crayon des malins à fixer ces notes scandaleuses qui chaque jour se succedent et s'envolent.

Une des premieres manufactures de *bulletins* fut la maison de madame Doublet, qui inquiéta beaucoup le lieutenant de police Berryer; une femme de son âge l'occupoit plus que les *filles*. Il eut plus d'une fois des lettres comme celle-ci à lui communiquer :

Versailles, 6 octobre 1753.

Le roi est informé, monsieur, que madame Doublet reçoit dans le nombre de ceux qui vont chez elles, plusieurs personnes qui y débitent des nouvelles fort hazardées, et qui ne peuvent faire qu'un

---

je ne serai jamais son succeffeur. Et il répéta plusieurs fois. On le comprit. --- Est-ce tout de bon que vous donneriez cette somme-là ? Oui, madame, tout de bon. Trois jours après, la patrône laïque écrivit à monseigneur que sa grandeur lui devoit cent mille livres. Les théologiens ne virent pas là de simonie. Avec de l'esprit on peut donc se sauver comme avec de la foi !

mauvais effet, lorsqu'elles viennent se répandre dans le public: que souvent ces mêmes personnes y tiennent des discours peu mesurés; et que madame Doublet au lieu de réprimer une licence aussi condamnable, lui permet en quelque façon d'en tenir un registre, et qui sert à composer des feuilles qui se distribuent dans Paris et s'envoyent même dans les provinces. Une pareille conduite de sa part ne pouvant que déplaire au roi, sa majesté avant d'employer des moyens plus sévères, m'a chargé de vous mander que vous eussiez à voir incessamment madame Doublet, pour lui représenter qu'elle ait à faire cesser au plutôt un pareil abus en éloignant de chez elle les personnes qui contribuent à l'entretenir. Vous l'avertirez que sa majesté se fera rendre compte exactement de la maniere dont les choses se passeront à l'avenir, et que si elle venoit à s'écarter de la conduite qui lui est prescrite, elle s'exposeroit à des évenemens qui ne pourroient que lui être fort désagréables. Vous lui ajouterez que les ménagemens dont sa majesté veut bien user à son égard, étant un effet de sa bonté et une grace particuliere, elle ne doit en faire part à personne. Je compte, monsieur, que lorsque vous aurez parlé à madame Doublet, je n'aurai à reporter à sa majesté que des sentimens d'une entiere soumission de sa part, et la reconnoissance la plus profonde et la plus respectueuse de l'avertissement qu'elle veut bien lui faire donner.

J'ai l'honneur d'être, etc.

le marquis D'ARGENSON.

Elle promettoit de se corriger : et en 1762, son neuveu trouvoit qu'elle étoit encore plus difficile à gouverner que l'Europe. Cependant il ne lui passoit rien. Voici une preuve de son style et de son humeur.

Versailles, ce 24 mars.

Madame Doublet a fait dire hier à l'abbé de Breteuil, monsieur, que l'escadre de monsieur de Blenac avoit été prise en entier par les ennemis. La nouvelle de madame Doublet qui est fausse, et dont je n'ai nulle connoissance, ne fait pas de tort à l'escadre du roi : mais elle fait tort aux papiers publics qui varient. D'après les malheurs qui sortent de la boutique de madame Doublet, je n'ai pas pu m'empêcher de rendre compte au roi de ce fait, et de l'imprudence intolérable des nouvelles qui sortent de chez cette femme, ma très-chere tante ; en conséquence, sa majesté m'a ordonné de vous mander de vous rendre chez madame Doublet, et de lui signifier que s'il sort de rechef une nouvelle de sa maison, le roi la renfermera dans un couvent, d'où elle ne distribuera plus des nouvelles aussi impertinentes que contraires au service du roi.

J'ai l'honneur d'être avec respect,

le duc de CHOISEUL.

Toutes ces menaces-là n'effrayoient pas madame Doublet, qui vouloit toujours parler pour se bien porter : mais ce qui l'étonnoit, c'étoit la connoissance prompte que le gouvernement avoit de ce que disoient ses amis, dans son cercle étroit. Elle ne se doutoit pas que Charles Defieux, chevalier de Mouhy, de l'académie de Dijon, celui qui a fait la *paysanne parvenue*, les *mémoires d'une fille de qualité*, les *mille et une faveurs*, le *Masque de fer*, les *tablettes dramatiques*, avoit encore le talent d'écouter à toutes les portes. Il écrivoit à la police le 9 mars : ,, Quoique ma santé ne me permette pas trop encore de faire de longues courses, je me suis donné hier beaucoup de mouvemens pour exécuter vos ordres, bien fâché de n'avoir pu en découvrir davantage. Il est très-vrai que la maison de madame Doublet est depuis long-tems un bureau de nouvelles, et ce n'est pas la seule : ses gens en écrivent et en tirent bon parti. Je n'ai pu savoir le nom d'un grand et gros domestique, visage plein, perruque ronde, habit brun, qui tous les matins va recueillir dans les maisons de la part de sa maîtresse ce qu'il y a de neuf. Il seroit difficile de savoir les noms de ceux qui vont dans cette maison ; ce sont presque tous des frondeurs; en femme, mesdame d'Argental, Rondet de Villeneuve, du Bocage, de Beseval, etc.; En homme, M. Foncemagne, Perrin, deux médecins, Devaur, Firmin, Merobert, d'Argental, etc. Je ne réponds point de cette liste : ce n'est qu'avec le tems qu'on parviendra à être sûr des liaisons de cette femme. Il faudroit avoir des gens qui bûssent avec des domestiques de confiance ou mécontens ; mais ce qui est certain, c'est que madame d'Argental tient aussi même bureau de nouvelles, qu'elle est l'intime amie de madame Doublet, comme monsieur le chevalier de Choiseul; qu'un nommé Gillet son valet-de-chambre, est à la tête du bureau tenu par les laquais que l'on paye à la feuille, que ces bulletins sont bons, parceque c'est le résultat de tout ce qui se dit dans les meilleures maisons de Paris; qu'ils s'envoyent en province pour 12, 9, 6 francs par mois; que madame d'Argental depuis que son mari est en place, est beaucoup plus retenue que par le passé, et n'est frondeuse qu'avec des amis intimes, tels que monsieur de Richelieu, de Sechelles, le président de la Marche, Rougeot, Chauvelin, etc. S'il me revient d'autres renseignemens, ou que j'apprenne des choses utiles, je me croirois heureux de vous donner des preuves de mon respectueux et parfait attachement.

Rue de Bussi, chez monsieur Gallien, orfevre, à côté du corps de garde de l'abbaye.

Les renseignemens de cet espion *à la suite*, furent vérifiés par un observateur en pied. ,, Ce n'est point le nommé le Jeune, valet-de-chambre de monsieur d'Argental, qui fait des nouvelles à la main: c'est le nommé Gilet, valet de chambre de madame d'Argental, qui lui permet seulement d'en faire pour la province et non pour Paris, sur une copie que madame Doublet donne à ce Gillet, qui retire six livres par mois de ceux à qui il en fournit.

D'HEMERY.

On avoit osé dire dans la feuille du premier mars 1762, que le roi avoit nommé monsieur d'Herouville, pour commander les troupes en Flandres; que monsieur le prince de Beauvau étoit destiné à servir dans cette partie, la cour n'ayant pas voulu le faire servir dans la même armée que monsieur de Castries sur lequel on lui avoit fait reprendre son rang de lieutenant-général. Il n'en fallut pas davantage pour remuer la bile du *cocher de la France*, comme l'appelloit la Czarine: et monsieur de Sartine reçut ce billet doux. ,, Vous voudrez bien, monsieur, faire venir chez vous le faiseur de bulletins ridicules, et lui dire que vous le ferez mettre au cachot, s'il s'avise de faire paroître aucune feuille qui n'ait pas été revue de la part de la police. Rien n'est

plus

plus indécent, et si contraire à l'ordre public, que de souffrir de pareils distributeurs de nouvelles ; l'intention du roi est, monsieur, que vous réprimiez avec sévérité cette liberté indécente... Monsieur le prince de Beauveau, demande avec raison, la rétractation de l'article du bulletin qui se fait chez madame d'Argental. Comme il est fait à tous égards pour obtenir toutes les satisfactions qu'il peut desirer, je vous serai obligé de concerter avec lui les moyens de lui donner celle qu'il demande dans cette occasion.

le duc de CHOISEUL.

Le rédacteur *domestique* fut mis en prison, et le prince de Beauveau, en demandant sa grace, crut l'avoir pardonné.

De tout tems, il y a eu dans la capitale du monde, des dames qui se chargeoient d'en faire les honneurs : comme la comtesse de Rumain, mere, la marquise d'Urfé, la maréchale d'Estrées, la marquise de Puysieux, la comtesse de Forcalquier ; et de nos jours la marquise du Deffand, mademoiselle Despinasse, et sur-tout madame Geoffrin. Celle-ci avoit adopté tout le nord : elle donnoit à manger deux fois la semaine aux ministres étrangers, et même aux chargés d'affaires qui goûtoient encore plus son cuisinier, que tout les beaux esprits qu'elle leur servoit Celui de Russie ne la quittoit que la nuit : il faisoit chez elle jusqu'à ses dépêches. Lorsque la Pologne éleva sur le trône le comte de Poniatowsky, elle fit le voyage de Varsovie, pour voir, nouvelle reine de Saba, un Salomon nouveau. Il ne prit pas avec elle le goût du concubinage, mais celui d'avoir des femmes pour ministres. Les princesses de Sapicha, Lubomirska et Czartoryska, eurent tour-à-tour les secrets du cabinet. La princesse Poniatowska, née comtesse de Kinsky de Bohême, et sœur de la comtesse de Schafgotsch, qui a épousé le comte André Poniatowski, frere du roi et Lieutenant-général au service d'Autriche, fut envoyée à Paris, pour *travailler* le renvoi du nonce *Duruni*. Elle avoit pour secrétaire d'ambassade, la veuve d'un tapissier français, madame l'Huillier, maîtresse du grand chambellan de la couronne ; belle et bête, elle faisoit tout ce qu'on vouloit qu'elle fît. M. le duc de la Vrillière donna ordre le 7 juin 1771, à la police d'observer tous les mouvemens de ces dames, et sur-tout leurs *nouvelles à la main*.

Depuis M. de Choiseul, jusqu'à M. de Vergennes, la police a toujours vu du même oeil ces greffiers clandestins de la chronique scandaleuse. Un d'eux prêt à emboucher une de ces trompettes sur lesquelles le gouvernement veut mettre lui-même une sourdine, s'étoit fait présenter au magistrat par M. Suard, qui ne craignit pas de dire : ,, C'est un honnête homme : je le connois beaucop : pendant 40 ans, il a vécu dans l'aisance; des malheurs le réduisent aux ressources. On lui propose d'envoyer un bulletin à un gazetier de Hollande. Il s'engage à ne mander jamais que des faits publics, sans aucune réflexion. Il s'interdiroit toutes les aventures qui pourroient blesser la délicatesse d'un citoyen, à plus forte raison d'une personne *considérable*. Son caractère répond de sa circonspection, etc. ,,

Le magistrat promit d'en parler au ministre, qui répondit au magistrat.

J'ai reçu, monsieur, la lettre que vous m'avez fait l'honneur de m'écrire et celle qui y étoit jointe de M. Suard, touchant la permission que demande un particulier inconnu, d'établir une correspondance de nouvelles avec un gazetier de Hollande, sous l'offre de la part de l'anonime de se faire connoître, et de soumettre sa correspondance à la censure. Vos réflexions sur cette demande, m'ont parues pleines de sens et de raison. Après les avoir bien pesées, je pense que les inconvéniens de la tolérance en pareille matière, l'emportent de beaucoup sur l'utilité qu'on pourroit s'en promettre, même sous la surveillance de l'administration. L'expérience nous a convaincus que de toutes les classes des écrivains, celle des nouvellistes à gages est la plus difficile à contenir. Quel homme sage osera se rendre garant de la conduite d'un bulletiniste qui calcule ses profits sur le nombre d'anecdotes secrettes qu'il peut recueillir ; et quel homme honnête se permettra d'accepter une pareille commission, après l'abus que d'autres en ont faite et la honte qu'ils y ont imprimée ? Je suppose cependant qu'un sujet d'une prudence reconnue obtienne la permission qu'on sollicite et qu'il en soit digne personnellement, il ne pourra pas empêcher, malgré sa sagesse, que le gazetier avec lequel il sera autorisé à correspondre, n'employe des moyens détournés pour se procurer des nouvelles particulières et souvent répréhensibles, et qu'il ne les débite dans sa gazette. Qu'arrivera-t-il en ce cas ? Que le public se plaindra d'une tolérance légèrement accordée ; que les particuliers demanderont justice de la méchanceté, ou de l'indiscrérion du gazetier ; que l'administration sera réduite à la fâcheuse nécessité de sévir contre le correspondant connu, et censé coupable, malgré les protestations de son innocence ; que le public et les particuliers fondés sur un seul exemple de tolérance, imputeront au gouvernement toutes les impertinences des gazetiers étrangers, et de leurs correspondans ténébreux. Ces observations jointes à celles que contient votre lettre, monsieur, me confirment dans l'opinion que nous ne devons point autoriser ni reconnoître de correspondans français avec les gazetiers ; que ce genre de commerce doit continuer d'être prohibé, et que ceux qui s'y livreroient, malgré la prohibition, doivent être sévèrement réprimés. Je compte toujours sur votre vigilance, monsieur, pour éclairer leur conduite. Des avertissemens secrets et des conseils de douceur peuvent en ramener quelques-uns d'un égarement passager. Des penchans pervers, l'habitude et l'esprit d'avidité ont rendu le mal incurable chez d'autres. Les conseils sont impuissans pour ceux-ci ; et les moyens de rigueur sont les seuls qui puissent les contenir.

J'ai l'honneur d'être etc.

DE VERGENNES.

Monsieur Suard n'étoit point de force à répondre à ces dogmes de l'inquisition, lui qui ne conçoit pas encore que la pensée est libre comme le culte, et que tout citoyen a le droit d'avoir chez lui un autel et une presse.

Le ministre *à la turque* trouva bientôt l'occasion d'appliquer ces principes contre un de ces flibustiers de la littérature ».

Versailles, le 7 septembre 1782.

Le sieur Desessarts, auteur de la gazette française d'Utrecht, a donné lieu, monsieur, à plusieurs plaintes sur la licence de cette feuille, et récemment encore à l'occasion de deux articles calomnieux et outrageans pour messieurs de Fleury et de Grasse, insérés dans le numéro 63. Sur la réclamation des parties offensées, j'en ai écrit à l'ambassadeur du roi à la Haye, qui a fait réprimander l'auteur par les magistrats de la ville d'Utrecht. Cet écrivain a reçu la réprimande avec quelque apparence de repentir : mais il a en même tems adressé à son correspondant, à Paris, une lettre dans laquelle il tourne en ridicule les bourguemestres hollandois et leur mercuriale, et recommande au correspondant de ne rien changer à ses bulletins, résolu de conserver à sa gazette l'avantage de *faire du bruit*, suivant son expression. L'insolence obstinée de ce gazetier nous a déterminés à interdire l'entrée et le débit de sa feuille dans le royaume. Je marque à monsieur d'Oigny de donner des ordres en conséquence au bureau des gazettes étrangeres. J'en informe monsieur de la Vauguyon, et lui mande de prévenir le sieur Desessarts, en l'avertissant que s'il tomboit dant des écarts du genre de ceux qu'il a à se reprocher, nous poursuivrions sa punition personnelle auprès des états-généraux de la province d'Utrecht. Le correspondant de Desessarts qui l'est en même tems d'autres gazetiers, tels que celui de Bruxelles et cœtera, est un Sr. Foulhioux, logé maison du magazin des eaux minéralles, rue Plâtriere, à Paris. Il reçoit ses lettres sous l'adresse de demoiselle Rosalie Thonnos, qui n'est autre que sa femme. Il s'est avoué auteur du bulletin dont le gazetier a tiré les deux articles qui forment le corps de délit. Une pareille indiscrétion mériteroit un châtiment exemplaire. Mais son aveu d'un côté, et la présomption qu'il y a eu plus d'imprudence que de mauvaise intention dans sa conduite, nous ont déterminés à user d'indulgence envers lui. Vous voudrez-bien cependant le mander par-devant vous, lui faire une sévère réprimande, et lui défendre d'avoir désormais aucune correspondance avec Desessarts, sous peine de désobéissance et de punition. Je vous serai obligé de m'informer de tout ce que vous avez fait à ce fujet.

J'ai l'honneur, etc.

DE VERGENNES.

Pour cette fois, la police se contenta de marquer le nom de M. Fouilhoux, et de donner son signalement aux *observateurs* : 5 pieds 4 pouces, larges épaules, long visage, plein et rond, haut en couleur, cheveux châtains-clairs, yeux hagards et inquiets, habit de camelot gris-de-lin très-clair, veste et culote de nankin, catogan. Il est souvent au caveau : sa place ordinaire est du côté de *Philidor*.

Avec ces notes *rouges*, il étoit difficile d'échapper long-tems à une troupe de mouchards qui ayant autant de mains que d'yeux, vivoient de délations et de vols. Comme des chiens, ils n'attendoient que le mot, *pille*, d'un exempt. Quidor le prononça le 14 janvier 1686. L'expédition de sa meute fut des plus heureuses ; c'est à lui à en faire le noble récit. La nuit le magistrat avoit reçu un coureur à *pattes* qui lui annonçoit la première action : ,, Je n'ai point négligé de placer mes hommes au caffé du caveau, et je me suis servi pour cela de ceux que j'avois employés. Lors de la capture du sieur Fouilhoux, dit Volet. (il avoit déjà été au petit Châtelet) lorsqu'il y a paru hier au soir, ils l'ont reconnu et ne l'ont pas perdu de vue jusqu'à minuit moins un quart ; ils l'ont suivi et se seront assurés de sa demeure. ,,

Le lendemain, le commissaire Chenon, l'inspecteur et compagnie se transportèrent rue plâtrière, pour l'arrêter, comme de la part du roi. ,, Nous avons chèrché avec beaucoup de soin les preuves de sa correspondance; mais il paroît qu'il brûle tous les papiers dont il n'a plus besoin. Interrogé sur les différens articles de ses bulletins qui ont donné lieu à sa punition, il a assuré comme de règle, n'avoir été que l'écho des bruits publics, et n'avoir eu aucune intention de blesser le gouvernement ni les particuliers. Pour éviter l'éclat qu'il auroit pu faire, et la scène à laquelle la douleur de sa femme n'auroit pas manqué de donner lieu au moment de la séparation, j'ai cru devoir lui laisser ignorer le lieu où j'allois le conduire ; aussi croyant n'aller qu'à la bastille ou à l'hôtel de la force, il a soutenu courageusement son extraction ; mais lorsqu'il s'est vu sur la route de Bicêtre, il s'est fait chez lui une révolution qu'il seroit difficile de vous peindre, et toute sa philosophie l'a abandonné. ,,

QUIDOR.

Sa philosophie ! On en a pour braver

les despotes et la mort. Mais le deshonneur ! jeune homme que ne poignardois-tu tes vils boureaux ? Un citoyen, un époux, un père peut-être, traîné dans la sentine de tous les vices, pour avoir écrit que *l'intendant de Clermont avoit fait emprisonner 40 collecteurs* ! Etoit-ce donc un si grand crime d'avoir cru un faux rapport sur un homme dont la place ne supposoit plus guères de réputation à perdre ! Pour une ligne qu'une larme pouvoit effacer, il fallut porter cet uniforme grossier dont ne rougissoit l'innocence que parce qu'il n'étoit pas seulement celui des pauvres ; ce bonnet qui, fut-il sur la tête de l'honnête *André*, l'eût empêché de se présenter jamais dans l'ordre des avocats et même à la communauté des procureurs. Lorsque dans cette *révolution* où les hommes de mérite ont enfin pris leur rang, monsieur Fouilhoux a été un des premiers représentans de la *commune*, le district de St. Eustache n'a pas cru vaincre un préjugé : il ignoroit son malheur.

,, Ce martyr ne suffisoit pas à monsieur Dechazerat. Effrayé de ce que deux libraires de sa généralité, Beauvert et Beaufils, trop *bornés pour connoitre le danger de leur com-*

merce, y semoient les *bulletins* de Paris, il dénonça le 2 décembre 1787, à M. Lambert, une dame de Beaumont qui avoit laissé couler de ses plumes, ces phrases sacrilèges : ,, monsieur l'intendant s'est rendu en voiture avec toute la pompe et la magnificence possible, devant la maison où se tenoit l'assemblée provinciale : étant là, il l'a fait avertir ; mais ne voyant point venir les députés, il est monté, a pris place et a débité un discours si long et si ennuyeux, que tous les membres l'ont laissé seul. L'archevêque de Toulouse instruit de cette scène, a cru devoir changer la préséance des intendans ,,. Cette femme d'un lieutenant au régiment provincial de Dijon, à qui le prince de Montbarey avoit promis une lieutenance de maréchaussée, et dans les peines de laquelle entroit quelquefois un vicaire de St. Benoît dont la charité affrontoit jusqu'à la calomnie, comparut au tribunal du magistrat qu'elle compara à celui de la divinité. ,, Monseigneur, comme elle vous savez tout, votre oeil est présent par-tout, vous sondez jusqu'aux replis de l'ame, et comme elle enfin, vous pardonnez tout ,,. 31 juillet 1786. Avec ces formules serviles et une jolie figure, on se ménageoit les faveurs d'un lieutenant de police qui payoit son abonnement par les abonnés qu'il procuroit lui-même à sa protégée. Il lui recrutoit jusqu'à des prélats jaloux de connoître tout ce qui se faisoit à Paris la nuit et le jour, quand ils n'y étoient pas. Cette complaisance lui valoit encore des prières et des remerciemens. ,, M. l'évêque de Lizieux assure de son respect et de sa reconnoissance monsieur le Noir : voudroit-il bien lui faire dire si une gratification de 40 ou 50 écus, tous les ans, à l'auteur du bulletin, sera satisfaisante. Comme il ignore son nom et son adresse, il prendroit la liberté de les lui faire remettre. ,,

La police couvroit aussi des écrivains *mâles* de son égide : et ce n'étoit point un petit service que leur rendoit le magistrat que de répondre pour eux : car il recevoit quelquefois de Versailles de ces billets secs qui sembloient être écrits par des maîtres à un valet. En voici un de 1783. ,, M. de Castries envoye à monsieur le Noir, l'article d'un bulletin qui se distribue par un homme qu'on dit *avoué* ; il est répréhensible de présenter le ministre du royaume, comme l'ennemi de monsieur de Suffren.

M. de Castries pense qu'il est nécessaire de savoir du sieur Boyer, pourquoy il se permet décrire ainsi et par qu'elle impulsion. ,, En voici un autre de 1784. ,, J'ai eu raison pour désirer de savoir, monsieur, en quoy consistent les recommandations que vous avez faites au sieur Boyer, et surquoy porte la circonspection que vous lui avez prescrite.

J'ai l'honneur d'être, etc.

Le Maréchal de CASTRIES.

L'ortographe prouve que tout est de la main du gentilhomme.

Ce n'étoit pas toujours sur ces *feuilles* que voyoit la police, que la malice déposoit ses anecdotes; souvent ses traits se décochoient dans l'ombre et elle ne rioit que tout bas : et plus d'une fois Alexis-Joseph Harger, expert-juré écrivain, membre et secrétaire du bureau académique d'écriture, ne put reconnoître sa main. Que de mouvemens se donna une famille entière pour étouffer l'aventure du marquis de Puységur, lieutenant-général et cordon-bleu. ,, Il cherchoit à faire un bon mariage. On lui propose une batarde de Louis XV; madame Adelaide étoit sa mère. Elle auroit 60 mille livres de rente. Un présent de 50 mille francs la mettoit dans ses bras : il les emprunte : alors on le mène à Versailles, sur un escalier où devoit passer madame Adelaide. --- Remarquez bien, si madame se frotte le nez avec son évantail, c'est une preuve qu'elle vous agrée pour son gendre. La princesse se frotte le nez : c'étoit son tic. Les entremetteurs ont touché l'argent, et Ixion n'embrassera qu'une nue ,,. Louis-le-bien-aimé avoit presqu'envie de se fâcher : mais le duc de Choiseuil l'assura que ce n'étoit qu'une plaisanterie.

M. d'Arnaud Baculard n'étoit pas si indulgent que Louis XV. Je ne sais ce dont on l'accusoit : mais ses plaintes, ses exclamations et tous ses points prouveroient qu'il étoit accusé d'un de ses crimes qui font reculer le soleil. ,, Monsieur, daignez recevoir un hommage qui vous est dû à tant de titres. Je vous prie de ne pas oublier que ma vie est conforme à mes écrits, et en conséquence, j'implore votre justice contre ce scélérat obscur de Boyer qui m'a diffamé dans la gazette d'Utrecht, du 7 juin. Je vous en conjure : si vous me refusiez ce que l'humanité même *outragée* exige, considérez à quelle extrémité vous me réduisez. J'ai l'honneur d'être gentilhomme et attaché à monseigneur comte d'Artois.... Je porte aussi mes plaintes à monsieur de Vergennes. J'irai me jetter au pieds du roi, s'il le faut.... Ce 15 juillet 1785 · et dans la lettre à monsieur de Vergennes, du 29 ,, ... Ce n'est point ce Boyer, qui en effet est un ouvrier de gazette. Ce scélérat est un nommé Fouilhoux mauvais sujet etc. Il ne suffit pas que sa rétractation soit consignée dans les papiers publics : je me flatte que votre équité si connue plongera pour quelque tems ce monstre dans une prison infamante. C'est un assassin moral.... On lit en Allemagne, en Angleterre, par-tout, ces horreurs qui ont des aîles. Encore une fois, ce n'est point le gentilhomme, l'homme de lettres attaché à monseigneur le comte d'Artois, en qualité de son secrétaire ; c'est l'homme dépouillé de tous les vains alentours, qui embrasse vos genoux, etc.

D'ARNAUD.

Croiroit-on que c'est-là un de ces précepteurs du monde qui, magistrats suppléans,

pléans, devoient prévoir, et par leurs exemples comme par leurs écrits, hâter le règne des lois. C'étoit à elles seules à punir les calomniateurs, si toutes fois le tribunal de l'opinion qui imprime sur leur front le signe de Caïn, ne suffit pas pour venger des injures. On m'accuse : je réponds et le public juge. Caton répondit à un libelliste avec un certain air de fierté qui ne sied qu'à la vertu : Le combat est trop inégal entre toi et moi : ta coutume est de dire et de faire des infamies, et moi, je n'en fais, ni n'en dis.

Les injustices sont plus difficiles à supporter que les injures. Avec quelle résignation pourtant Collé, si gai quoique philosophe, demandoit au lieutenant de police la permission de donner à Paris la *partie de chasse de Henri IV*, qui étoit jouée à Lyon, Bordeaux, Nantes, Strasbourg, Valenciennes, Nancy, Dijon, Soissons, etc. ; dans toutes les sociétés, chez les princes, chez la duchesse de Villeroi, à St. Germain, par ordre du duc de Noailles etc. ,, Aurai-je le malheur, monsieur, de ne pouvoir espérer de voir jouer ma comédie *qu'après ma mort* ? Je sens bien que cela pourroit me ressuciter ;

l'amour de la gloire et l'amour propre sont bien capables d'opérer ce miracle là dans un auteur, et de le faire revenir d'aussi loin. Mais je suis modeste ; je ne crois pas mériter un miracle, à beaucoup près. Je me contenterois bonnement d'être joué de mon vivant... Cette grace feroit la consolation de ma viellesse : ce seroit matière à radotage et à rabachage : cela fait toujours plaisir ,, ce 13 septembre 1767. La réponse fut un *refusé*, au crayon, qu'un commis voulut bien montrer, à la marge de sa requête, à l'Anacréon français. Quelle raison avoit donc cette cour de Versailles de cacher Henri IV à Louis XVI ? Etoit ce parce qu'il ne lui ressembloit pas ? Ou ne craignoit-on pas plutôt qu'il ne voulût lui ressembler.

C'étoit toujours à *l'oeil de boeuf* que le magistrat apprenoit à se retirer des pas glissans. Avoit-il à prononcer sur les *Courtisannes* ? Il consultoit le valet de chambre Campan qui lui disoit : ,, Il y a trois choses que la censure ne peut passer : scène première, Marton parle du caducée et le place dans la main d'un abbé. Act. II, Scène VII. Dieu *préserve à jamais le front et la santé du bon monsieur Nacquard.*

Même scène : dit-on qu'il gagne au change ?
--- Oui, du côté des mœurs : et son gain est de sacrifier une duchesse à une fille ! Les duchesses demanderont la convocation des pairs ,,.

L'avis de M. Campan étoit un jugement *souverain*. Il y avoit lieu de croire qu'il étoit l'écho des grands appartemens. Aussi a-t-il été le parrein de plus d'un ouvrage. ,, Le manuscrit a eu le plus grand succès. *On* me l'a fait lire : je l'avois déjà lu pour me familiariser avec l'écriture, afin de ne point anôner. *On* en a été assez content, pour vouloir que le supérieur le lise. ,,

13 avril 1782.

Il paroît qu'il ne réussissoit pas toujours dans les services qu'il vouloit rendre. ,, De ce que l'auteur d'un projet pourroit travestir en protection le seul consentement d'en lire l'exposé, *on* se refuse à connoître le projet ,,.

Le magistrat étoit un homme bien nécessaire à un valet-de-chambre. Il avoit de lui beaucoup plus vite que par des colporteurs, toutes les brochures *qu'on* pouvoit désirer. N'est-ce point encore par lui qu'il se procura une presse anglaise que Sikes ne pouvoit pas même montrer sans permission? Elle renfermoit une espece d'encre qui maculoit si fortement du papier de soie, que la copie d'un mémoire naissoit en trois minutes. Avec un *on* il eût été possible de l'acheter sans le *vu* de la police ; mais elle eût coûté ce que payoient les *on*, et l'économe commissionnaire vouloit l'avoir pour dix-huit louis, comme le président Sarron qui en avoit une.

M. Campan devoit bien remplir tous ses devoirs, si on en juge par la haute idée qu'il avoit de son emploi. On lui reprochoit de mettre en tout trop les points sur les i. Il cita la réponse du premier des d'Aumont à un monsieur de Duras : mon cher monsieur de Duras, ma place n'est que des points sur des i : si je les néglige, je ne fais pas ma place.

DE LA POLICE

Sur les espions.

UN jeune homme se présentoit à Cartouche, pour être reçu dans sa bande. --- Où avez-vous servi ? --- Deux ans chez un procureur, et six mois chez un inspecteur de police. Tout ce temps vous comptera comme si vous aviez été dans ma troupe.

M. d'Argenson n'avoit pas meilleure idée de ses *observateurs* que Cartouche. On lui reprochoit de n'employer que des fripons et des coquins. Trouvez-moi d'honnêtes gens qui veuillent faire ce métier (1).

Mais c'étoit à ce magistrat, qui le premier a livré les spectacles aux *gardes-françoises*, à examiner si Paris avoit plus besoin qu'Athènes et Rome de trente inspecteurs

---

(1) Les espions de police ne se doutent guere de leur origine. Ils descendent d'Antoine Mouchy, du collége de Sorbonne, pénitencier de Noyon, l'un des juges de l'infortuné Anne Dubourg, qui faisoit la chasse aux hérétiques. Le peuple appelloit ses *gens des mouches*.

de quartier, de cinquante commissaires, d'une centaine d'exempts, et d'un millier de sbires. Comment se gouverne Londres qui n'a d'autres gardes de nuit que des vieillards avec une lanterne et un bâton, et où cependant les pots de ce bel étain de cornouailles, dans lesquels les marchands distribuent leur bierre, restent dans les allées des maisons ouvertes, souvent même dans la rue devant la porte fermée, jusqu'à ce que les garçons les reprennent en repassant ? Pourquoi il se commet si peu de désordres à Amsterdam qui n'a que vingt-quatre gardes et deux ou trois cents crieurs de nuit qui arrêtent les perturbateurs en attendant que le jour leur permette de les présenter aux magistrats ? à Amsterdam, la ville la plus remplie de matelots et d'aventuriers : il seroit parvenu à découvrir que ,, ce n'est pas avec un nombre infini d'hommes, des monceaux d'or, et des attentats continuels sur la liberté des citoyens, qu'il est beau de produire la tranquillité publique : que c'est en respectant les droits de tous ; en obéissant aux loix, en employant peu d'argent ; que c'est en un mot en produisant de grands effets avec de petits moyens. ,, Dans une ville où il n'y a rien à craindre que la loi, chaque citoyen est toujours prêt à soutenir, à défendre, à aider au besoin les sentinelles du peuple ; mais le peuple ne reconnoît pas pour sentinelles ces limiers qui carressent et mordent jusque dans nos maisons, ces familiers de l'inquisition, qui violent jusqu'à nos pensées ; cette longue suite d'algazils qui ne sont que des voleurs privilégiés. La police de Paris ne fut jamais que le guet-à-pens d'un gouvernement corrompu et corrupteur. Trop gangrennée, pour croire à la vertu et à la probité, elle ternissoit de ses soupçons les actions les plus innocentes. C'est elle qui a livré pendant des années entieres à l'oeil inquiet des mouchards (1) toute la vie d'un

---

(1) Un homme qui paroissoit à son aise, devint amoureux, et épousa une fille que la mort de ses parens et la misere avoient jettée dans le libertinage. Au bout de quelques mois, elle fut que son mari étoit espion de la police. Apparemment, lui dit-elle, que vous n'avez pris ce métier qu'après avoir réfléchi qu'on risque sa vie à faire celui de voleur et d'assassin. Elle sort et va se précipiter du Pont-Royal dans la Seine, où elle se noya.

Il est donc vrai qu'une fille publique est plus près de devenir une honnête-femme, qu'une femme galante !

vieillard, chez lequel se rendoit tous les soirs une anglaise jeune, belle et pauvre. Un jour il surprend leurs oreilles à sa porte : ,, malheureux, en les maudissant de son bras débile, apprenez que j'ai son père avec moi, que c'est son père qu'elle cherche en me venant voir. Dites à ceux qui ont le malheur, de ne voir que par vous que c'est pour lui, que c'est pour elle que j'ai vendu mes livres. ,,

Etoit-ce une sentinelle du peuple, ce comte Rigoley Doigny, qui, riche de sa confiance, brisant d'une main impie le sceau sacré des lettres, trahissoit ses secrets et ses affaires ; lorsque le 3 décembre 1780 il écrivoit à M. Lenoir : ,, Je peux peut-être vous fournir le moyen de découvrir l'auteur des *nouvelles* qui passent à l'étranger. Cet inconnu a reçu il y a peu de temps, en payement, une lettre de-change ou mandat de 625 liv. 10 s., et ce papier paroît lui avoir été payé par M. Benesck, directeur, à ce que je crois, du bureau de correspondance. Il me sembleroit qu'on pourroit à l'inspection de ce papier voir à qui il aura été acquitté ; et si du moins cela ne donne point de certitude, cela donne au moins le nom de plusieurs personnes dont on pourroit suivre la conduite... J'ai aussi des raisons de penser qu'il seroit intéressant de savoir ce que fait un nommé Letellier, logé à l'hôtel du Saint-Esprit. Je vous serez très-obligé que mon écriture ne soit connue que de vous : Je joins ici deux copies de lettres de la Douay que j'ay arresté. Je vous prie de les lire, et de me mander si vous voulés que je l'es laisse aller. En ce cas, elles partiroient demain. Avez-vous remply votre projet, afin que de mon côté je fasse arrester ces lettres s'il y en a ,,.

28 décembre.

Lorsqu'en 1781, le 25 septembre, il préfentoit ses respects au même en lui envoyant quelques copies ,, dont il lui paroit intéressant que il aye connoissance ,, : lorsque le 21 février 1782 il annonçoit avoir trouvé dans les depêches arrivées depuis deux jours beaucoup d'exemplaires du memoire qu'il joint : ,, elles sont adresses a messieurs du parlement et aux ministres, je les ay fait arester et jen useres de même pour celles qui pourront encore arriver par la même voye ,, lorsque le 28 août 1788, il écrivoit à monsieur de Crosne : ,, on voit par une lettre de monsieur d'Elchepau au marquis de Lorgrosa, à Pau, qu'on vient de faire imprimer à Paris 200 exemplaires des remontrances du mois de décembre, pour les distribuer aux personnes qui ont le plus de considération.

La même personne ajoute qu'elle est occupée à faire finir un mémoire par monsieur de Mirabeau. Voila la note que je vous ai promise ,,.

Lorsqu'enfin le 9 octobre 1785 il en voyoit au magistrat des notices sur diférentes écritures qu'il avoit aussi communiqueés au comte de Vergennes, avec cette note tirée d'une lettre de Bruxelles : ,, Linguet est ici : il doit bientôt occuper un château où il fera monter des presses. Il est certain qu'il a reçu 24000 liv. pour son mémoire sur l'Escaut, l'ayant avoué à Touffener qui remplace auprès de l'ambassadeur d'Angleterre le chevalier Floyd ,,.

Etoit-ce un sentinelle du peuple, ce colonel de Sormani, qui pour apprendre aux Choiseul, aux d'Argenson, ce que jouoient, ce que perdoient les ambassadeurs, perdoit lui-même tout l'argent qu'il vouloit se faire rendre par le ministère; qui chargé de savoir tout ce que diroient monsieur le duc de Bedfort et monsieur de Neuville, les logeoit dans son appartement, à Compiegne, au petit hôtel du duc d'Orléans, où, d'une chambre secrette qu'il s'étoit ménagée, il saisissoit les paroles presque sur leurs bouches? Ce sont pourtant de ces services-là qui lui ont mérité ce

DE PAR LE ROI

Sa majesté, voulant par des considérations particulieres donner au sieur de Sornani le moyen de vaquer encore pendant quelque tems en liberté et sûreté à ses affaires particulieres, elle lui a accordé et accorde sauf conduit de sa personne pendant six mois à compter de ce jourd'hui, durant lequel tems elle l'a pris et prend en sa protection et sauve-garde spéciale. Veut sa majesté qu'il soit sursis pendant ledit tems à toutes contraintes par corps, saisies, exécutions sur ses biens, meubles et effets mobiliers, faisant très-expresses inhibitions et défenses à tous huissiers, sergens et autres, d'attenter à sa personne, ni d'entreprendre aucune chose contre ses dits biens, meubles et effets mobiliers durant ledit tems de six mois, pour raison de ses dettes, et à tous geoliers et gardes de prisons, de le recevoir en icelles pour raison de ses dettes pendant ledit tems de six mois, à peine contre les uns et les autres d'interdiction de leurs charges, de tous dépens, dommages et intérêts, et d'être en outre traités comme désobéissans aux ordres de sa majesté; et si au préjudice du présent sauf-conduit, ledit sieur de Sormani étoit emprisonné, sa majesté veut qu'il soit aussitôt mis en pleine et entiere liberté, sans toutefois que le présent sauf-conduit puisse avoir lieu pour les débets et condamnations prononcées contre lui au profit de sa majesté.

Fait à Compiegne, le 24 septembre 1766.

Ce brevet de coquinerie étoit renouvellé tous les six mois. Que de restitutions les rois complices ont à faire! Il ne leur est pas même échappé le voeu de Néron, en signant cette dispense de probité : *je voudrois bien ne pas savoir écrire.*

Etoit-ce une sentinelle du peuple, l'ex-président Goesman, qui s'étant engagé, sous le nom du baron de Thurn, à passer en Angleterre pour y *examiner de près la conduite de Linguet, Morande, Duhamel, etc. et de cinq ou six autres aventuriers,* et savoir non-seulement ce qu'ils écrivent, mais même ce qu'ils ont envie d'écrire, eut

France, ensemble une lettre de change de cinquante louis, payable par mondit sieur à Ostende, au trente du mois prochain, promettant en foi d'homme d'honneur, et sous peine de tous dommages et intérêts, que jamais il ne paroîtra de ma part ni de celle du propriétaire, aucun exemplaire dans le monde : en foi de quoi j'ai signé les présentes auxquelles j'ai apposé mon cachet.

Fait à Londres, ce 31 juillet 1781.

BOISSIERE.

Pour peu que le ministère balançât à fournir des fonds, on annonçoit au milieu de ses irrésolutions, une *vie de la reine*, une *vie du comte d'Artois*. Et c'est alors que le comte de Vergennes écrivoit le 8 avril 1783 : ,, C'est une bien mauvaise tête que ce Goesman ; mais à moins de preuves, (il n'ignoroit pourtant pas ses liaisons perfides avec lord Shelburn), je ne me permets pas de le soupçonner d'être le complice des ouvrages infâmes qu'il dénonce ; il faut éclaircir ses intrigues. Morande peut y être utile : le drôle se connoit en fripons. ,, Et monsieur le Noir : « D'un côté, je crains d'être abusé par des avis auxquels l'esprit de cupidité a plus de part que celui de patriotisme : de l'autre, je tremble quand j'envisage qu'un libelle affreux pourra être répandu, faute d'un sacrifice d'argent ». Et bientôt le contrôleur-général couronnoit les deux fripons et les dupes, par une ordonnance que laissoit échapper du trésor-royal le premier commis Dufresne, pour remplir les traites sur Londres, que prenoit chez messieurs Cotin et Jauge, le maréchal de Camp, Baudouin, qui servoit dans la rue de Richelieu.

La mission de monsieur de Thurn ne se bornoit pas toujours à étouffer des foetus de libellistes. Il raisonnoit quelquefois paix, guerre, marine, commerce : aussi avoit-il un chiffre comme un ambassadeur. Le voici tel qu'on le lui avoit donné.

Arithmétique.

(a.0.) 6. 1. (c.2.) d.3.) e. 4.) f. 5.) (c. 9. 6.) h. 7.) j. 8.) k. 9.) l. 10).

Epistolaire.

(a. 18) 6. 4) c. 9,) d. 7.) e. 16.) f. 3.) (9. 12.) h. 14.) j. 15.) k. 2.) l. 19.) M. 23) N. 10) o. b.) p. 20.) q. 13.) (R. 5.) 5. 17.) T. 22.) u. 8) w. 1.) (x. 21.) y. 24) z. 50.(&c. 11.

Ne point faire de tort à (son prochain.) Choisir cependant la guerre périlleuse (au lieu) d'une servitude tranquille, et se souvenir (du prédécesseur.)

Pour tromper la vigilance et la curiosité des commis au bureau des postes, il a été convenu qu'on feroit un usage très-sobre du chiffre, et que dans les intervalles, on s'écriroit des lettres remplies d'expressions d'attachement pour le gouvernement, et dans lesquelles les choses essentielles seroient désignées sous ces noms :

FIGURES.	EXPLICATIONS.
Poêmes, élégies.	Flottes, escadres
Stances,	Troupes.
Procès,	La guerre.
Fermiers honnêtes,	Les américains.
Le pauvre philosophe,	Le roi d'Angleterre.
Prométhée,	Francklin.
Mauvais fermiers,	L'administration.
Le bon pere,	Adam.

Convenu que je signerai mes lettres du nom de Jonh Williams, et que mon correspondant signeroit les siennes de celui de Jonh Stuart.

Voilà

Voilà pour les jockeys diplomatiques une bonne leçon de grammaire.

Etoit-ce une sentinelle du peuple, ce Receveur, chevalier de l'ordre royal et militaire de St.-Louis, capitaine d'invalides, inspecteur honoraire de la police de Paris, qui reçut le 6 février 1783 une instruction de M. Lenoir, pour traiter en Angleterre, à prix d'argent et au meilleur compte possible, du libelle abominable contre la reine, des gravures et noëls annoncés par le baron de Thurn, ainsi que des *petits soupers et nuits de l'hôtel de Bouillon* : " et dans le cas où le premier libelle ne pouroit être livré au-dessous de deux cents guinées, et l'autre au-dessous de cent cinquante, il devoit écrire à Paris pour avoir de nouveaux pouvoirs, et une lettre de crédit proportionnée aux sommes qu'on voudroit vendre ces horreurs, desquelles cependant il lui étoit prescrit de ne traiter que sous la condition et garantie de restitution d'une somme triple, dans le cas où quelque exemplaire de ces libelles viendroit à reparoître, le marché conclu et soldé. "

M. Receveur prit congé de la cour le 8 mars. Il étoit annoncé et adressé au comte de Moustier, qui ne sentit jamais si bien de quel intérêt il étoit pour la France d'avoir un ambassadeur à Londres. Ses lettres à M. de Vergennes prouvent un négociateur plus habile que les *Perron* et les *d'Ossat*, qui connoissoit sur-tout le droit des gens.

Monseigneur,

J'ai eu hier un fort long entretien avec M. Receveur sur le sujet de son voyage. Le mystère m'a paru très-nécessaire à garder à son début, et j'ai jugé qu'il falloit ne point précipiter les démarches, de crainte qu'elles ne fussent hasardées. Quelque soit l'habilité d'un officier de police, elle lui devient d'une bien foible ressource dans ce pays-ci. Tout est soumis à la loi, dont on est obligé de suivre plus la lettre que le sens. Rien ne prête à l'interprétation pour favoriser l'autorité. L'exemple de Wilkes peut prouver que le roi d'Angleterre et le ministère britannique sont trop foibles pour arrêter la fouge d'un écrivain envenimé. Toutes les difficultés qui existent à cet égard me sont parfaitement con.... j'ignore le moyen d'y obvier. C.... j'ai senti combien il étoit important .... pêcher la publication de l'abom.... *ouvrage*. Il est impossible de ne pas consu.... ni de ne pas employer des instrumens étrangers. C'est dans ce choix que la prudence est embarrassée. J'ai proposé toutes les difficultés à M. Receveur ; il les a senties. J'aurois été assez disposé à consulter les ministres ; mais ils peuvent à chaque instant cesser de l'être. La personne la plus capable de me donner de bons conseils, est milord Mansfield ; mais j'ai cru qu'il falloit me réserver de ne recourir qu'à lui qu'en cas de besoin. Si nous pouvons n'employer que peu de confidens, ce sera le meilleur parti. J'ai fait toutes ces objections à M. Receveur qui en a été frappé. Enfin je lui ai dit que sans doute le plus désirable en pareil cas, seroit d'avoir à sa dévotion un homme qui auroit fait le même métier, pourvu que l'on pût se persuader que ce ne fût pas l'homme même. Je lui ai cité un particulier distingué dans ce genre détestable, en lui nommant le sieur Morande. Il m'a dit que cet homme et le sieur Linguet étoient les deux personnages qu'il craignoit le plus. Cependant, il ajouta que si Morande pouvoit être disposé à le seconder, il se flatteroit avec son secours de réussir. Alors je lui dis que j'étois beaucoup plus près qu'il n'imaginoit de faire son affaire. Je lui suggérai un expédient qu'une circonstance m'offroit. Vous avez été instruit, monseigneur, que Morande avoit proposé au ministère britanique un plan de police pour Londres. J'ai actuellement entre mes mains ce plan que je tiens de l'auteur. J'aurai l'honneur de vous exposer ensuite comme j'ai fait la connoissance de ce réfugié, qui a ou affecte d'avoir pour moi beaucoup de zèle et de respect. Son plan est rempli de bonnes vues, et seroit digne de tout autre auteur. J'ai imaginé de rapprocher M. Receveur et le sieur Morande, sous le prétexte que le premier n'étoit venu à Londres que pour le même objet; que d'après les sollicitations du ministère britannique, vous m'aviez adressé cet officier police, pour le présenter aux ministres anglais, qui sans doute desiroient consulter un homme du métier. Je me proposois de conseiller au sieur Morande de s'arranger avec M. Receveur, de chercher à lui être agréable et en même temps de lui faire sentir que celui-ci pourroit lui être utile; même de lui faire espérer que je pourrois moi-même le seconder. Cette idée fut goûtée par M. Receveur, qui me témoigna seulement de l'inquiétude sur les difficultés que pourroit faire Morande qui le connoît très-bien, pour avoir été sous sa férule. Mais il m'ajouta que si je pouvois parvenir à lui persuader que lui n'étoit à Londres que pour cet objet et de consentir à une entrevue, il croyoit pouvoir répondre du reste. Je lui promis de ménager cette négociation avec délicatesse et de tâcher de rien hasarder. La difficulté étoit d'agir promptement et d'avoir Morande chez moi sans affectation.

Jusqu'à présent je ne l'avois vu que deux fois, et j'avois mis quelque prix à cette facilité de ma part. Il ne falloit pas que je changeasse de langage. Heureusement que dans une de ses visites, il m'avoit entretenu d'un homme propre à être employé pour la correspondance des postes : idée qu'il me suggéroit et que j'avois eu l'air d'écouter comme de moi, et sans avoir aucun ordre à cet égard ; car j'ai été et je suis encore armé de méfiance contre Morande, à qui j'ai grand soin de la cacher. Ce particulier en question, qui étoit absent, étoit venu me voir avant-hier matin de son chef, sous un autre prétexte ; car il est français et venoit rendre ses devoirs au ministre du roi. Sachant ce qu'il étoit, je lui fis quelques questions légèrement pour vérifier si

Morande m'avoit accusé juste. M. Receveur le connoît aussi et le regarde comme très-honnête et très-intelligent. Je pris le prétexte d'avertir moi-même que le *marchand de vin* en question étoit arrivé, et qu'on proposoit à M. Morande de venir dans du Kestreet pour en parler. Je l'ai vu hier au soir et ai traité avec beaucoup de gravité et d'attention, le projet sur lequel j'ai demandé des détails, etc. De-là je lui ai dit que je n'avois pas achevé de lire son plan de police, qui demandoit à être lu avec réflexion, et que je trouvois fort intéressant. Ensuite j'ajoutai que vous en étiez instruit, monseigneur, par M. Fitz Herbert qui vous en avoit entretenu, en vous témoignant le desir d'avoir des renseignemens sur la police de Paris, ce qui vous avoit décidé a m'adresser un officier de police intelligent, avec ordre de le présenter aux ministres; que je n'y voyois pas de possibilité pour le présent; mais que lui Morande pouvoit toujours, s'il le vouloit, le voir et discuter le plan avec lui. Comme il prenoit bien la chose, je lui nommai M. Receveur, et ce nom ne lui fit pas l'impression que l'officier de police avoit imaginée; car il m'avoit annoncé qu'il s'emporteroit et lui donneroit toutes sortes d'épithètes. Il me répondit au contraire avec beaucoup de soumission, et consentit à ce que je lui proposois. Au moyen de quoi j'ai été assez heureux pour amener promptement les choses au point que M. Receveur desiroit. J'envoye celui-ci ce matin chez Morande, et en lui procurant l'instrument qu'il desiroit, je lui souhaite qu'il en fasse un usage convenable.

La circonstance actuelle me rendant ce particulier utile, j'ai cru devoir, sans compromettre mon caractère, chercher à lui être agréable dans le courant de la conversation que j'ai suivie sur toutes sortes de sujets. Ensuite j'ai tâché de le sonder, sans qu'il s'en apperçût, sur notre objet principal. Je l'ai ramené à son plan de police, et lui ai dit combien je le trouvois bien conçu; mais que j'y voudrois encore deux points, l'un qui seroit une convention pour l'extradition réciproque des criminels, et l'autre un moyen pour empêcher la publication des libelles; de livres, lui dis-je, par exemple, du genre de ceux que vous avez écrits autrefois; car, ajoutai-je, à présent on ne sait comment se garantir de pareils écrits. Il me dit qu'il y avoit moyen d'amener au carcan un homme qui, ayant un prospectus, proposeroit de composer pour la suppression de l'ouvrage, et il m'expliqua ce moyen, qui me parut plausible, avec de l'industrie néanmoins. Voilà qui est bel et bien, lui dis-je; mais quand il n'existe pas de prospectus, et qu'un homme apprend seulement indirectement qu'on trame un libelle contre lui, comment faire ? Il me dit que cela devenoit plus difficile ; mais que par la connoissance des imprimeurs et des gens capables de pareilles choses, on peut parvenir à découvrir l'auteur, et que, selon les circonstances, on emploie l'argent ou la loi. Cette découverte m'a toujours fait grand plaisir, en ce qu'elle me donne une certaine espérance que nous pourrons arriver à la découverte de ce que nous cherchons. Voilà où je suis parvenu jusqu'à ce moment. Je ne négligerai rien pour procurer un succès complet. J'aurai l'honneur de vous informer un autre jour, monseigneur, de la manière dont j'ai fait la connoissance du sieur Morande, qui desire, m'a-t-il écrit, que son nom ne soit plus une injure. S'il se rendoit utile dans cette circonstance, et qu'il s'engageât, comme il a déja fait sans condition, à renoncer à son ancien genre, il me semble que vous pourriez m'autoriser, monseigneur, à lui promettre son pardon pour le passé, et une gratification pour ses services. Le sieur Morande m'a quitté à minuit; après quoi je me suis mis à mon bureau, pour vous rendre moi-même compte de la marche de l'affaire intéressante dont vous m'avez chargé.

Le Comte de MOUSTIER.

La politique a donc comme l'amour ses *Lovelaces*! Quel métier que celui de dire tout ce qu'on ne pense pas, comme s'il n'étoit pas déja assez pénible de ne pas dire tout ce que l'on pense! Un représentant du roi des Francs, qui a l'ambition d'être plus fin, c'est-à-dire, plus faux que le *gazetier cuirassé*! Je suis sûr que Morande se pendra quand il saura que Demoustier a essayé de le *mettre dedans*: c'est un terme qu'emploient dans leur *argot* les ambassadeurs et les espions.

M. Demoustier ne s'en tint pas là; il commanda à un avocat un extrait des lois qui existent en Angleterre sur les libelles et la calomnie, et un mémoire sur la maniere de les appliquer. Nous verrons, marquoit-il le 17 mars au grand-visir, s'il n'y auroit pas un moyen de découvrir d'abord, et de punir ensuite l'auteur de la brochure contre la princesse de Bouillon, et peut-être celui des *annales*, en le faisant poursuivre par le sieur Lequesne ou par le mari Bulté dont il a la femme. Si l'on pouvoit amener un libelliste au carcan, on lui rendroit cette attitude si fâcheuse qu'il serviroit pour long-tems d'exemple, et qu'on seroit peu tenté du même sort. Le malheur est qu'on n'y ait pas encore réussi. Il se pourroit que ce fût faute de l'avoir tenté.

Que résulta-t-il de ces vastes projets, de ces recherches profondes, de ces mystérieuses confidences ? Un long mémoire des déboursés du sieur Receveur qui donnera une idée du train et de la dépense des plénipotentiaires de la police.

Départ. le 8 mars.

Pour 35 postes de Paris à Calais, la royale comprise, à 3 chevaux, guide à 20 sols, et sortie de Paris, 170 l. 5 s

Pour nourriture en route, ouverture des

portes d'Amiens, Montreuil et Boulogne, un postillon de plus pour les faire ouvrir et pour boire aux garçons d'auberge, 41 l. 16 s.

Pour avoir couché le 10 à Calais, dîné le 11, tant pour le chevalier Goudard que pour moi et mon domestiqne, 24 l. 10 s.

Y avoir changé cinquante louis contre 50 guinées, perte à 12 s. 30 l.

Pour passeports, transports de malles, garçons d'auberge, mon passage à Douvres et celui de mon domestique, pour-boire des matelots et commis de la douane à Douvres, 33 l. 10 s.

Pour avoir soupé et couché à Douvres, voiture pour aller à Londres, pour-boire des postillons, nourriture et faux frais en route, 131 l.

Pour avoir été obligé à Londres de me faire habiller à l'anglaise, 224 l.

Pour achat de six exemplaires des petits soupers, de caricatures pour M. le Noir, d'autres pour M. le comte d'Adhemar et d'un état des cours de l'Europe, 6 l. 6 s. 6 d.

Fiacres pour mes courses, et voitures pour aller aux environs de Londres chercher l'abbé Landisse, 253 l. 15 s.

Dépense à la taverne, où, pour le bien

de la mission, j'ai donné à manger aux sieurs Morande, Chevalier, Joubert, Mongrand, abbé Landisse, Pelporre et autres, 162.

Pour huit visites d'un chirurgien, lors d'un gros rhume, opéra, comédie où j'ai été six fois, commissionnaires-observateurs, ports de lettres, papier, encre, et autres petites dépenses de curiosité, 350 l. 17 s.

Pour ma dépense de bouche, vin compris, et celle de mon domestique, à 12 liv. 12 sols par jour, prix convenu, mangeant ou non, pour 76 jours . . 920 l. 12 s.

Payé pour logement et dégats dans le logement 376 19
Pour blanchissage . . . 101 19
Payé à un écrivain . . . 109 12
Pour boire aux garçons et filles, tant dans l'endroit où je logeois que dans les tavernes où je mangeois . . 36

Sommes avancées.

Au sieur Morande, 40 guinées 987 l.
Au chevalier Goudard . 1111 10
Au baron de Thurn . 1233 15
A Pelporre 76 7 6
Au chevalier Joubert . . 156 5 6
Plus au même, compris une chemise,

un col et un mouchoir que je lui ai achetés 148 10 6

A l'abbé Landisse, pour lui avoir acheté un habit complet, l'avoir payé de ses traductions et lui avoir donné de quoi vivre, dont je n'ai pas tiré de reçu, avant de l'avoir chassé pour ses trahisons . . . . , . . 390 19 9

Parti de Londres le 28 mai.

Voiture pour le chevalier Goudard, moi et mon domestique, pour boire des postillons, nourriture tant en route qu'à Douvres, port des bagages au paquebot, pour boire des garçons et filles, passage de la mer, pour boire aux matelots, visite et portage des bagages . 211 l. 15 s.

Pour dépenses à Calais, nourriture de Calais à Paris, commis des quatre barrières jusqu'à Amiens, graissage de chaise 87 18

Pour 35 postes de Calais à Paris, à 3 chevaux, 2 guides, à 20 sols chaque poste, 3 livres 5 sols . . 35 livres 292 10 6

Pour louage de chaises depuis le 8 mars jusqu'au 2 juin, 87 jours à 4 livres . . , ... 348

Pour avoir envoyé à monseigneur de Vergennes la dépêche dont m'avoit chargé monsieur l'ambassadeur, y avoir été le 3 pour lui rendre compte, y avoir diné, fiacres etc. 64 17

Déboursés faits à Paris avant le départ, lesquels ont recommencés le 7 décembre 1783, à l'occasion des lettres adressées de Londres à mesdames de Bouillon, avec le prospectus des *petits soupers* et pour diverses autres informations relatives aux libelles et à la commission d'Angleterre, jusqu'au 7 mars suivant inclus, veille du départ 8042 7

Fiacres pour avoir été différentes fois chez monsieur le Noir et ailleurs 39 16

Donné en différentes fois chez le sieur Lacoste de Mézières . . 96

Donné au sieur Rogier pour écritures et mémoires mis au net . 78

Rendu au sieur Barbier pour avances de ports de lettres dans l'affaire du sieur Danouïlh 4 4

Voitures pour aller à Versailles y prendre les intentions du ministre 18 15

J'ai touché à Londres par les mains du sieur Texier, banquier, la lettre de crédit de monsieur Wandeniven, de la somme de 400 louis de France formant celle de 9600 ; mais par les changes et la réduction en livres sterlings, je n'ai reçu réellement que 9330

Ma dépense tant à Londres qu'à Paris est de 4275 15

L'argent que j'ai avancé se monte à 4104 7

Total . . . 8380 3

Je redois donc . . 949 18

Nota. Le 22 avril ma boete m'a été volée, elle valoit intrinséquement dans son poids, 32 louis et demi . . 780

(Le magistrat est supplié d'y avoir égard.)

J'en demande bien pardon à Dieu et au prochain : mais malgré moi, comme ces justes à qui la grace manque, je soupçonne *le baron de Livermont* de n'avoir égaré sa trop chere tabatière que pour n'avoir rien à rendre. Au surplus son *compte rendu* rappelle l'exactitude et l'économie de Calone qui peut-être à sa place se seroit fait donner un acquit-patent pour payer ses maîtresses : car enfin n'est pas chaste un traitement fixé par une décision du roi à cent pistoles par mois ; dont les lettres adressées tantôt à monsieur J. B. Carré, tantôt à monsieur Guillaume Larcher, tous deux demeurant rue de Richelieu, numéro 64, vis-à-vis la rue Mesnard, instruisoient le lieutenant-général de police qu'il se fabriquoit un libelle où des estampes représentoient un roi qui se soumettoit devant des docteurs à la cérémonie du congrès, et une reine couchée sur un sopha etc. etc. ; qui, quoique monsieur de Maurepas eût chargé déja le 26 octobre, monsieur de Beaumarchais d'employer toutes les ressources de son esprit et de sa banque contre ces mauvais génies, n'en eut pas moins la gloire de soutirer au libraire Boissiere, le plus fin de tous, cette quittance d'une somme qu'ils se partagerent sans doute :

« Je soussigné tant en mon nom que comme me portant fort pour le propriétaire d'un ouvrage en vers français, intitulé : les amours de *Charlot* et *Toinette* avec figures, ensemble des planches desdites estampes, reconnois que monsieur de Thurn m'a payé pour toute l'édition de cet ouvrage, les estampes et les planches, la somme de dix sept mille quatre cens livres, argent de qui veut : et puis, quand l'argent se jette par les fenêtres, c'est une bêtise de ne pas tendre son chapeau. Receveur avoit 40,000 livres de rente, un brevet de colonel et la croix de St. Louis.

Étoit-ce une sentinelle du peuple, ce chevalier-*chinois* de la petite rue St. Rock, à main gauche, qui a fait l'apologie de la bastille, de ce Ténare des vivans d'où un Hercule n'auroit jamais pu tirer un Thésée, ni un Orphée son Euridice, et où avec la piété d'Énée, il falloit offrir à la marquise *Proserpine*, plus d'un rameau d'or pour embrasser Anchise ; ce *Goudard* qui le 4 octobre 1783, demandoit au comte de Vergennes, une gratification pour son éloge qu'il lui avoit défendu de vendre.

Étoit-ce une sentinelle du peuple Jean-Claude Jacquet dont l'ayeul avoit mérité en Espagne le titre de chevalier de St. Jacques, dont l'oncle étoit brigadier des armées du roi, le frère chevalier de St. Louis, le cousin doyen du parlement de Besançon, le père assesseur criminel, qui lui-même procureur du roi et lieutenant particulier honoraire du baillage et présidial de Lons-le-Saulnier, en Franche-Comté, a obtenu par ses intrigues, par ses

ses vices et peut-être des crimes, la même année, un brevet d'inspecteur de la librairie étrangère et un sauf-conduit, c'est-à-dire, le privilège de gagner beaucoup d'argent avec celui de ne point payer ses dettes ?

Quand on voit monsieur Joly de Fleury lui écrire : ,, Je suis entièrement à vous : on vous payera tous les six mois, si cela vous est plus commode : ,, Et le premier président : Je serai fort aise de renouveller à monsieur, de vive voix, tous mes sentimens de reconnoissance ; 11 et 22 octobre. ,, Croiroit-on que c'est l'homme dont le comte de Vergennes disoit lui-même : Je crains bien qu'il n'aime mieux les *guinées de l'Angleterre que les louis de France*; que c'est lui qui, comme il résulte par ses interrogatoires et ceux de ses complices, a fait imprimer et a vendu au gouvernement des libelles qu'il disoit avoir découverts et saisis ; tels que les *essais historiques* ; *les réflexions sur les pirateries de Gombault* ; *les joueurs et le porte-feuille d'un talon rouge* ; *le ministère de Maurepas* ; *les conversations de madame Necker*. ? Il est vrai que Théophile Duvernet, dans l'espérance, que sous ses auspices, pourroit paroître l'histoire de la Sorbonne, jetta dans ses pamphlets quelques notes auxiliares qui ne lui valurent qu'une édition de Voltaire et deux billets de onze louis; mais ce prêtre philosophe que je reverrai dans un autre moment pour l'accuser ou le venger, assura le 24 avril 1782, n'avoir jamais remué les ordures de Jacquet. Il n'en fut pas moins exilé en Auvergne, par la raison sans doute, que quand on a passé dans un pays où est la peste, il faut faire la quarantaine. Louis Michel de Marcenay fut par la même raison relégué à la terre de Blaise, près Bar-sur-Aube.

Cependant monsieur Jacquet qui avoit le scorbut et la vérole, enfin le corps gâté comme le cœur, obtint les remèdes et l'air de Charenton où il ne recouvra pas son innocence avec sa santé : ses lettres interceptées n'annonçoient pas même sa conversion. Il revint à la bastille où il demanda comme une grace de *finir ses jours aux loges de bicêtre, au pain et à l'eau*. Tout son désespoir ne l'empêchoit pas, quoiqu'il eût toujours un garde, de jetter le 21 juillet 1784, dans le fossé, une lettre qui avoit deux de ses chemises pour enveloppe. Ce ne fut pas la seule que surprirent ses *argus*. Il résulte de sa correspondance avec un prisonnier qui l'a trahi, qu'envoyé à la Haie en 1780, pour observer monsieur le chevalier d'Yorck, il s'est insinué dans les bonnes graces de cet ambassadeur d'Angleterre qui lui a ouvert jusqu'à sa bourse : qu'il a en sa possession des papiers dont l'ambassadeur lui offrit 7000 sterlings, les croyant nécessaires à la paix qui se marchandoit : et des billets écrits par la reine à monsieur le duc de Choiseul qu'elle remettoit à son frère, l'archevêque de Cambrai, qui gardoit les originaux et n'adressoit au ministre que des copies sous un chiffre convenu : que rappellé précipitamment de la Haie par monsieur de Maurepas, il a laissé sa cassette ouverte entre les mains du chevalier d'Yorck qui, averti de sa détention, ne manquera pas de garder le secret sur un dépôt qu'il est de son intérêt de nier ; que s'il a laissé ces papiers d'un prélat mort entre ses bras, à monsieur d'Yorck, il en a emportés que monsieur d'Yorck l'a chargé de faire passer à la Guadeloupe, comme d'une garde difficile et dangereuse en France ; qu'il a confié ces objets à monsieur Jouve, avocat, lequel vit avec madame Mallard nourrice du roi, rue St. Louis à Versailles; qu'il a pour sûreté de ce dépôt, le billet à ordre de monsieur Jouve, de 12000 liv.; que ce monsieur Jouve a un frère qui est l'amant de la soeur de madame Mallard, femme de l'imprimeur de la Guadeloupe, par le canal de laquelle les papiers importans doivent y passer. Jacquet observe qu'en rendant au chevalier d'Yorck, ses papiers, cet ambassadeur ne pourra se dispenser de lui remettre les siens : enfin dans le cas où on l'enverroit en Angleterre sur sa parole pour chercher ces papiers dont il suppose le gouvernement tristement occupé, Jacquet annonce l'intention de rester à Londres, et de s'y venger de ses ennemis par des libelles : il compte, dit-il, sur sa plume et sur son coeur, pour manger du rosbiff et boire du vin de Madère. il forme le même projet dans l'hypothèse de sa liberté avec exil dans sa province.

Tous ces contes prouvent bien l'habitude incurable des intrigues et des romans; à la vérité, le billet de 12000 liv. s'est trouvé dans les papiers de monsieur Jacquet; mais il contient une délégation de pareille somme à prendre sur la pension de 2000 que paye à monsieur Jouve, le bureau royal de correspondance. C'est donc une obligation absolue et non conditionnelle.

Ce confident, cet ami des Maurepas, des Maupeou, des Vergennes, des Amelot, des Montbarrey, ce bon ami de le Noir qui lui fournissoit des femmes comme des livres, ne sortit de sa fosse qu'en 1789, et ce fut le major qui lui donna, par compassion, des bas, un cordon pour attacher ses cheveux et des boutons de manches ! On lui promit cent francs quand il seroit à Dôle, et il ne lui restoit que dix huit liv. lorsqu'il retrouva une femme qui n'avoit que des enfans. Il écrivoit le 22 juillet, à monsieur Decrosne pour lui demander encore le pain des espions, lorsque le tocsin de la liberté lui apprit jusques dans son village, que les murs de la bastille étoient tombés devant les *électeurs* comme ceux de Jéricho devant Josué ; et il accourt pour demander fièrement à le Noir, à le Houx et à Receveur ce qu'ils ont fait de tout son argent, et de tous ses effets. Mais c'est un procès dont la justice ne salira pas ses balances. Il lui faudroit, avec la massue d'Hercule, toutes les eaux d'Alphée pour nétoyer ces bureaux infectes de la police, où les maîtres comme les valets, sont déjà voués à l'éternité du mépris.

Etoit-ce une sentinelle du peuple, Pierre-Etienne-Auguste Goupil, né à Argentan, en Normandie, qui en 1753, dans les cabanons de Bicêtre, puis soldat dans les colonies, puis gendarme, puis exempt de la maréchaussée à Fontainebleau, épousa une jolie femme, et fut connu pour devenir inspecteur de police ; qui pour se pousser jusqu'à la princesse de Lamballe, se vante d'avoir arrêté une brochure infâme contre la reine, ignorant sans doute que toute l'édition avoit été envoyée de Londres à la bastille sous le cachet de Lord Nort ; et qui pour avoir fait avertir par Mde. de Salus, la reine, que d'Hemery, par ordre de M. de Maurepas, espionnoit sa majesté jusque dans sa loge, fut sur le point d'avoir la place du baron d'Oigny, comme sa femme celle de *lectrice* de la reine, lorsque M. le Noir, pour punir Mde. de Goupil de n'avoir plus rien de caché pour M. Amelot, chargea son mari de conduire à Pierre-en-cise un prisonnier, le premier venu, pour avoir le temps, pendant son absence, de trouver quelque prétexte de l'enfermer à Vincennes. Goupil étoit un de ces coquins qui tous les jours sont bons à pendre, ne fut-ce que pour essayer des cordes ; et cependant le plus grand reproche qui lui est fait dans son interrogatoire, est d'avoir servi avec le Prince Louis et Dodet, dans une cabale contre M. le Noir, et sur-tout d'avoir rapporté que le gendre de ce lieutenant-de-police, M. de Nanteuil, avoit dit aux poissardes, à l'ouverture de la foire Saint-Germain, de crier : vive monseigneur le Noir.

Goupil mourut au donjon le 28 avril 1780, sur sa chaise, en bonnet de nuit, ses lunettes à la main, et le bras gauche sur le bas ventre, sans avoir reçu même un mot de protection de ce monseigneur de Sartines à qui il avoit écrit le 11 octobre 1778, de sa prison : ,, Rappellez-vous ce que nous avons fait, mon épouse et moi, pour vous plaire ; combien nous avons prié, sollicité, par des soins, des assiduités etc. etc. monsieur et madame la marquise d'Avaray, pour qu'ils intéressent dans leurs soupers, monsieur le comte de la Marche et monsieur le duc d'Aiguillon, à dissuader monsieur de Maupeou de ses injustes préventions contre vous ; comme ce marquis et cette marquise consentirent à nommer mon premier enfant. Je devois vous supplier de nous faire cet honneur avec madame d'Avaray : mais elle préféra, par intérêt pour vous, monseigneur, que ce fut monsieur le marquis avec madame d'Aiguillon, parce qu'elle deviendroit suspecte, quand elle parleroit pour vous, lorsqu'on connoîtroit cette espèce d'alliance; au lieu que par madame d'Aiguillon et avec leurs soins vigilans, il seroit facile d'écarter l'orage qui vous menaçoit. Ce fut monsieur le baron d'Enneval qui, colonel d'infanterie, me présenta quatre fois de suite chez ce ministre. Vous n'avez pu oublier ce que j'ai fait pour vous dans les affaires du parlement de Bretagne. J'eus chez moi, pendant six mois, monsieur et madame Denneval et deux domestiques, *pro Deo*, afin de savoir ce qu'ils écrivoient et ce qui leur seroit adressé. »

Malgré tous ses services, sa veuve ne sortit de la bastille où quelquefois la consoloit bêtement monsieur Amelot, que pour passer au couvent de la Magdelaine, à la Flêche, d'où elle revint à Paris pour y chercher le prince Louis, et avec plus de dettes que de remords, elle n'y trouva que la faim et un second mari qui la cacha dans un village ?

Etoit-ce une sentinelle du peuple, ce Charles Thevaneau, condamné à l'immortalité sous le nom du chevalier Morande ? C'est le fils d'un procureur d'Arnay-le-Duc, en Bourgogne, qui, des collèges passa dans les prisons : car il étoit voleur avant même qu'il eût l'âge d'être libertin, et la première chose qu'il prit dans une maison de débauche, ce fut une boîte d'or. Conduit au fort-l'Evêque, le 25 juin 1763, sa famille, pour l'arracher au bourreau, le fit enfermer à Armentieres. Après quinze mois de pénitence, il s'élança dans Paris, où la Beauchamp, où la Demarres qui le trouvoient jeune, partagèrent avec lui, et leurs biens, et leurs *maux*. Il avoit connu chez elles les grands seigneurs. Il prit leur plumet, leurs talons rouges, leurs voitures, et pour avoir tous les airs d'un homme de qualité, il fit des dettes. Le prince de Lambale et M. de Flesselles eurent bientôt à se plaindre de lui : il avoit escamoté à l'un la belle *Lacour*, et à l'autre la *Cressy* ; et comme il ne s'en tint point à ces bijoux-là, on lui conseilla de se sauver en Angleterre pour n'être point pendu. Le vice l'avoit enlaidi : il ne pouvoit plus vivre que de libelles. Le *gazetier cuirassé* fit trembler tout Versailles qui mit à prix la tête de *Morande*. Un officier invalide, M. de Champreux, ne demandoit, pour le prendre à Londres, et l'amener à Paris, qu'un bâtiment sur la tamise, à ses ordres, 4 hommes toujours prêts à les exécuter; enfin, 1600 l. et six mois pour tendre son filet. Sa récompense devoit être de 4 mille louis, reversibles par moitié sur la tête de sa femme, et le brevet de capitaine des troupes légères. Son projet fut mûrement examiné au conseil. On l'examinoit encore, lorsque le nouvel *Aretin* se disposoit à montrer à toute l'Europe, Louis XV faisant le caffé de *Chonchon*, qui lui disoit en riant à gorge déployée : Croiroit-on que tu es le maître de vingt millions de sujets, et que je suis ta sujette : cette même *Chonchon* se faisant mettre ses pantoufles, en sortant de son lit, par l'archevêque de Reims qui les baisoit comme celle du pape, la même qui soupant à Trianon avec sa majesté, ôte la perruque au chancelier, et pendant qu'on la met en papillotes, couvre de son mouchoir ce *chef* de la justice. C'est alors que le ministere ne pensa plus à employer un *invalide* : tout l'esprit de M. de Beaumarchais n'étoit pas de trop pour pouvoir obtenir de l'historien des Dubarry, de déposer du moins tous ses secrets dans un trou où ne pousseroient jamais des roseaux indiscrets, en lui faisant accepter 32000 liv. tournois, et une pension de 4800 l. C'est pourtant ce *fléau des princes*, l'homme qui portera toute sa vie à son col la chaîne d'or que lui a donnée le *Bien-Aimé*, en capitulant avec lui, que la police de Paris a toujours employé dans les affaires les plus intéressantes, même pour la guerre d'Amérique! Nos ambassadeurs ne rougissoient pas de s'ouvrir à lui dans son scandaleux jardin de Standmore. M. de Lauraguais seul a daigné lui donner des coups de bâton dont il a la quittance. Que ne répétoit-il la scène qui se passa entre le Tintoret et l'Aretin? Celui-ci se faisoit peindre. L'artiste, pour pinceau, tire un pistolet. --- Ah! Jacques, que voulez-vous faire ? --- Prendre votre mesure, et après l'avoir mesuré gravement : --- Vous avez quatre de mes pistolets et demi de haut. Morande fut mort de peur.

Je ne parle pas de ce d'Anouilh, de Salis en Languedoc, à qui M. de Castres avoit donné 5000 louis pour corrompre un membre du parlement d'Angleterre, et qui au lieu d'acheter M. Shéridan, s'amuse, déguisé en marchand de parapluies, à manger en filles et en paris douze mille francs à la Marine, en un mois : encore moins du docteur de Launay, qui, censeur royal, écrivoit en 1781, de Maestricht : « monseigneur, vous connoissez mes talens ; si vous ne me rappellez, je meurs de faim » : et qui soupçonné, parce qu'il étoit pauvre, d'avoir révélé les *amours du visir Vergennes*, fut arrêté dans son lit, où la fièvre le minoit, pour être jetté dans une citadelle de l'électeur palatin ; et y recouvrer le peu de santé qu'il lui falloit pour aller mourir à la bastille : ni de la maîtresse d'un secrétaire d'ambassade, la Longueville, qui promet au visir Vergennes de lui remettre un paquet de lettres-de-change que le parti anglais l'avoit chargée de faire passer à Londres, reçoit pour encouragement dix-huit louis ; et quand elle revient demander à son patron sept cents liv. pour payer une lettre-de-change, ne reçoit qu'une lettre-de-cachet.

S'il est un espion qui mérite de la pitié, c'est sans doute l'abbé de Séchamp : car celui-là n'est pas sans un peu d'ame, qui écrivoit à M. le comte d'Adhémar : » Si un morceau de parchemin, d'émail ou de ruban, dispense d'être honnête, je n'en voudroits pas ". Il paroît avoir fait de bonne foi le plus vil des métiers. Des espions lui paroissoient aussi nécessaires que des ambassadeurs : car il écrivoit le 5 août 1783 : " les ministres ne réfléchissent pas toujours que le corps politique a, comme le corps humain, ses vaisseaux capillaires, aussi utiles que la veine céphalique.

Le gouvernement, en faisant la guerre aux livres, étoit parvenu à persuader à des français que c'étoit manquer, je ne dirai pas à la nation, il n'y en avoit pas encore, mais au roi, que de ne pas dénoncer à la police tout ce qui se disoit, tout ce qui s'écrivoit sans privilège ou approbation. Tantôt c'est un Boyer qui donne avis que la la gazette d'Utrecht, incorrigible, puisque elle avoit déjà été suspendue, répond une *prétendue* lettre de Pekin, dont pourroit se plaindre l'admnistrateur des finances. Tantôt c'est M. de la Brousse, avocat, qui, indigné de *la vie de Louis XV, comme d'un attentat commis contre le Bien-Aimé, et les personnes respectables* qui environnent son trône, demande qu'un *censeur* soit mis en faction à Avignon, sous les yeux même de la chambre apostolique, qui, si elle ne le paye pas, le souffrira ; ou le professeur

Lefebre, médecin-docteur qui offre de faire des patrouilles à Amsterdam; ou un *de la Croix*, qui ne demande que douze cents francs d'abord pour faire une battue dans la Suisse, sûr d'y trouver les *lettres-de-cachet*, par Mirabeau; les *portraits des rois de France*, par Mercier; et l'espion *dévalisé* : --- « En payant quelques cent livres que je dois aux libraires pour le *tableau*, je tirerai d'eux plusieurs espèces de livres dont la confiscation entraîneroit celle de beaucoup d'autres.

28 avril 1787 ».

Ici c'est M. de Montesquiou qui voue au carcan l'écrivain public qui a osé consigner que la reine avoit dit au marquis, en recevant ses *mémoires* : Savez-vous que vous risquez de perdre votre procès, et qui plus est, vos ayeux ? Et que le roi avoit observé à *monsieur* : Si votre premier écuyer est vraiment issu de *Clovis*, je dois le faire ce que vous êtes, et vous ce qu'il est : car il se montre plus grand seigneur que nous. C'est, dit-il dans un billet du 9 Juillet 1783, ,, prêter à leurs majestés des propos indignes d'elles, et blesser par-là le respect qui leur est dû. « Là, c'est le comte de Dethuisy qui se plaint d'une chanson des rues qu'a achetée son laquais, dont le refrein est :

> Les pauvres sont toujours des sots :
> Les petits sont mangés des gros :

Et il demande à savoir de ceux qui la chantent, qui l'a faite.

30 avril 1789.

Jusqu'au prince de Soubise qui donnoit quelquefois de bons avis à monsieur de Crosne qui lui avoit recommandé de ne lui rien laisser ignorer sur les banqueroutiers Guemené : jusqu'à madame la comtesse de Boufflers qui le prévenoit que Didot annonçoit dans un prospectus la *satyre de Petrone, ce tissu d'infamies que les critiques même ne jugent pas être du confident de Néron*. Ces remarques vétilleuses obtenoient des réponses qu'attendent encore les placets de l'indigence.

Les délations étoient quelquefois un moyen de demander l'aumône, qu'employoient les pauvres de qualité. Quand monsieur *Derville de comitis*, ancien garde du corps du roi, de la brigade de monsieur le marquis de Loménie de Brienne, demeurant à l'hôtel St. Louis, rue des Lavandières, place Maubert, se flatta le 7 août 1788, de connoître 83 manuscrits et s'engageoit à livrer l'imprimeur, monseigneur le lieutenant de police lui fit donner, sur son reçu, deux cens quarante livres : c'étoit le prix de son engagement ; les recrues ne se payoient pas toujours si cher. Le libraire *Villebon*, à Bruxelles, pouvoit rendre de bien plus grands services qu'un garde du corps, et cependant le général écrivoit à son capitaine Receveur : ,, Je ne crois pas devoir encore fixer son traitement. Il n'a qu'à m'adresser les manuscrits et les ouvrages qui peuvent fixer l'attention du gouvernement, et être tranquille sur le secret qu'il doit de son côté me garder. Je lui ferai savoir mes desirs sur chaque objet par des réponses non signées. Quand je connoîtrai son écriture, il pourra se dispenser de signer ses lettres, pourvu qu'elles soient écrites de sa main. S'il me donne avec vérité, franchise et célérité des renseignemens utiles, je saurai les faire valoir convenablement. Donnez-lui-en l'assurance.

LENOIR.

Et

Et ce Villebon avoit pour garant, son frère, l'Imbert aux *lunettes*, le plus dangereux peut-être de tous les espions, parce qu'échappé des bénédictins, il portoit dans le monde l'hypocrisie des cloîtres. On le prenoit presque pour un ami des lettres, lorsque dans la boutique des patriotes *Desenne*, qui fut la serre-chaude de la liberté, comme les Oudart, les Feydel, les St. Vincent, les Kersaint, les Philippe-Menou, les Marcel-Regnier, les Pierre-Gaudin, les Boissy-d'Anglas, les Millin de Grand-maison, les Boldony, les Isabeau, les Hérault, les Jean-Bart, il bénissoit la *révolution*. Comme sa main polluoit la *cocarde* ! car c'est elle qui écrivoit : " il viendra un tems où l'on gémira d'avoir laissé une trop grande extension à la liberté de vendre des pamphlets, et les circonstances semblent annoncer un orage qu'on aura bien de la peine à dissiper. Il est un moyen si simple de ramener les choses sur l'ancien pied ! " Ne mériteroit-il pas d'avoir les oreilles et les jambes d'un *Basset*, l'inventeur de ce billet à monsieur Cauchy, à ce secrétaire qui a conservé ses mœurs douces jusques dans les bureaux de l'inquisition ? " Vous savez que j'ai été vu dans votre bureau par le commis de monsieur Hardouin. Je crois pour détourner toute idée, qu'il est bon que vous lui disiez, la première fois qu'il vous verra, de s'informer secrètement si je fais imprimer un ouvrage que vous nommeriez, *mes pensées sur l'administration*, pour lequel ouvrage j'ai demandé et fait solliciter *un laissez-passer* que vous avez jugé à propos de refuser. Il seroit aussi à propos que vous écrivissiez une lettre à monsieur de la Porte qui ne manqueroit pas de la montrer à monsieur Hardouin, par laquelle vous lui donneriez avis qu'on cherche à faire imprimer des *pensées sur l'administration*, et que dans le cas que le sieur Imbert lui présenteroit le manuscrit, il eût à l'arrêter ».

Cette tournure adroite n'en échancre pas moins la réputation de trois ou quatre personnes. Le moine-Mouche aimoit à croire qu'on lui ressembloit ; il avoit encore bien plus d'esprit quand il avoit une *édition* à vendre. Vouloit-il exploiter les *mémoires de Barjac*, et ceux de la *duchesse de Marsheim* ? Vite, on gardoit les barrières, la douanne étoit fermée et monsieur *Cauchy* étoit encore supplié de jeter l'épouvante parmi les colporteurs, de leur dire qu'ils *seront suivis de près et qu'au moment qu'ils y songeront le moins, malgré leur finesse et leur prudence, ils subiront un sort qui les dégoutera de distribuer de pareils ouvrages.*

Le malheureux ! Il ne devinoit pas qu'un jour tomberoit entre mes mains cette note d'un traitre. ,, Il seroit important de savoir quel est le fiacre qui a conduit deux personnes, d'abord à la maison blanche, puis à la poste de Ville-juif où le cocher a chargé deux balles venant par le carosse de Montargis, et qu'il a déchargées sur le nouveau boulevard. ,,

C'étoit *mon coup d'œil philosophique sur le règne de St. Louis.* Je lui avois proposé de le passer, car il a des intelligences à toutes les portes ; lui-même me conseilla de le déposer *extra muros,* jusqu'à ce qu'un *ange* vint l'enlever. Cet ange étoit ce frère de Villebon, Guillaume Imbert, de Boudeaux ; tous deux ont coûté à la France plus de 80,000 mille francs, lorsque monsieur de Vergennes les soupçonna d'avoir fait *la vie de la reine.*

Le mot *libelle* faisoit sur ce ministre l'effet de l'eau sur les hydrophobes. Dans sa colère il vomissoit de l'argent que ramassoit la police qui plaçoit des guérites sur la route de Paris à Bruxelles.

Mais étoit-ce un *libelle*, ce mémoire du comte Joseph Myakinski qui, après avoir dépensé un revenu de 1,200,000 florins, à soutenir la confédération de Pologne, réclamoit les 12,000 ducats par mois, que lui avoit promis la cour de France et que le ministre des affaires étrangères refusoit au prisonnier des Russes ? Au lieu de l'entendre, au lieu de lui répondre, monsieur de Vergennes chargeoit un monsieur Boissimene de Campaigne d'épier les cris d'un étranger qui, de l'enclos du temple, vouloit instruire l'Europe que la France lui devoit la fortune de ses pères. Il en coûta, pour l'empêcher d'écrire, plus qu'il ne demandoit pour vivre. Le même jour son *mémoire* n'en a pas moins paru, adressé au roi qui ne l'a pas lu ; mais la police a lu et payé *celui-ci* de son *observateur*.

Observation établie au Temple.

Loyer de l'appartement à 72 liv. par mois, juillet et août, et à 120, en septembre, octobre et novembre, à cause du logement donné à la maîtresse du marquis de B...L. . . . 504 l.

Mon traitement, pendant ces 153 jours, à 12 livres par jour . . 1836

Pour différentes dépenses, voitures et gratifications 975

43 journées à deux commis qui suivoient les démarches du marquis et du colporteur Thibaudot 258

Dépenses relatives à la suppression du second mémoire.

Remis au marquis de B...L., pour payer l'imprimeur . . . 1500

Frais de poste pour aller chercher l'édition . . . . . . 421 l. 19 s.

Secours accordés au chevalier de B...E.

200 chaque mois, pendant ceux d'août, septembre, octobre, novembre et décembre 800

Pour deux mois d'observations, du premier décembre au 31 janvier, 62 jours à 12 livres par jour . . . 744

Pour loyer de l'appartement . 240

Total . . . 7278 l. 19 s.

Le tartuffe des affaires étrangères n'eût pas laissé des millions à ses enfans, s'il eût rendu, avant de mourir, au trésor public tout l'argent que coûte sa réputation.

Il falloit sans doute qu'un ruisseau coulât sourdement dans le jardin anglais de la police, pour qu'elle pût satisfaire à toutes les fantaisies du despotisme. Il disoit : Je veux que le fils du roi de Golconde, qui se désole à la porte St. Antoine, aille pleurer à St. Petesbourg ; que le comte de Solages passe de Pierre-Encise à Vincennes ; que, que etc. et l'inspecteur Longpré faisoit des trois ou quatre mille lieues, toujours en *volant*.

Quoique le ministère regardât des inspecteurs comme des chevaux de poste, n'entroit point encore qui vouloit dans cette compagnie qui avoit ses syndics. Madame la comtesse de Vergennes sollicita elle-même une de leurs charges pour Hyppolite Saint-Paul qui, dès l'âge de 5 ans, avoit été des académies de Montpellier et de Lyon ; qui, gradué en droit dans l'université de Paris, après avoir servi comme volontaire dans le régiment d'Orléans dragons, suivit la carrière des négociations dans les cours d'Allemagne, en Russie et en Danemarck, et avoit été nommé secrétaire de légation par le chevalier de Viviers, ministre plénipotentiaire du roi, près les princes et états du cercle de la Basse-Saxe. Lorsque M. Bossenet dont l'œil pénétrant a si souvent inquiété les faussaires Martin et Champclos, se présenta à ce corps de conseillers du roi, il eut à essuyer toutes les objections d'officiers délicats qui prennent des préjugés pour des raisons; que la mère de sa femme étoit bouquetière au palais-royal; que sa femme y étoit marchande de bijouterie et bonneterie; que son père étoit simple garde à l'hôtel de Penthièvre; et qu'enfin il étoit lui-même brigadier des gardes du palais-royal et de la bourse. Il répondit que ce n'étoit ni pour son père, ni pour sa mère, ni pour sa femme, qu'il demandoit une place, mais que c'étoit pour lui qui promettoit de la remplir, non pas comme des Desbrugnyeres et des Dutronchet, que les *racrocheuses* appelloient leur *papa*, mais comme les Sommelier et les Noel. Il ne pouvoit pas prendre de meilleurs modèles, puisque la *commune*, à ces assises où le peuple-roi fit paroître devant lui tous les pestiférés de l'ancien régime, étonnée de leur bonne réputation, donna à l'un la croix de

St. Louis, et à l'autre le contrôle du mont-de-piété.

Voilà deux hommes qui, condamnés à marcher dans la fange, craignoient du moins de s'y salir ! Je ne sais pas trop si ce n'est pas dans une de leurs *chemises* (terme de bureau) où gissoient leurs rapports, que j'ai trouvé cette note courageuse sur M. Hue. Oser démasquer un vice-chancelier qui avoit encore les clefs de la bastille dans sa poche ! Si tous ces faits sont vrais, il méritoit bien de l'être. Mais ce n'étoit point assez de les recueillir : il faut les publier, pour qu'il les réfute ou les expie.

1°. *Affaire de Grenoble.* --- L'expulsion du prévôt-général Moydieu, quoique justifiée par un arrêt du conseil : et l'adjonction d'un procureur-général en titre, malgré la loi de l'inamovibilité. La petite cause de cette grande persécution étoit une comédie de société dont la femme du premier président Berule accusoit M. Moydieu. Elle avoit mis sa perte pour une des conditions au mariage de son fils avec la fille de M. Hue.

La nomination du jeune Berule à la premiere présidence de Grenoble. Pour justifier cette précoce élévation, les *mortiers* de Montpellier, de Nanci, de Bésançon, de Rouen, furent donnés à des enfans en gillet et en badine.

2°. Dans les débats de Besançon, on a vu le garde-des-sceaux fabriquer une réponse du roi en son abscence, sceller à fausse date, multiplier les faux, enfin lasser le parlement, et faire croire ses griefs oubliés et réparés, parce qu'il étoit dégoûté de les poursuivre.

3°. L'affaire de la chambre des comptes de Nantes. --- Le 2 mai 1780, lettre du garde-des-sceaux au procureur-général, pour lui demander les arrêts de sa cour et leurs motifs. --- Le 6, envoi de ces arrêts et motifs. Le 9, lettre du garde-des-sceaux, datée du 4, qui dit que, sur le rapport qu'il a fait au roi, sa majesté a cassé les arrêts par son arrêt du conseil du 4; et la chambre des comptes a été exilée !

4°. Un ordre verbal de M. Hue a retenu à Paris pendant 7 ans le procureur-général de Colmar, pour avoir requis que le conseil de Colmar ayant été cassé par M. Maupeou fût rétabli, comme les autres tribunaux, par M. Hue. Il falloit bien donner le tems au prince Louis d'obtenir et de faire registrer à Colmar des lettres-patentes qui l'autorisoient à lever un impôt en Alsace, pour le rétablissement de son château, et un autre encore sur ses justiciables pour payer ses juges : et même celles qui l'autorisoient à enclore dans son parc les communaux de plusieurs paroisses, et jusqu'au chemin public que réclamèrent en vain les *couriers*.

5°. C'étoit lui qui, dans l'affaire-Ste-Foy, arrangeoit en secret la marche et la nature des bulletins que faisoit M. Damecour, et qui se trouvoient comme par hrsard dans les mains du roi. M. Laverdy étoit un des agens de cette intrigue, et un nommé *Caquet* étoit sa cornemuse.

C'est ainsi que dans celle des Quinze-Vingt, s'étant tout-à-coup, comme dans celle des bénédictins, retourné pour le parlement, il a arrangé avec les premiers présidens la réponse du roi aux remontrances. Le roi dit que le grand aumônier n'a rien fait que par ses ordres, et les remontrances citent des faits dont la preuve est acquise. Le parlement répliquera qu'il n'est pas possible que le roi ait donné l'ordre de débaucher les filles, et de prostituer son établissement royal. Sa majesté en conviendra, et il restera au parlement l'avantage qu'a voulu lui donner le garde-des-sceaux de faire recuser son maître.

6°. Il avoit fait juger aux requêtes de l'hôtel un procès sur le rapport de son très-humble serviteur Lambert. Appel au parlement. Hue le poursuit en son nom, quoiqu'il ait 4 ou 5 co-parties. Quand M. de Montbarrey en avoit un à Perpignan qu'il étoit prêt à perdre, une déclaration du garde-des-sceaux le fait gagner.

Un juge de police à Rennes avoit à se plaindre de l'évêque devant les tribunaux ; la justice levoit son glaive sur la mître du prélat. Hue la couvre de lettres-patentes, et c'est M. Tronjolly qui est condamné.

7°. Le garde-des-sceaux refuse de payer à un M. d'Inval, depuis 1758, 6000 liv. qu'il lui doit ; à un M. Raguenet d'Orléans, depuis 1773, 40000 livres.

C'est un garçon de la police, mort en 1774, qui l'a élevé de ses épargnes, jusqu'à vendre sa montre ; et il a cru s'acquitter en forçant la police en 1776, de doubler la pension de la veuve !

M. de Miromesnil sera bien étonné de sa mauvaise réputation dans des bureaux qui attendoient de lui des vertus comme des loix. Mais je le serois bien davantage, s'il ne s'empressoit pas de laver ses taches. C'est la coupable discrétion de la police qui a perdu les hommes. Que ne livroit-elle tous ceux qu'elle connoissoit à l'opinion qui seule pouvoit les corriger ou les punir ? C'étoit peut-être le moyen de se faire pardonner la manie de tout savoir. comme elle auroit avancé la *révolution*, si elle-même, se couvrant de tous les voiles qu'elle arrachoit, elle eût laissé transpirer sous les presses, les anecdotes que lui moissonnoient tous les jours dans les cafés, ses émissaires qui n'étoient pas tous des sots ! Sous prétexte de ramasser tous les propos, ils donnoient quelquefois de bonnes leçons. On a parlé au *caveau* de la guerre, disoit l'un : si les ministres se battoient, ils ne la déclareroient pas si vîte. C'est souvent leur digestion qui décide de la fortune et de la vie des plus braves Français. Il faudroit créer un médecin du conseil, qui seroit chargé d'entretenir les ventres de ces messieurs toujours libres, pour que leurs têtes fussent toujours bonnes. On s'est déchaîné, disoit l'autre, contre l'orgueil de la marine royale, qui traite les auxiliaires de *locati* ; et la réponse d'un *vilain* à un noble a été citée : il est vrai, messieurs, que nous sommes des *locati*: mais il faut bien que le roi nous appelle, quand il ne trouve pas un seul bon cheval dans ses écuries. Il a été question, disoit celui-ci, chez Mezerai, du roi de Prusse qui ouvre toutes ses lettres, tous ses paquets, les lit et y répond; et qui pense que Louis XVI n'est que la sarbacane du vieux Maurepas. On rapportoit hier, disoit celui-là, que le roi, qui n'aime en musique que la flûte à l'oignon, demandoit à un de ses sérinissimes valets, comment il avoit trouvé les bouffons? -- Pitoyables, sire; sire, détestables: et que passant chez la reine, l'auguste courtisan avoit répondu à la même question, admirables, madame; madame, admirables. Tantôt c'étoit un buveur d'eau qui avoit prétendu que M. de Sartine a toujours eu plus de bonheur que de mérite, et il le prouvoit. « Quelques jours avant la mort de Louis XV, un de ses amis le rencontre dans la galerie, le porte-feuille sous le bras qui l'empêche d'entrer chez le roi. --- La peste est là : si vous humez le mauvais air, on vous fera faire la quarantaine avant que vous puissiez vous présenter à son héritier. Il disparut : et ce fut le premier, d'après cette attention, que le jeune roi vit à ses pieds : il eut les premieres faveurs. Quelquefois ils donnoient des avis dont un lieutenant-général pouvoit profiter, celui-ci par exemple : cette nuit, entre dix et onze heures, un ouvrier de 15 à 16 ans, se rendoit dans sa chambre, rue des maçons. La patrouille grise le rencontre ; il a beau jurer qu'il sort de la rue Saint-André-des-Arcs : où il travaille ; on le mène chez le commissaire *Boulanger*, qui de son lit, crie, en prison. Seize jours de détention lui coûtent 20 livres, avec 3 liv. 12 sols au greffier pour sa sortie. C'est la même patrouille qui le 10 janvier ayant rencontré Catherine *Totain*, ouvriere en linge, rue des Barres ; lorsqu'elle revenoit avec Joseph *Louis*, garçon amidonnier, rue de Bercy, d'une maison rue Beaubourg, où s'étoient passés les accords, avec un boulanger de Mont-Fermey qu'elle devoit épouser, a conduit la prétendue chez le commissaire *Nota*, qui l'a condamnée à Saint-Martin.

Pourquoi faut-il que les inspecteurs de quartier, puisqu'ils se faisoient un malin plaisir de surveiller et de noter les commissaires, au lieu de ressasser tous les propos sur leur naissance et leur fortune, ne les aient pas suivis dans leurs fonctions et dans toute leur conduite ? Peu importoit que le commissaire Thierion eût été garde du roi 14 ans, ensuite frère quêteur dans un couvent de capucins, ensuite Procureur du roi à Château-Thierry ; que le commissaire Hugues soit fils d'un cocher du maréchal de Luxembourg ; qu'un de leurs confrères fait acheter 2 livres de viande pour son diner et souper, que partagent un clerc et un laquais, et qu'il n'a que des meubles d'emprunt, jusqu'à sa pendule, etc. Ce qu'il étoit utile de savoir, c'étoit s'il est vrai que le commissaire M... ait reçu d'un perruquier de la rue Montorgueil, qui *louoit* des filles, deux douzaines de bouteilles de vin de liqueurs, douze livres de bougie et deux pains de sucre : s'il est vrai que le commissaire R... à la requisition d'un mari qui plaidoit en séparation, se soit transporté chez la femme le 29 de novembre 1758, pour lui donner le moyen d'enlever 5 actions de la compagnie des Indes, un contrat de 115 liv. de rente viagere, une autre de remboursement d'une somme de 215 livres, près de 50 louis en or, une grande cuilliere à ragoût, 5 petites et 3 fourchettes ; etc. s'il est vrai que son clerc, pendant qu'il mettoit le scellé chez un marchand de parasols, rue Notre-Dame, a pris une timballe d'argent; etc. S'il est vrai que le commissaire... en 1759, a donné une maladie à une orpheline qui venoit se plaindre à lui d'être grosse de son tuteur : s'il est vrai que le commissaire... en robe de chambre et en bonnet de nuit, a expulsé en plein jour, de sa propre autorité, une femme que son propriétaire, marchand épicier, avoit prise en grippe, et que ses meubles aient été mis sur le carreau, jusqu'à ce qu'un procureur soit venu lui représenter que les domiciles sont sacrés comme les personnes.

La police ne devoit-elle pas, si elle avoit eu elle-même l'énergie d'une bonne conscience, passer au tamis tous ces fonctionnaires publics qui par le mal qu'ils faisoient, indiquoient du moins tout le bien qu'ils avoient à faire? Leur juge, et leur caution, elle n'avoit que la stérile curiosité de tout consigner sans constater rien. On ne trouveroit pas dans son greffe de quoi faire le procès à un commissaire !

A quoi servoit-il qu'elle relançât sans cesse les avanturiers élégans, ces *roués* qui changeoient tous les jours de maisons, de femmes et d'habits? Rien ne lui coûtoit
pour

pour connoître leurs intrigues. Quand *Goupil* demande au magistrat à louer un appartement, en face de l'hôtel de Lubert, rue d'Enfer, qu'il fera meubler par un tapissier inconnu, et où il logera une famille qu'on supposera arriver de province, qui se liera assez avec le portier et les gens de l'hôtel, pour y faire entrer un domestique *observateur*, quels renseignemens utiles procurèrent toutes ces perfides dépenses ? Un simple rapport sur M. Daudet de Jossant, fils naturel d'un receveur du grenier à sel de Strasbourg, et de cette célèbre Lecouvreur, fille naturelle elle-même du prêteur de Glinglin. Qu'importe à l'ordre public qu'il ait une sœur qui soit demoiselle de compagnie de la comtesse de Strogonof, et que la dame Francoeur de l'opéra, soit sa tante : qu'il ait entretenu des femmes, et que des femmes l'aient entretenu ? c'est peut-être pour ces fredaines-là, qu'un ordre du roi l'a condamné au célibat, dans une prison de Senlis. Mais ce qu'il eût été de la bonne justice de prouver, c'est l'escroquerie de 40000 liv. en meubles, à une Hollandoise ; ce sont les tours qu'il a joués à M. Bouret de Nogent, et à M. de Lauraguais, et à la baronne de Neuquerque et au prince Louis. La police ne connut jamais la route des tribunaux. Elle eût craint de diminuer son autorité, en invoquant leur force : et comme sa vanité étoit plutôt de surprendre les hommes en flagrant délit que de les punir, parce que son intérêt étoit de les rançonner sans les corriger, elle composoit même avec les crimes : et si quelquefois la loi avertie par des cris confus, les réclamoit, elle les lui déroboit sous une lettre-de-cachet. Quant aux emprisonnemens, aux écroues, aux bannissemens, elle avoit toutes ces commodités sous sa main. Il le savoit bien ce père d'un *Fronsac*, ce vieux duc dont le Saint-Esprit cachoit une ame de boue, lorsqu'il écrivoit le 9 Décembre 1785, par la main de sa femme à M. de Crosne : « Deux gardes de la connétablie, monsieur, m'ont amené à Versailles, un quidam qui dans un café a tenu des propos indécens contre certains grands du royaume, et notamment contre moi, je vous prie très-instamment de voir à cette affaire, et écouter ce que les gardes vous diront à cet égard ».

Je suis parfaitement, votre, etc.

le maréchal de RICHELIEU.

Et il ajoute de sa main débile : ,, Je ne vous demande rien, n'étant pas assez au fait de toute cette affaire qui regarde cet homme, que je cognois point et ne désire que la justice, qui ne peut mieux être rendue que par vous, monsieur, et je suis très-fâché de n'avoir pas le tems de vous en dire davantage ,,.

Cette affaire ne méritoit guère plus d'attention que celle d'un *tireur de cartes* qui fut dénoncée le même jour. Le magistrat s'occupa de toutes les deux *avec la dignité* d'un juge sévère qui a la religion et le trône à venger.

DE LA POLICE
SUR LES
PRÊTRES.

Dieu l'a dit : il n'est pas bon que l'homme soit seul, il a besoin d'une compagne. Il n'y a pas une femme qui n'ait la côte d'un homme ; quand je trouverai la mienne, j'ai droit de prendre *l'os de mes os et la chair de ma chair.*

Voilà la voix de la nature.

Comment la religion, la religion de celui qui a maudit le figuier stérile, a-t-elle pu faire un crime d'un plaisir *que les anges bénissent autour du lit nuptial*, en se couvrant le visage de leurs ailes, de peur d'envier à la terre un bonheur qui n'est pas celui du ciel ? Est-il donc si facile d'écraser son cœur sous les marches du sanctuaire ? Ils domptoient leurs corps les *Bernard*, les *Benoît*, les *Dominique* : mais c'étoit dans des étangs glacés, sous des cercles de fer, sur des épines et les orties. Leur peau, sous la discipline, devenoit le cuir d'un nègre. Ils disoient tous que c'étoit un plus grand miracle de calserver sa virginité que de ressusciter un mort; que la grace de la continence n'étoit donnée ni à tous, ni pour toujours. Aussi sainte-Brigite assure-t-elle que de son vivant elle a vu en enfer beaucoup d'ecclésiastiques qui *avoient tourné au préjudice de l'espèce, l'attrait donné pour la multiplier.* C'est m'expliquer le mot de Saint-Basile : je ne sais ce que c'est qu'une femme, et pourtant je ne suis point vierge.

Et dans ce siècle où, hier, les mœurs n'étoient pas meilleures que les loix, où les vices agréables passoient pour des vertus, un jeune lévite brillant de desirs et de santé, ne craint pas, le téméraire, de s'engager aux pieds d'un évêque à être toute sa vie pur et chaste !.. Sans doute que par une de ces restrictions que l'église connoît, il ajoute tout bas, comme vous, Monseigneur : car peut-il ignorer ce que coûte le vœu entier à ces solitaires même qui troublent le silence des nuits pour chanter parmi les tombeaux. Le prieur des Chartreux avoit permis au novice *Séguier* de sonner la cloche, toutes les fois qu'il éprouveroit des accès de concupiscence, afin que ses confrères se missent en prière. La communauté se lassa de prier, et l'enfant de Bruno sentit qu'il auroit moins de mal à devenir chancelier de France.

Il est temps, enfin, que ces tours de

force, imaginés par des moines qui les ont presque toujours manqués, soient dédaignés et proscrits par une nation qui ne veut plus salarier que des citoyens. C'est elle qui ordonnera ce qu'avoit déja proposé, au concile de Trente, ce *l'Hôpital* dont la tête, au seixième siècle, concevoit un peu de la constitution de 1789. On l'eût traité comme un huguenot, s'il eût osé avancer pour principe que l'homme chaste est celui qui couche avec sa femme. Mais un peuple roi demande que ce principe soit un *décret* : et après avoir détruit cette race bâtarde de religieux qui n'étoient dans l'église que ce qu'étoient les rats dans l'arche de Noé, il desire que ses ministres, ses prêtres, époux et pères, lui donnent, par des mariages heureux, la preuve et la caution de leurs mœurs.

Si le clergé, encore fier et hypocrite, toujours jaloux de l'inutile réputation des saints, prétendoit que ceux qui tiennent un dieu dans leurs mains, et voient des reines à leurs pieds, ne doivent pas descendre jusqu'aux besoins du vulgaire ; je vais dévoiler les œuvres libertines de ces célestes missionnaires qui dévouent à l'enfer les passions des ames honnêtes et sensibles : c'est par l'espérance que surpris dans leurs foiblesses, honteux et justes, ils se rendront à la nature, à la société, à ces doux penchans qui sont les fleurs de la vie, que je me suis déterminé à ne pas ensevelir leurs noms sous les procès-verbaux d'une police infâme, qui s'arrogeoit le droit que la loi ne donne qu'en tremblant, d'ouvrir les portes et de lever les rideaux. Nommer les coupables, ce n'est pas les déshonorer. Il n'est aucun des péchés théologiques que l'opinion, plus forte que Rome, ne plaigne et ne pardonne. D'ailleurs, comme nul *ordre* n'est sans tache, chacun se dira en se rencontrant:

Nous avons, vous et moi, besoin de tolérance.

J'ai en main la lettre de l'inspecteur, le *verbal* du commissaire, la confession signée du délinquant, et souvent la reconnoissance de son supérieur, à qui on le remenoit, sans doute, quand il n'avoit pas de quoi acheter sa grace.

Les Cordeliers, je ne sais par quel sentiment, m'ont fait demander à passer la revue les premiers.

CORDELIERS.

12 *février* 1760. Le frère François Lortal, profès de la maison de Toulouse, chez la Laurent, rue du Chantre, avec la Zéphire. Il a mis en pratique la maxime de Virgile: *nudus ara, sere nudus*. Reconduit vers

le P. la Farge, discret de la province. commiss. Thierion, insp. Marais.

27 *juillet*, *id.* P. F. Cambron, chantre du grand couvent, chez la Baron, rue de Seine, remis au F. Leblanc, préfet de chœur; commiss. Leblanc, insp. Marais.

28 *juillet* 1761. Charles Bouté, diacre, chez la Mitoire, jusqu'à *copulation parfaite* (1). Le reçu est du P. Barbé, gardien; commiss. Duruisseau, insp. *id.*

30 *décembre* 1761. Toussaint Jumelle, ivre, chez la d'Héricourt, même reçu; commiss. Sirebeau, insp. *id.*

19 *juin* 1762. J. B. Cazé, frère dépensier, chez Rosette, rue de Seine; commiss. Leblanc, insp. Desparvier. *Qualis nox fuit illa, dii, deæque!*

Du 8 *décembre* 1762. P. Imbert, qui avoit pris le nom d'Amable Brandoly, faisant ses études, chez Zéphire. Commiss. Fontaine, insp. Marais.

Du 16 *février* 1763. Thomas Duclos, ci-devant frère hermite, chez la Dumas, à huit heures du matin. Commiss. Mutel, insp. *id.*

Du 5 *novembre*, *id.* P. Girard, F. Vanvergelo et M. Lequellet, à table chez Ro-

---

(1) Je ne me servirai qu'une fois de ces expressions techniques, quoique la police n'en connût pas d'autres.

salie. Reçu du gardien Barbe. Commiss. Mutel, insp. *id.*

Du 21 septembre id. Jean-Baptiste Moreau, entre Victoire et Clouy, avant que de se rendre à Soissons. Commiss. Grimperel, insp. *id.*

Du 20 janvier id. Joseph Maufroy, chez Rosalie. Il partoit pour Beauvais. Commiss. Mutel, insp. *id.*

Idem. Gabriel Berteau, avec Sophie. *Id. id. id.*

Du 2 juillet 1766. George le Payen, desservant à Cerny, avec Flore, *sponsus super sponsam.* Commiss. Grimperel, insp. *id.* etc., etc., etc.

Note de l'éditeur. C'est un cordelier qui institua les filles pénitentes en 1487. Elles devoient avoir mené une vie dissolue. Celle dont parle l'Etoile, qui se déguisa en garçon pour vivre parmi ses pères, cherchoit-elle à faire ses preuves ?

BERNARDINS.

Du 28 août 1762. L. Bigault, diacre, couché avec la Dusablé. Reçu du procureur général, Commiss. Mutel, insp. Desparvier.

Idem. F. Royde, prieur des Rosières, dans le lit de la Chevalier, où il promet ne plus revenir. Commiss. *id.* insp. *id.*

Du 23 octobre 1763. René Fortin, profès

de Savigny, chez la d'Héricourt. Commiss. *id.* insp. Marais.

Du 30 *mars* 1764. J. Ignace-Xavier Dreux, licentié, professeur de théologie, chez Agathe, *oculoque manuque.* Com. Mutel, insp. *id.*

Du 5 août 1766. Philippe Vatry, directeur de l'abbaye Saint-Antoine, chez la Burgère. Commiss. Mutel, insp. Bazin.

Note de l'éditeur. Un chapitre tenu à Citeaux au quatorzième siècle, ordonne qu'on ne fera plus canoniser de Bernardins, *ne multitudine sancti vilescerent.*

CARMES.

Du 8 février 1763. Jacques Brehi, de la place Maubert. Il avoit pris le nom de Jacques Mazure, chez la *Garde*, qu'il prenoit pour un autel à la romaine; reçu d'Amable Martin, prieur. Commiss. Duruisseau, insp. Marais.

Du 9 janvier 1763. Ange Léopold Meesen, aumônier des hussards. Comme c'est la deuxième fois qu'il est pris, il ira chez M. le lieutenant de police, à son audience, demander ses ordres. Commiss. Mutel, insp. Marais.

Du 14 *septembre* 1760. Jean-Antoine B. il arrivoit en poste à franc étrier de Valenciennes. On trouva dans ses poches seize louis, deux rouleaux d'écus de six livres, etc. Il convient avoir volé le procureur, il y avoit un an, qui ne le soupçonnoit pas. Conduit au Fort-l'Evêque. Commiss. Grimperel, insp. Marais. etc, etc, etc.

Note de l'éditeur. On en mit bien douze dans cette prison en 1658, par ordre du roi, pour avoir eu dans leurs chambres vingt-deux perdrix, des pâtés, des jambons et de ce bon vin, *germinans virgines*; et on ne fit rien à celui de Lyon qui conseilla à Pierre Barrière d'assassiner Henri IV !

Dominicains.

Du 22 août 1760. Killien Dubois, bachelier, sous-prieur à Chartres, chez la Guérin. Commiss. Grimperel, insp. Marais.

Du 27 octobre 1761. Mathieu S.-Pierre, de la maison de Sorbonne, chez la Vignier. Il ne lui demandoit qu'une adresse. Reçu du prieur de la rue Saint-Jacques. Com. Durnisseau, insp. Marais.

Du 16 juillet 1763. Michel Habert, chez la Roussel. Il avoit 62 ans. F. Dupuis, supérieur de la rue Saint-Honoré, le mit en pénitence. Commiss. Mutel, insp. Marais.

Du 4 novembre 1763. Pierre Simon, 46 ans de profession. Il a signé son plaisir d'une main tremblante. Commiss. *idem.* insp. *idem.*

Du 4 mai 1763. Simon-Joseph Duparcq, frère prêcheur, chez la Roussel. Commiss. *id.* insp. *id.* Il se rappela trop tard de ce que dit l'écriture : *omnis caro fœnum.*

Léonard Raymond, profès de Limoges, en habit de religion, chez la Vandry. Com. *id.* insp. *id.*

Note de l'éditeur. Toutes ces filles-là étoient moins dangereuses qu'une duchesse de Montpensier qui partageant ses faveurs aux révérends pères *Clément* et *Bourgoing*, exigeoit d'eux l'assassinat de leur roi. Peu s'en fallut que leur robe ne devînt l'habit de cérémonie du bourreau.

CAPUCINS.

Du 14 décembre 1762. Laurent Dilly, frère quêteur de la rue Saint-Honoré, chez la Boyerie, où il chantoit : *tirez-moi par mon cordon.* Commiss. Sirebaud, insp. Marais. Reçu du P. Grégoire, gardien.

Du 9 novembre 1765. J. Joseph Biache, dit frère Constant, et Joseph Etienne, dit frère Constantini, de la maison de Crépy, tous deux au cabaret du Cerf montant, où ils avoient demandé un lit à trois, n'ayant avec eux que la Marin. Commiss. Mutel, insp. *id*, etc. etc. etc.

Note de l'éditeur. Nul homme n'est capable d'instruire les autres, s'il ne va nuds pieds, dit le psalmiste. Mais la sangle et la barbe étoient de trop.

LES RÉCOLLETS.

Du 30 juin 1763. Noel-Clément Berthe, dit frère Paul, chez la Leblanc, qui lui donnoit la discipline. Commiss. Mutel, insp. Marais.

Du 1 mars 1765. Gabriel Anheiser, dit le P. Gabriel, sous le lit, en chemise, d'Agnès Viard. Il vivoit avec cette ci-devant vivandière depuis sept à huit mois. Commiss. Fontaine, insp. *id.* etc., etc.

Note de l'éditeur. Je crains bien, disoit le bon ami de Sainte-Claire, qu'en même temps que Dieu nous a ôté les femmes, le diable ne nous procure des sœurs.

Il assure dans sa règle que le seigneur a soin des animaux qui ne raisonnent pas.

LES PIQUEPUCES.

Du 19 février 1767. Le P. Constance, entre Victoire et Emilie, se comparant à l'âne de *Buridan.* Commiss. du Ruisseau, insp. Marais.

LES MINIMES.

Epig. Ubi est frater minimus ? Les minimes datent de ce mot de *Joseph*. Ce sont les *benjamins* de la religion.

Du 17 janvier 1760. André Carron, écrivant sur les murs de la Zaïre : *ego ad flagella paratus sum.* Commiss. Sirebeau, insp. Marais. Le reçu est du P. Correcteur de la place royale.

Note de l'éditeur. St-François de Paule, leur fondateur, fut le parrain d'un des enfans de Charles VIII : c'étoit sans doute parce qu'il s'étoit donné la peine de venir du fond de la Calabre pour guérir le tyran Louis XI. La France ne pardonneroit plus aux bons hommes de ces miracles-là.

LES FEUILLANS.

Du 30 décembre 1762. Dom Claude Jousse, à l'âge de 63 ans, chez Marie la Neuve, où *non horruit virginis uterum.* Commiss. du Ruisseau, insp. Marais. Reçu du sous-prieur, Jean Bapt. de Ste-Marie-Magdelaine.

Note de l'éditeur. Il n'étoit pas sans doute des Feuillans de la première réforme, qui mettoient des têtes de morts sur leur table : c'étoient leurs tasses.

LES AUGUSTINS.

Du 26 mars 1760. François-Louis Boescé, *post coitum*, chez la Hugène. Commiss. Sirebeau, insp. Marais.

Du 27 novembre 1761. Isaac Brochis, comme ci-dessus. Commis. Mutel, insp. *id.*

Du 5 novembre 1763. Bernard-Nicolas, à l'enseigne du Palais-Royal, aux avenues de Vincennes, avec trois Cordeliers et *Rosalie* qui leur faisoit la *chouette*. Commiss. Mutel, insp. *id.*

Du 8 février 1767. Jean Provençal, chez la Fremont. Commiss. *id.* insp. *id.*

Du 26 octobre 1765. » Je soussigné « Honoré Regnard, âgé de 53 ans, cha- « noine régulier de l'ordre de St-Augustin, « et procureur de la maison de Ste-Cathe- « rine, reconnois que le sieur Marais m'a « trouvé chez la St-Louis, rue du Figuier, « chez laquelle je suis venu de mon propre « mouvement, hier pour m'amuser avec la « Félix que j'ai fait déshabiller et que j'ai tou- « chée avec la main enveloppée dans le bout « de mon manteau; et aujourd'hui jouant « avec Félix et Julie, sa compagne, qui « m'ont ôté mes habits religieux : elles m'ont « mis en femme avec du rouge et des « mouches. L'inspecteur m'a surpris en cet « état. Je déclare qu'il y a plusieurs années

« que j'avois cette fantaisie que je n'ai pu
« satisfaire plutôt. En foi de quoi j'ai signé
« la présente déclaration contenant exacte
« vérité. Honoré Regnard, etc. » Commiss. Mutel, insp. Marais.

Du 18 juil. 1760. Simon Bonicel, avec les nommées Préville, Louise et Sophie. Ce n'étoit pas seulement un libertin : il étoit encore un traître.

» Je fais ma soumission à monsieur
« le lieutenant-général de police de me
« rendre utile en tout ce qui dépendra de
« moi pour lui donner tous les renseigne-
« mens sur la maison dont je suis profes-
« seur en théologie. Ce 18 juillet, etc.
« Bonicel, Aug. »

Note de l'éditeur. Les Grands-Augustins n'en bénissent pas moins tous les ans, à la fête de Saint-Nicolas de Tolentin, un pain qui reçoit la puissance de guérir de toutes sortes de maladies, de préserver du feu, de l'eau, du tonnerre et particulièrement des fièvres.

Augustins réformés de la place Victoire.

Du 10 septembre 1764. Pierre Cauchois, de la maison de Clair-Fontaine, chez la Cadet qui lui vendoit un repentir. Commiss. Mutel, insp. Marais.

Du 16 juil. 1761. Pierre Morin, de la
maison

maison de la Verusse, a dîné chez Rosette. Commiss. Sirebeau, insp. *id.*

Du 10 novembre 1760. Jacq. Cauchois, dit frère Luc, maison d'un Fourbisseur, au quatrième étage, dans le cabinet d'un de ses amis, avec une couturière qui s'y étoit rendue. (Relancer un moine jusques dans les domiciles)! Commiss. Mutel, insp. *id.*

Note de l'éditeur. Comment les religieux n'ont-ils pas profité de l'exemple des professeurs de l'école de médecine, en 1452, qui peignirent sous des couleurs si vives les tentations auxquelles les exposoit leur célibat, que le cardinal d'Estouteville, nommé pour la réformation de l'université, leur fit avoir la permission de se marier?

Ah! pour être dévot, on n'en est pas moins homme.

LES MATHURINS.

15 juin 1763. Mathieu Arthuis a vu deux fois de suite la Clermont, à cinq heures de relevée. Commiss. Mutel, insp. Marais.

19 juin 1760. François d'Offroy a bu une bouteille de vin avec la Leblanc, etc. Commiss. Sirebeau, insp. Marais. Reçu du procureur-général F. Paffe.

Note de l'éditeur. A quoi donc sert de porter une robe blanche et une croix rouge?

LES RELIGIEUX DE LA MERCY.

16 *décembre* 1761. Jean-Claude Giroux, chez la Dupont qui lui fit faire un acte de foi. On le ramena au père Aubert, docteur de Sorbonne et commandeur de l'ordre. C'étoit pour la seconde fois. Com. Mutel, insp. Marais.

Note de l'éditeur. Peut-être croyoit-il, comme Mahomet, que la jouissance le rendoit plus fervent à la prière.

LES PRÉMONTRÉS.

17 *mars* 1760. François de Maugre, de la rue haute-Feuille, entre *Desirée* et *Zaire*, tous trois heureux. Commiss. Sirebeau, insp. *id*. Le P. Duboc, prieur, a donné sa décharge.

8 *janvier* 1760. Gabriel Clérans de la Motte, 66 ans, chez la Pyrhon. Une tache sur l'étamine prouve qu'elle avoit l'incommodité de *Rachel*.

24 *janvier* 1766. Honoré Lupart, diacre, éprouvant auprès de la Vitry le proverbe des Banians : si l'on approche le beurre trop près du feu, il est bien difficile de l'empêcher de fondre. Commiss. Chenu, insp. *id.*

LES PÉNITENS DE NAZARETH.

2 *mai* 1766. Frère Nicephore, chez la *Laville* qui lui montre *albentes coxas, inguina, crura, nates.* Commiss. Mutel, insp. *id.* Remis au provincial, F. Chrisologue de Saint-Bernard.

LES THÉATINS.

24 *août* 1761. N. J. B. Gossard, maître des novices, avec Goton, comme ci-dessous. Commiss. Sirebeau, insp. *id.*

28 *février* 1765. Laurent Durand, chez la Dumoulin, pour y pratiquer le précepte :

> Entre la chair et la chemise,
> Il faut cacher le bien qu'on fait.

Commiss. Sirebeau, insp. *id.*

Note de l'éditeur. Ce sont ces baladins d'Italie qui ont inventé la sublime péroraison du vendredi-saint, un crucifix qui fait peur.

LES BÉNÉDICTINS.

Du 27 *avril* 1772. Jean Briard, non réformé, procureur de Saint-Sévère, chez la Boirie qui vivoit du travail de ses mains. Commiss. Sirebeau, commis d'insp., Despariers.

Du 4 mai 1763. Denis Gaulnède Chazelle, chez la Saint-Amand, où il prouvoit qu'il n'avoit pas perdu sa force avec ses cheveux. Commiss. Mutel, insp. Marais.

Note de l'éditeur. Une des maximes de Saint-Benoît étoit : cédez sans peine, et ne contestez avec personne.

LES CLUNISTES.

Du 29 janvier 1762. David Dumesnil, prieur de Remalard. Il est très-fâché de s'être laissé induire en tentation, et se soumet à partir pour Nogent-le-Rotrou. Commiss. Mutel, insp. *id.*

CÉLESTINS.

Du 3 décembre 1760. J. D. Tordoir, sous-prieur de Mantes, chez la Mansy, dans la posture du prophète qui ressuscite le fils de la Sunanimite. Commiss. Sirebeau, insp. *id.*

Du 9 septembre 1767. Barthelemi Hérault, de Sens, chez la Ragondet, où il se rappeloit l'exclamation pleine de sentiment qui est dans Lucrèce : *tactus enim, tactus, proh divum numina sancta !* Commiss. Mutel, insp. *id.*

RELIGIEUX DE LA CHARITÉ.

Du 19 octobre 1762. Jacq. Franç. Boulard, qui avoit été maître des novices et prieur, chez la Lagarde, devant *Victoire* et *Julie*, *quærens quam devoret*. Commiss. du Ruisseau. Commis d'insp., Despariers.

Du 25 juillet 1766. Florentin Chipier, de la maison des Convalescens, chez la Depaissy, qui lui trouvoit le cœur épuisé. Commiss. Grimperel, insp. *id.*

Note de l'éditeur. Jean-de-Dieu, qui ne laissa d'autre règle que son exemple, montoit quelquefois chez des filles : mais c'étoit pour les convertir. Au reste les Pères de la Charité ont assez de vertus pour avoir quelques foiblesses.

LES ORATORIENS.

14 *novembre* 1761. Etienne Leroi, avec la Chantrelle qui.... les graces avoient coupé les ailes à l'amour : Venus les met sur son sein, et elles repoussent. Commiss. Mutel, insp. *id.*

8 *août* 1762. Charles Devilliers, chez la Ragondé.

15 *octobre* 1763. Louis-Michel Levasseur, chez la Dumas.

28 *septembre* 1765. Claude-Nicolas Ordinaire, chez la Roussel, etc. etc.

Note de l'éditeur. Voilà ce que c'est que d'empêcher ces jeunes *mentors* de s'attacher à des femmes qui mériteroient d'être mères : comme si la religion pouvoit fermer l'œsophage de ceux à qui la nature donne de l'appétit !

J'ai connu un vieux général, dos en arcade et missel à la main, qui disoit à ses régens : est-ce-là l'exemple que je vous donne ? Aussi un d'eux qui avoit des tourterelles dans sa chambre, les accoutumoit à entendre, quand elles se caressoient : dépêchez-vous vîte, le père général vient.

Chanoines de Sainte-Geneviève.

14 *janvier* 1760. Louis-Joseph Mopinon, prieur d'Hérivaux, devant le feu de la *Rosoir* qui avoit plus de peine que de plaisir. Commiss. Thierion, insp. Marais.

10 *février* 1760. Joseph Outin, chez la Bonneau. Il parut devant son prieur, *le Courayer*,

> Plus humble et plus honnête,
> Qu'un jeune mendiant, ses premiers jours de quête.

Commiss. *id.* insp. *id.*

27 *novembre* 1760. Claude Noel, curé d'Harcourt, chez la *Zéphire*. Commiss. Sirebeau, insp. *id.*

30 *août* 1760. Jacques Berain, avec Emilie. Commiss. *id.* insp. *id.*

17 *janvier* 1761. Louis Fringon, chez la d'Auteuil. Il recommençoit ses prières éja-

culatoires. Commiss. Grimperel, insp. *id.*

François Rousselet, entre les mains de la Vermandois. Commiss. *idem*, insp. *idem.*

9 *mai* 1761. Jean-Pierre Bedosse, chez Zéphire, *per ipsam, cum ipsá et in ipsá.* Commiss. Sirebeau, insp. *id.*

2 *août* 1752. Le P. Bernard, prédicateur célèbre. Il prenoit deux ou trois filles chez la Lasalle : c'étoit pour lui la monnoie d'une *duchesse.* Il donna six louis et demi : et le chirurgien *Ponce* lui demanda ensuite 40 écus, et trois livres par visite.

Hermites.

5 *août* 1773. Frère Camille, de la maison du Hayet, chez *Thérèse*, où il se disoit le portier des Chartreux. Commiss. Mutel, insp. *id.*

Note de l'éditeur. Quand on veut être chaste, jusqu'à ce que mort s'en suive, que ne fait-on comme certains moines, chez les Indiens, qui se percent le prépuce et y passent ensuite un large anneau avec un cadenat dont ils remettent la clef au juge du lieu.

Prêtres conventuels de l'ordre de Saint-Jean de Jérusalem.

12 *décembre* 1771. Claude Jobert, prieur d'Orge, chez la Dupont, où il s'apperçut

bien qu'à Paris les femmes ne se donnent pas comme à Otayti, pour des clous. Commiss. Mutel, insp. *id.*

Le même, repris le 2 février, a paru devant le magistrat qui lui a recommandé de ne plus pécher.

19 *septembre* 1762. François Deboyer, soupant chez la Mittoire, en attendant *in motu quietem.* Commiss. Sirebaud. insp. *idem.*

Ecoles Chrétiennes.

14 *septembre* 1763. Frère Firmin, chez la Roger qui le comparoit à ces mauvais lecteurs qui commencent un livre et ne le finissent pas. Commiss. Mutel, insp. *id.*

Chanoines réguliers de l'ordre de Saint-Antoine.

29 *avril.* 1761. Noel-François Maillard, chez un marchand de vin, aux champs Elisées, avec la femme d'un écrivain public, qui peut-être sans le savoir avoit écrit le billet du rendez-vous. Commiss. Sirebeau, insp. Marais.

27 *septembre* 1765. François Canova, chez la Lamourette. Commiss. Mutel, insp. Marais. Ils entrèrent, *cum pariter victi, fœmina virque jacent.*

JÉSUITES.

5 novembre 1764. François Terrasse-Desbillon, âgé de 52 ans, chez la Mouton, où il s'amusoit *comme un autre.* Commiss. Mutel, insp. *id.*

(Je ne trouve qu'un Jésuite chez les filles. Il m'eût été agréable de pouvoir leur rendre plus de justice.

Les doyens, dignitaires, personnats et chanoines de différens chapitres.

Epig. Qui curias simulant et bacchanalia vivunt. *Juv.*

Mes lecteurs qui savent déja que presque tous les prêtres se ressemblent, s'ennuieroient peut être d'une liste trop longue. Je vais donc mettre cent noms dans un bonnet carré, d'où la main innocente d'un enfant de chœur n'en tirera que douze.

19 mai 1763. J. Bap. Marc Plivard, chanoine de Langres, avec Julie. *Quos humeros, quales vidit, tetigitque lacertos! Quam juvenile femur!* commiss. Mutel, insp. Marais.

14 février 1765. François Maillot, chanoine de Senlis, qui n'avoit pas voulu laisser son manteau entre les mains d'Angelique *Putiphar*; commiss. *id.* insp. *id.*

3 avril 1764. Blaise Messier, chanoine de Beauvais, chez la Blampié. Il paroissoit être de l'avis de Rubens, qui n'aimoit que les beautés du poids de 200 liv. Commiss. Rochebrune, insp. *id.*

14 *août* 1761. Marc-Antoine Montal, de la sainte-Chapelle, avec la Provençale, *anhelantem alte stratis in lectis.* Commiss. du Ruisseau, insp. *id.*

8 *juillet* 1760. Marie Mocet, archiprêtre de Tours, âgé de 60 ans. *Nudus una manu ad mammam, altera pudendis adhibita, ingeniculabat.*

20 *février* 1762. Nicolas Viot, chanoine de Thionville, chez la Héloïse qui, couverte de baisers, n'eut pas à rêver le reste. Commiss. Chenu, insp. Receveur.

25 *octobre* 1761. Philippe de Saint-Goustan, chanoine de Vannes, avec un clerc, dans un cabaret de Montmartre, où pend l'image de saint-François, prenant leur dîner, comme les Romains, couchés entre la Catinot et la Leroi. Commiss. Thierion, insp. *id.*

8 *janvier* 1762. Jean Simonin, chanoine de Bayonne, avec Zaïre. Commiss. Sirebeau, insp. *id.*

19 *juin* 1765. Charles de Soissan, grand-vicaire de Tulle, rue du Pélican, sur le devant, avec Marianne Eglé qui, sur sa porte, comme disoit Benoit XIV, montroit son premier pour louer son second. Commiss. Hugues, insp. *id.*

3 *août* 1760. Jean B. Thévenet, chanoine de Poitiers, avec *Adélaïde* qui, si elle eût eu le pouvoir de Diane, n'auroit pas manqué de changer en chiens les *Actéons*, Sirebeau et Marais.

30 *décembre* 1763. Charles Mareschal, coadjuteur de la cathédrale de Besançon, remportant victoire sur *victoire*. Commiss. Mutel, insp. *id.*

6 *novembre* 1762. Antoine Tamen, chanoine de Clermont, buvant dans la coupe d'une Circé de la rue saint-Honoré. Commiss. Mutel, insp. *id.*

Note de l'éditeur. Si on étoit étonné de ne pas trouver en si bonne compagnie MM. les chanoines de Lyon, qu'on se rappelle qu'ils avoient le droit de coucher, la première nuit des noces, avec les épouses de leurs *serfs*.

LES CURÉS.

Je respecte trop les curés, comme officiers de morale, pour ne pas me contenter de rappeler à ceux de saint-Genest, près Blay, de Quatre-Mares, diocèse d'Evreux, de Besauge-la-Grande, en Lorraine, de Vaux, en Baujolois, de Poivilliers, proche Chartres, de Daubeuf, en Caux, de Bry, sur Marne, si ce sont toujours les mêmes, que les loix de Moyse retranchoient de la congrégation d'Israël, ceux qui ne se marioient pas ; et que la plupart des curés avoient des femmes, lorsqu'il prit envie à Caliste II, jaloux de former, dans le royaume, un corps toujours prêt à s'élever contre un souverain qui ne seroit pas le pape, d'excommunier tous les prêtres citoyens, et de ne reconnoître ni leurs enfans ni leurs messes.

PRÊTRES.

Ab uno disce omnes.

26 *juin* 1765. Jean Pierre Pelletier, de Paris, chez la Lambert, *per cuncta cava corporis libidinem recipientem.* Commiss. Mutel, insp. Marais.

J'en cache quatre-vingt-treize du manteau dont l'enfant de Noé couvroit son père.

DIACRE.

22 *août* 1760. Pierre-Louis Thorin. Commiss. Sircbeau, insp. *id. Zaire in dextrum semisupina latus.*

SOUS-DIACRES.

25 *juin* 1761. J. F. Maillard, chez *Desirée.* Il se bornoit à l'insipide soulagement

que Pan apprit aux bergers. Commiss. Sirebeau, insp. *id.*

5 *août* 1763. Louis-François Potet, chez la Baronne. Commiss. Mutel, insp. *id.*

CLERCS TONSURÉS.

15 *novembre* 1760. Michel Clément Toussaint Poullet, chez la Châteauneuf; son manteau étoit sur une chaise. Commiss. Sirebeau, insp. *id.*

17 *janvier* 1766. François Pinçon, du séminaire saint-Nicolas, où il lisoit pourtant tous les jours la vie du fondateur Bourdoise qui, en faisant l'eau bénite dans l'église, jetoit son mouchoir sur un sein découvert. Commiss. Chenu, insp. *id.*

20 *février* 1763. Henri Philippe de la Houssaye, du séminaire saint-Sulpice: tant il est vrai, comme le disoit un évêque, que si la teinture de cette maison est bonne, elle ne tient pas. Commiss. Mutel, insp. *id.*

27 *août* 1762. Jacques Vidron, musicien, qui ne venoit pas d'Italie; commiss. *id.*, insp. *id.*

27 *octobre* 1763. Charles Marie Thibault de Monsauche, conduit à saint-Lazare, parce que c'étoit la troisième fois qu'il se levoit avec l'*Aurore*. On trouva dans leur char une épitre en vers, où l'abbé

Tithon chantoit ce qu'Hébé montre aux dieux, et ce que voudroient voir les rois : si,

> Pour aller chercher le plaisir,
> Ils montoient au cinquième étage;

ce qui enfin devroit, selon lui, avoir *tabouret à la cour;* commiss. *id.* insp. *id.*

DOCTEURS DE SORBONNE.

8 *janvier* 1761. Pierre François Raffard de Marcilly, de la société et maison des *pauvres maîtres.* Il n'a eu le temps que de donner ses trois livres à Julie ; commiss. Sirebeau, insp. *id.*

9 *mai* 1765. J. Baptiste R...., *qui truncus iners jacuerat et inutile lignum,* chez la Guerin ; commiss. Mutel, insp. *id.*

23 *mai* 1763. Felix Auguste Tourolle, *quidquid liberet prolicito judicans,* avec la Desnoyers ; c'étoit sa troisième thèse : commiss. et insp. *id.*

Note de l'éditeur. Il paroît que la Sorbonne avoit ses raisons, lorsque d'une voix unanime, en 1318, elle décida que les démons pouvoient violer et engrosser des filles. *Per tales artes et ritus impios et invocationes dæmonum, nullus unquam sequatur effectus ministerio dæmonum :* error.

Précepteurs.

24 *février* 1761. P.... gouverneur des enfans du marquis de P. avec la *Perle*. *Ille vero statim solvit zonam et leges inierunt benevolæ veneris.* Commiss. Sirebeau, insp. *id.*

Et alibi aliorum plurimorum, etc.

Prêtres étrangers.

Beaucoup, mais beaucoup de ces Irlandois qui vivent d'argumens et de messes.

12 *mars* 1762. Emilie Lante, camérier du pape, chargé des commissions de sa *sainteté* vers les cardinaux de Rohan et de Choiseul, chez la Courchamp. Il croyoit sans doute qu'elle faisoit loi pour la rue Saint-Honoré, la bulle du pape Jules II, confirmée par Léon X et Clément VII, qui tolère les courtisannes, à condition que le quart de leurs biens, meubles et immeubles appartiendroit, après leur mort, au couvent des religieuses de Sainte-Marie-Magdelaine. Commiss. Mutel, insp. *id.*

25 *septembre* 1763. Charles-Joseph-Antoine Guillesmi, fils de l'auditeur-général des quatre royaumes de l'Andalousie, et secrétaire de sa majesté catholique. Il n'étoit pas d'humeur à chanter, sous les fenêtres d'une Dulcinée, des airs de Figaro.

28 *octobre* 1762. François Detranssin de

Jausse, de Florence, professeur d'éloquence. *Sophie* ne combattoit pourtant pas à la manière des Parthes, en tournant le dos. Commiss. Fontaine, insp. *id.*

En plaignant des ministres qui n'ont été impurs que parce qu'il leur étoit défendu d'être époux et pères, je cherchois par quelle loi, de quel ordre un Sartine faisoit suivre jusques dans les foyers paisibles, sous d'obscures alcoves, les malheureux enfans de la religion qui, comme ceux de la patrie, avoient le droit de faire tout ce qu'ils vouloient, quand ce qu'ils vouloient ne nuisoit à personne. Je n'ai trouvé qu'une lettre de Christophe de Beaumont qui recommandoit le bas clergé à la piété de M. de Sartine.

Je ne cite aucun évêque. Quand Constantin les surprenoit en adultère, il les couvroit de sa pourpre. D'ailleurs j'ai lu dans le droit canon : *Qui dixerit episcopum podagra laborare, anathema sit: neque enim propriè loquendo episcopus.* S'il est défendu de dire, sous peine d'excommunication, qu'ils ont la goutte, à plus forte raison qu'ils prostituoient leur crosse et leur croix. C'est déja trop à moi de croire que *Marais* fermoit les yeux sur cet archevêque de Cambrai, qui toujours à Paris, sembloit n'avoir qu'un diocèse *in partibus.*

Ce

Ce prélat, libertin comme le régent, étoit bien homme à jouer à tous les commissaires de police le tour du duc d'Orléans chez la Neveu. Commissaire, inspecteur et mouchards, tous furent forcés, en chemise et une bougie à la main, de faire amende-honorable à tous les charmans derrières du sérail.

Ce chapitre est trop court pour qu'on m'accuse d'être méchant. Il m'en a assez coûté de médire ! mais enfin il falloit bien prouver à ceux qui se disent des anges, qu'ils ne sont que des hommes, afin qu'ils ne promettent plus ce qu'ils ne peuvent pas tenir ; et c'est avec la bonne foi d'un philosophe dont le devoir est de scruter les cœurs et les reins, que j'offre au *comité ecclésiastique* les pièces que j'ai, qui peuvent, mieux que tous les livres, décider la question du mariage des prêtres. L'assemblée nationale se rappellera, sans doute, que c'étoit le vœu de *l'Hôpital*. Il ne fut rejeté, au concile de Trente, que par ceux qui ont toujours calculé que n'avoir pas une femme, c'étoit les avoir toutes.

SUR LA POLICE
DES
FILLES.

SI ce sont les bonnes mœurs qui soutiennent les bonnes loix, ce ne sera point assez de rendre les prêtres citoyens ; il faut encore que tous les citoyens deviennent des hommes nouveaux, tels que les suppose et les exige la constitution d'un peuple libre.

On n'imagineroit pas jusqu'à quel degré d'infamie la police avoit porté les vices de la capitale : cette police qui, sous prétexte de les surveiller, faisoit un commerce de vices et de crimes. Sans doute Rome et Athènes étoient corrompues : car avec des vertus, elles existeroient encore. L'une a eu des César qui débauchoient jusqu'à la sœur de Caton, jusqu'à la mère de Brutus ; des Auguste qui achetoient la femme de Tibère, trois mois avant ses couches ; des Mécène qui complaisamment s'endormoient pour ne pas gêner, à leur table, les plaisirs d'un empereur ; des Julie qui avoient pour maxime que la pudeur et la chasteté n'étoient pas des vertus de princesse, et dont toute la délicatesse étoit de ne recevoir jamais un passager dans leur barque, qu'elle ne fût déja remplie ; des *Popée* qui avoient tout pour elles, excepté un cœur honnête ; enfin des Messaline qui ne lassoient ni des comédiens ni des Eunuques. L'autre eut ses Laïs qui surfaisoient leurs charmes à un Démosthènes, à un Aristipe, et les prodiguoient au cynique Diogène pour son écuelle et son tonneau ; une Aspasie qui, oubliant que son métier est de n'être que belle, avec assez d'esprit pour parler de tout sans rien savoir, après avoir rassemblé à ses dîners des politiques pour faire croire qu'elle l'étoit, sur son lit de roses, commandoit à Périclès la guerre de Samos, celle de Mégare, et le ravage de toute l'Arcadie ; une Sapho qui, dans ses délires érotiques, étonnée de ce que l'amour n'avoit qu'un autel et qu'un flambeau, sur la bouche même d'une Lesbienne, cherchoit encore la main de Phaon. Mais du moins ces courtisannes qui ne séduisoient que par des graces, des talens, par l'artifice du langage et du sentiment, ne pouvoient paroître dans les rues avec des bijoux précieux, et les hommes en place n'osoient se montrer en public avec elles.

Il étoit donc réservé au peuple qui se dit le plus galant comme le plus policé, de mettre sous la sauve-garde de ses magistrats des femmes dont la plus honnête ne regretta, qu'à la mort, les peines qu'elle s'étoit données pour tromper les hommes; et dont la moins coupable, peut-être, a dit que si les animaux ne se caressoient que par intervalles, c'est qu'ils étoient des bêtes. Ce sont elles qui, dans les promenades, aux spectacles, se faisant un plaisir de compter les veuves dont les maris vivent encore, disputent aux Pénélope les hommages et les places. Dans la loge, à côté de la nôtre, quelle est cette personne qui a tant de diamans? demande la vertueuse fille d'un *Penthièvre*. Quoi, vous ne la connoissez pas, lui répond-on! C'est la maîtresse de votre mari.

Si me livrant à des spéculations mercantiles, plus jaloux de faire du bruit que du bien, je ne voulois qu'amuser ces stériles lecteurs qui, sans les brochures, auroient trop de leurs vingt-quatre heures par jour, je publierois, fût-ce à l'imprimerie de Lampsaque, plus de vingt mille anecdotes de ruelles et de coulisses, telles que ne les eussent point imaginées Pierre l'Aretin, Marc-Antoine et Jules-Romain réunis. A quoi serviroit de démasquer ces Lucullus, dont les petites maisons me rappellent l'isle de Caprée ? A moins que ce ne soit pour prouver que bien des gens de qualité avoient des baladins pour pères. Si j'avois à faire l'histoire dégoûtante des boudoirs, moins discret que *Pétrone*, parce que je ne vis pas sous un Néron, je dévoilerois même les noms de ces corrupteurs publics qui ont amené une nation jusqu'à aimer des femmes qu'elle méprise. Mais la génération qui se prépare me demande la grace de la génération qui finit ; et puisque mon but premier est de convaincre la police de n'avoir jamais cherché que de l'argent dans les ordures domestiques dont elle faisoit un trafic honteux, il me suffira de révéler sans choix comme sans scrupule, quelques-unes de ces avantures qui lui ont acquis la réputation, si c'en est une, de posséder l'anneau de Gygès.

Bien loin de dénoncer à la loi, ou du moins à l'opinion qui quelquefois flétrit mieux que la loi, ces temples à demi-ouverts où l'impudique Vénus, empruntant tantôt la ceinture des graces, tantôt la couronne même de l'innocence, change, sous la baguette de Circée, ses esclaves en pourceaux ; elle les couvroit de son égide complice, pourvu que partageant le profit des prêtresses, elle connût toutes les victimes, et que chaque matin les prêtresses elles-mêmes lui envoyassent le tarif variable des sacrifices. C'étoit un inspecteur qui, dans les ténèbres, levoit les filets qu'elle tendoit ; et quand il y surprenoit Mars, tous les dieux étoient appelés pour se mocquer de Vulcain. Combien de fois il n'y a trouvé que des Médées qui essayoient de rajeunir Eson !

Avant le règne de M. de Sartines, qui ne vouloit tout voir que parce qu'il vouloit tout savoir, et ne défendoit tout que pour pouvoir tout permettre, Paris comptoit à peine soixante de ces filles qui, ramassant les flambeaux que l'Hymen avoit éteints, sans enseigne, vêtues comme des bourgeoises, se chargeoient d'aimer ou de lourds maltotiers ou de vieux ducs : car l'homme né pour être dans le monde, étoit encore galant ; jaloux de bonnes fortunes, il se donnoit la peine de les chercher; fier du moins, s'il n'étoit pas sensible, il eût rougi d'acheter ce qu'il pouvoit conquérir. La gloire étoit de servir son roi, le bonheur étoit de servir sa dame.

C'est M. de Sartines qui donnant des gardes au vice, le soumettant à des règles pour le forcer à des impôts, et formant enfin de ses viles recrues, un régiment de prostituées que le nombre enhardit, que l'exemple empoisonna, se fit un jeu et un commerce de la dépravation des femmes. Ses officiers, conseillers du roi, comme le furent jadis les Languayeurs, visitoient tous les jours ces antres magiques où s'engloutissoient la fortune et la santé des familles : témoins et juges de toutes les espèces de débauches, eux-mêmes, par le plus infâme des courtages, appareilleurs complaisans, ils vendoient à l'inconstant Plutus, toutes les idoles qui s'échappoient des provinces où la fidélité pauvre ne brûle que de l'encens. Instruits par des délations, par des confidences, par des découvertes de tout ce qui se passoit dans leur bas empire, ils recueilloient, pour les menus plaisirs du magistrat, des anecdotes gaillardes dont n'auroient pas voulu salir leur plume ni les *Bussi* ni les *Brantôme*.

J'ai dit que M. de Sartines exerçoit, sous la toge d'un sénateur, le métier de conseiller *Bonneau* : et d'abord je le prouve par les lettres que lui écrivoit un *ami* du *prince*, l'inspecteur Marais.

Le 5 mars 1762.

Monsieur,

J'ai eu l'honneur de vous informer que monseigneur le comte de la Marche étoit venu chez moi me demander un homme qu'il pût avec confiance employer dans ses affaires de galanterie. Après avoir reçu vos ordres, je lui en ai envoyé un : et voilà les ordres que son altesse lui a donnés : de faire ensorte de se lier avec les gens de madame Thiroux de Monre ard, rue Feydeau, afin de savoir ce qu'on disoit de lui dans la maison; de s'informer si le duc de Fronsac n'y alloit point, ou quelques autres, sur le pied d'amans; et de l'instruire exactement des jours que cette dame iroit au spectacle. Notre homme jusqu'à présent s'est bien acquitté de sa commission : il s'est lié avec un des laquais de cette dame, qui s'est trouvé être de son pays, lequel lui a dit que M. le comte de la Marche étoit fort amoureux de sa maîtresse, mais qu'il n'étoit pas le seul ; que M. le duc de Fronsac l'étoit aussi, et venoit souvent la voir, ainsi qu'un grand officier aux gardes, d'Est... qui paroissoit être très-bien avec elle. Ce garçon lui a ajouté que sa maîtresse avoit raison, que son mari la traitoit durement, et que dernièrement la voyant le matin, en peignoir, ses cheveux déployés, il lui avoit dit, en présence de plusieurs de ses gens, savez-vous bien, madame, à qui vous ressemblez comme cela ? A une fieffée putain ; et qu'elle s'étoit mise à pleurer, etc.

Marais.

Et le 12. J'ai eu l'honneur de vous rendre compte, des attentions de M. de Monville au spectacle, pour madame de Monregard. Ce qui m'avoit engagé à vouloir en savoir davantage, et à faire parler à cet effet au nègre de ce monsieur, qui tout naturellement avoit dit que cette dame étoit la maîtresse de son maître; que si son mari venoit à mourir, il l'épouseroit, et qu'il la voyoit quelquefois à sa petite maison sur la chaussée d'Antin. J'ai fait vérifier ce dernier fait, et la femme du concierge en est convenue. Après vous en avoir communiqué, j'en ai instruit M. le comte de la Marche, et ce prince, sur mon rapport, s'est donné la peine de venir chez moi. Il m'a paru enchanté de mes découvertes, et m'a fait connoître que ses affaires étoient beaucoup plus avancées auprès de cette dame que je ne croyois : il m'a appris qu'il lui écrivoit par la petite poste, et qu'elle lui faisoit réponse par la même voie : il m'en a même fait la lecture d'une. « Mon prince, plaignez-moi, vous êtes sans contredit l'homme du monde le plus aimable, mais j'entrevois mille obstacles au plaisir que j'aurois de vous voir. » Vous voyez bien, m'a-t-il dit, que c'est une femme qui capitule : elle entrevoit mille obstacles, mais elle ne dit pas qu'ils sont insurmontables. Avec un peu de patience, j'en viendrai à bout. Je lui ai fait réponse à sa dernière lettre, et après lui avoir débité beaucoup de tendresse, que comme je serois désespéré de rien faire qui pût la compromettre avec son jaloux, il falloit qu'elle eût la bonté de se prêter un peu : je lui laissois le choix des moyens. Cette intrigue m'amuse : l'histoire de Monville me fait plaisir, et me prouve qu'elle n'est point inflexible. Présentement, mon cher Marais, il me suffira de savoir les jours qu'elle ira à la comédie, etc.

Marais ajoute qu'il a prié le prince de lui accorder quelques permissions de chasse dans son canton du Tremblay, et que de la meilleure grace il lui en a signé pour lui et pour ses amis. Cet aveu en cachoit d'autres. Il ne donnoit pas quittance de tout l'argent que lui valoient ses lâches complaisances : le 27 septembre, sur-tout, lorsqu'il fut encore chargé de chercher une marchande de modes qui voulût louer une chambre à la demoiselle Montalet, où elle se rendroit quelquefois, sous prétexte de commander des chiffons parmi lesquels se glisseroient des lettres. Toutes ces précautions du prince n'étoient que pour éviter la jalousie scandaleuse du marquis de Villeroi. Il fut bien un jour sur le point de de se déguiser en abbé pour mieux entrer chez la baronne de Wasberg. Il est vrai que c'étoit pour ne pas toujours se changer en pluie d'or. L'occasion s'en présentoit assez souvent, quand il avoit le boucher

Colin, pour rival, ou l'intendant Rouillé d'Orfeuil, qui, en dînant, s'étant apperçu que Caroline fixoit la bague d'une convive, l'acheta au dessert cent louis d'or pour avoir le bonheur de la lui mettre. Son père *Conty* étoit plus généreux que lui : car il donnoit le même jour un carrosse à la Duplan, et 800 louis à madame Montgaultier, qui les mangeoit avec son basson ; et il disoit encore de la Pelin : je l'ai prise, je ne sais pourquoi, je l'ai gardée, je ne sais pourquoi, et voilà au moins mille louis qu'elle me coûte, je ne sais pourquoi. Il n'y a jamais eu que la *Mainvilliers* qui se soit plaint d'avoir amusé son altesse, sans la moindre marque de reconnoissance. Mais elle s'en prit au président d'Aligre et à Jacquet qui étoient de la partie. Du moins tous ces princes ne ressembloient-ils pas au prince de *Lambesc*, qui faisoit rendre, par l'autorité de M. de Penthièvre, une paire de girandolles dont il avoit fait présent à la *Grandy*, et qui, questionné sur les caprices de la petite *Baise*, répondoit : je lui donne de temps à autre quelques coups de pieds, et cela se passe bien. Ces *reines à l'heure* n'avoient-elles pas raison de préférer un commis qui avoit l'honnêteté d'être dupe, à ces grands seigneurs qui voloient jusqu'à leurs plaisirs ? Qu'on demande à la Brissault combien elle a reçu, le 22 avril 1774, du duc de Chartres, du duc et du chevalier de Cogny, de M. de la Vaupalière, de M. d'Etrehan, du comte de Noailles, du prince de Ligne, du baron de Besseval, de M. de Vaudreuil, du marquis de Laval et du comte d'Estinville. Tous lui ont fait neuf louis : et elle leur avoit servi à souper, quatre nymphes dont la moins chère étoit mademoiselle de Bussy ! Le lendemain, ils n'auroient pas trouvé une main à baiser sur le pavé de Paris. Elles étoient toutes pour le comte du Barry, qui achetoit des filles comme des tableaux, et il les couvroit toutes.. de diamans. Les *Thevenet*, les *Morancé*, les Dubois, la Breba sur-tout, dont la *cuisse* séduisoit toute la cour, le réduisirent à n'avoir pendant deux ans que deux mille francs par mois. Le malheureux ! ses dettes payées, il reprit ses cent huit mille livres de rente en cent huit sacs. Et c'est alors que par ses enchères, il fit encore hausser les actions à la bourse de cythère. Sans lui, tous ces anglois qui aimoient *du thé*, comme du punch, les Tompson, les Pierse, les Vavassor ne se seroient pas disputés; l'or à la main, cette *belle bête*, qui faisoit encore payer au vieux de Chalut, un balai deux ou trois mille louis ; sans lui, le baron d'Oigny n'auroit jamais logé dans un palais une baronne de *Burman*, pour les beaux yeux de Julien l'acteur, elle qui, sous le nom de la petite Lecoq, avoit si long-temps *détaillé* chez la Varenne, rue Feydeau, recevant tantôt cinquante louis, avec onze plats d'argent, et pour 1500 de porcelaines, tantôt 25, quelquefois 12, quelquefois 10. La vanité est l'émulation des sots : et quand les courtisannes surent que les amateurs mettoient plus de gloire que de plaisir à les posséder, elles n'eurent pas besoin de se parler pour contrefaire toutes un peu les Pénélopes. Hercule lui-même, avec sa quenouille, sans argent, n'eût pas trouvé une Omphale : et si le polonois Potoski a enfin couché, la nuit du 28 au 29 juin, avec mademoiselle Toute-ville, sœur de la jolie d'Egremont, c'est qu'il jura sur son honneur, en donnant à compte des girandolles de 12000 l., de fournir maison, carrosse, laquais à livrée, et tout ce que doit avoir une dame comme il faut. Il fut aussi obligé d'en passer par là, à peu près, M. l'ambassadeur de l'empire, avec *Rosalie*, qui ne quittoit pas pour lui le *paillasse* de Nicolet, que sa belle main avoit rendue folle. Eh ! La demoiselle Vadé qui ne venoit que de Lyon, n'a-t-elle pas trouvé, en arrivant dans la rue du Croissant, un hôtel à bail, loué 3000 liv. avec des meubles trop beaux pour qu'elle pût s'en servir ; dans une bourse deux mille louis pour le ménage, et dans une autre 500 pour ses menus plaisirs; plus, un écrain de diamans de 40000 liv.; plus, de la vaisselle plate, et enfin du linge, et des pièces d'étoffes? et le génie enchanteur étoit M. Bertin, trésorier des parties casuelles. L'antropophage Gourdan elle-même, à 45 ans, quoiqu'elle eût une fille religieuse aux Annonciades de Roye, n'a-t elle pas soutiré d'un gentilhomme picard, plus vieux qu'elle, un contrat par lequel il lui faisoit trois mille livres de rente perpétuelle, rachetable en remboursant le principal de 60000 liv.? Il n'avoit pourtant pour elle qu'un *doigt* d'estime. Que n'a pas dépensé monseigneur l'évêque de Liége pour cette Deschamps, dont la chaise percée étoit garnie de dentelles, et qui en regardant tous ses appartemens de fée, disoit à son coadjuteur, M. Salis, officier suisse, un *baiser de plus à ma calotte payera tout cela?* N'étoit-il pas encore plus heureux qu'un gouverneur de Saint-Domingue, un chef d'escadre, qui, à 60 ans, avec 50000 liv. de rente, pour toucher la *Dorval*, fut son laquais, et portoit jusqu'à ses billets doux à un procureur au parlement? Si on avoit oublié que le duc de Richelieu, qui ne se contenta pas toujours de regarder par le trou d'une porte, deux femmes, la Villers et sa négresse, qui se passoient bien de lui, a mis son crachat au mont-de-piété pour arrher la *Maupin*, je chanterois ce couplet, sur l'air: *jardinier ne vois-tu pas.*

> Judas vendit Jésus-Christ
> Et s'en pendit de rage :
> Richelieu plus fin que lui,
> N'a mis que le Saint-Esprit,
> En gage, en gage, en gage.

Mais personne ne doute de tous les sacrifices qu'a exigés le voyage de *Corynthe*: jusques-là, que pour pénétrer dans ces couvens où l'on ne connoît d'autre dieu que celui des jardins, il faut par des offrandes se ménager les *tourrières*. Lorsque le duc de la Vauguyon partit pour son ambassade, il envoya une magnifique boête d'or, émaillée, et c'étoit la quatrième, à cette Maguignogne, qui, par son art à préparer les orgies, avoit mérité le surnom de la *présidente*. Elle en reçut bien d'autres d'un simple intendant qui lui donna à la fois un cabaret de Sève, douze cuillères à café, et une croix fine qu'elle auroit souvent ôtée de son cou, si elle avoit eu les préjugés de la superstitieuse Rome.

Cette folie de jeter son argent dans le

tonneau des Danaïdes n'a pas toujours été à la mode. La police a connu des disciples d'Epicure qui ne se laissoient pas dévorer par les *sirènes* : un abbé de Salze, qui pour écrouer la grande Mercier dans une chambre garnie, ne lui donna jamais de robes, persuadé qu'elle n'oseroit pas sortir en casaquin : un Depres... qui ne regardoit la *Buhart* que comme un *meuble* de plus dans son équipage : un Toquini, banquier, qui pour trois robes neuves, un peu de linge et 300 liv. par mois, eut Marie Testar, encore en bouton, de la main même de ses père et mère, chez lesquels se fit la noce : un marquis de la Platerie, qui rencontrant au spectacle la baronne de Moresus, s'écria : eh ! depuis quand Jeanneton es-tu baronne ? Et enfin cet architecte, qui après avoir bercé long-temps une danseuse de l'opéra, de l'espoir qu'il lui bâtiroit un hôtel, lui en envoya un de pain d'épice, où rien ne manquoit, pas même des garçons frotteurs. Voilà tout au plus comme il est permis de faire l'amour à des catins. C'étoit assez la façon de penser du duc d'Yorck qui, le 7 août 1767, ayant loué la Durancy à la Brissault, s'en servit et se reposa : et comme elles lui reprochoient son impolitesse : — mesdames, des femmes comme vous sont comme un bouillon : pour qu'il fasse du bien, il faut

dormir

dormir une heure après. Celui-ci m'a paru bon : gardez-m'en un pour lundi : c'étoit encore celle du chevalier de Cl... qui, de sa garnison célibataire, écrivoit à une pourvoyeuse du Palais-royal : « envoyez moi une fille saine de corps et d'esprit, je lui donnerai dix louis par mois : » et le 6 juillet 1768, la polygame Valcourt, qui n'avoit que des dettes, prit la voiture de Bourges. Elle comptoit un peu sur les bons offices de l'état-major.

Si les besoins n'étoient jamais devenus des caprices, si le luxe n'eût jamais mis d'enchère sur ces filles que la misère livre, quand la nature ne les soumet pas, sans quelques imbéciles *Lucullus*, on n'eût jamais vu à Paris de ces dîners d'*Antoine*, où une *Cléopâtre* avaloit des perles. Elle n'avoit point encore de *sallon d'Apollon*, cette Gourdan dont le mari, receveur des aydes, après avoir été condamné à mort par contumace, n'en fut pas moins capitaine général des fermes, à Brest, et eut ensuite l'entrepôt de Carpentras ; cette Gourdan, la *comtesse*, lorsque dans son humble début elle écrivoit à un grand d'Espagne :

Votre Excellence,

Ayant eu l'honneur d'entendre parler de

vous comme d'un seigneur galant, j'ai osé prendre la liberté de vous adresser cette jeune personne, porteuse de la présente : c'est l'épouse d'un médecin nouvellement marié. Des raisons dont elle aura l'honneur de vous faire part, l'engagent à recevoir les secours de quelqu'un qui voudroit bien l'obliger. Elle est jeune, jolie et bienfaite, etc ».

La Gourdan ne se contenta pas long-temps de cet obscur colportage. D'une verte conception, embrassant d'un coup-d'œil tout l'univers, elle jeta les fondemens d'un temple, dans la rue des deux Portes saint-Sauveur, où accoururent toutes les nations de tous les cultes. L'Anglois, sur-tout, qui a tant besoin de rire pour se bien porter, se félicitoit de la trouver avant de la connoître. Comme elle a dû être flattée, lorsqu'un coureur qui avoit des ailes au talon, lui apporta cette lettre d'un milord !

Madame,

Il y en a quelques uns, depuis j'eus eu le plus grand envie de monde de faire connoissance avec vous, qui êtes par-tout ce que je puis entendre, la reine de plaisirs, et si savant dans la volupté, que vous êtes faite, si je puis dire, pour me procurer les plus grandes délices (1). Pour venir au bout, je suis un homme de condition, Anglois, c'est-à-dire, franch, généreux et riche. Il n'y en a pas rien que je ne veux pas faire pour enjouer quelques femmes charmantes, rares et de la première beauté et luxuriance. Comme dans la situation actuel des affaires entre les deux couronnes, et pour des raisons particuliers, je ne puis pas faire mon apparence à Paris, et j'ai des raisons pour être le plus secret qu'il est possible; c'est pourquoi je suis incognito à saint-Germain, et ce moment que mon équipage m'a laissé ici, je le renvoie à Paris, et je voudrai rester en incog; envoyé moi tout ce qu'il est rare que vous pouvez me procurer: vous n'avez que penser un moment sur cette sujet. A la même temps pensez que vous avez affaire avec un Anglois qui n'a point de bornes à son générosité, et ne traittez pas cette affaire en bagatelle. Vous n'avez que venir vous-même demain matin avant midi, et je vous dire plus que peut être contenu en papier. Mon adresse est à mons^r. mons^r. Robertson, à la chasse royale, ou à la poste-restante.

---

(1) C'est la Gourdan qui au lit de la mort, disoit à ses filles: eh! croyez-vous que je puisse tromper quelqu'un en l'état où je suis.

Envoyez un réponse par cette drôle, et sur le champ : et croyez-moi d'être votre ami en attendant.

7 de septembre 1776.

La sultane Validée, avec la prétention d'être une *Calipso*, lui mena une *Eucharis*. Il paroît qu'il s'accommoda même de l'éternelle déesse : car elle le remercie : « vous avez fait les honneurs à mes vieux charmes : la plaisanterie, que je valois mieux que cette belle dame, m'a surprise ; mais je crois que vous rendez justice à sa beauté et à sa *naissance*. Je n'en sens pas moins le prix de tous les avantages que vous me proposez, sur-tout, après la perte que je viens de faire de deux cents mille francs. » Elle eût mieux fixé son *Ulisse*, en lui promettant l'immortalité.

Tous les étrangers n'étoient pas galans comme un *Robertson*. Lorsque le Polonois Ros... devint fou de la *Grandi*, mais fou jusqu'à l'engager à porter son nom, comme M. de Sainte-Foix l'avoit permis à la *Courcy*, il lui donna bien une montre de 40 louis, un ajustement de dentelles, et un vis-à-vis attelé de deux bons chevaux. Tout cela fut bien reçu ; mais tout n'étoit pas payé. Celui qui avoit vendu le carrosse, M. Blanchart, à l'hôtel d'York, va, entre midi et deux heures, trouver la petite princesse à son lever; et comme elle croyoit que cet *homme* avoit quelque grace à lui demander, elle lui témoigna beaucoup d'humeur sur ses chevaux, qui ne savoient pas courir. M. Blanchart, d'un air respectueux, jaloux de la réputation de ses bêtes, lui proposa de les mener lui-même à Longchamp; et que s'ils n'étoient pas dignes d'elle, elle choisiroit la plus belle paire de son écurie. Elle lui permet d'être son cocher. Sur les boulevards, il lui propose, à cause de ses *nerfs* délicats, de descendre, pour que, par de hardies caracoles, il lui prouve tout ce que savent faire ses chevaux sous un fouet savant. Elle regarde et ne les voit plus; ils sont déja sous la remise de leur maître : mademoiselle *Grandi*, toute honteuse d'être à pied, fut trop heureuse de s'appuyer sur le bras d'un de ses amoureux à *l'heure*, qui vouloit lui donner, comme à *Vénus*, un char que pouvoient traîner deux colombes.

Le soir, elle se consola du coup du sort, en apprenant qu'une de ses camarades, la demoiselle Haroire, qui avoit son père pour portier, avoit passé de son *hôtel* à l'hôpital, pour avoir jeté, dans la rue, un ordre du roi qui l'exiloit, toute maîtresse qu'elle étoit d'un conseiller au parlement.

Toutes ces anecdotes, qui ne sont pas

les plus scandaleuses que je pourrois citer, sont puisées dans les rapports que signoit *Marais*. Mais, peut-être qu'on seroit bien aise d'avoir quelques échantillons de sa correspondance intime avec le magistrat que les nuits de Paris occupoient plus que les jours.

du 27 avril 1764.

Monsieur de Rohan-Chabot est venu chez la Montigny, lui faire une proposition qui lui a paru fort extraordinaire. Ce seigneur, après avoir exigé d'elle un secret inviolable, lui a dit qu'il falloit qu'elle lui trouve un homme, jeune, sain, grand, fort et vigoureux, qui ne fût point connu, pour avoir affaire à une dame de la première condition, fort aimable, qui n'avoit jamais communiqué qu'avec son mari, mais qui étoit curieuse de goûter des plaisirs avec un autre homme. La Montigny lui a demandé pourquoi il ne la contentoit pas lui-même : il lui a répondu, cela ne se peut, elle a bien voulu se confier à moi, il y a même des raisons pour cela, et il faudra que celui que tu nous trouveras, consente que je vienne le prendre le soir chez toi, et que je l'emmène, les yeux bandés, dans une petite maison où sera cette dame, et qu'il la satisfasse en ma présence, surtout qu'il ne soit ni garde du roi, gendarme, mousquetaire, ni soldat aux gardes, parce qu'il pourroit reconnoître cette dame lorsqu'elle va à la cour. Je voudrois que ce fût un homme de la lie du peuple, et qui arrivât, si faire se peut, de province : au reste il sera bien payé ; et toi, tu peux être sûre que tu seras plus que contente : car cette dame sait bien que c'est à toi que je dois m'adresser ; mais aussi si tu commets la plus légère indiscrétion, tu es une femme perdue sans ressource. La Montigny lui a promis le secret, et de donner ses soins pour lui trouver un homme tel qu'il le demandoit, mais qu'il lui falloit un peu de temps pour y parvenir. M. de Chabot est déja revenu quatre fois ; mais elle n'a rien voulu faire sans m'en communiquer, dans la crainte où elle est qu'on ne détruise son *étalon*, et que pour ensevelir le mystère, on ne lui fît, à elle-même, un mauvais parti. J'ai demandé à la Montigny si elle ne se trompoit pas, et si elle connoissoit bien M. de Rohan-Chabot ; elle m'a répondu qu'elle étoit sûre de son fait, que ce M. Chabot avoit la livrée de Rohan, qu'il avoit été, ci-devant, colonel des grenadiers de France, qu'elle le croyoit aujourd'hui maréchal de camp, qu'il pouvoit avoir tout au plus trente ans, qu'il étoit blond de cheveux, le visage fort maigre et les joues creuses, en outre qu'elle ne pouvoit pas s'y tromper, parce qu'il avoit eu accointance avec elle, du temps qu'il étoit encore aux grenadiers de France. Je soupçonne que cette dame est dans l'impuissance d'avoir des enfans avec son mari; qu'il lui est intéressant, ainsi qu'à son mari, d'en avoir; que c'est peut-être même la femme de M. Rohan-Chabot, et que ne voulant point commettre sa réputation par un intrigue galante, ils sont d'accord. J'ai très-fort recommandé à la Montigny de ne rien faire sans m'en rendre compte, afin d'avoir le temps de prendre votre avis.

MARAIS.

Si je pouvois oublier que le mariage est un sacrement, ce seroit, peut-être, là le cas de desirer les institutions de Lycurgue. Un Spartiate disoit à son voisin: vous n'avez point d'enfans de votre femme; cependant elle me paroît propre à en donner à la république, je vous prie de me la prêter.

Le divorce vaudra encore mieux: c'est aux loix à le permettre, c'est aux mœurs à le proscrire.

Du 3 octobre 1766.

C'est toujours le même contrôleur des actes à Cythère. Il envoie au magistrat la lettre, en original, de M. Barbançon à *madame madame Brisseau, rue Fran-*

çoise, *vis à-vis la petite porte de la Comédie Italienne.* « J'ai recours à vous, ma chère Brisseau : je suis arrivé d'hier, et je voudrois que vous m'envoyassiez demain au soir, sur les dix heures et demie, une très-jolie fille : vous savez que je suis difficile, et que je les aime grandes, jeunes et bien faites, minces de taille, et comme vous pensez bien, très-sûres. Vous savez que je loge rue de Babylone, auprès de la barrière. Il faudra qu'elle m'apporte une lettre pour prétexte, afin que mes gens ne se doutent de rien : je vous donne le bon jour, et vous embrasse ».

BARBANÇON.

La demoiselle Durancy fut députée. (Ici commence le *rapport*) : « Ce seigneur la trouvant telle qu'il desiroit, lui dit : mademoiselle, je vous trouve fort aimable : il n'est pas question de moi, mais bien de mon fils que vous voyez : il n'a que dix-huit ans : c'est un petit lutin que la nature domine ; il me tourmente sans cesse pour savoir ce que c'est qu'une jolie femme ; je vous prie de lui donner les premières leçons ; il a encore son pucelage ; je vous laisse ensemble ; je suis curieux de savoir comment il s'y prendra : et aussi-tôt il les enferme tous deux sous la clef, et passe dans la chambre voisine. Le jeune homme se voyant tête-à-tête, sans perdre de temps, se jette à son cou, l'embrasse, parcourt tous ses charmes et lui fait connoître, trois fois de suite, qu'en amour les novices valent mieux que les profès. M. de Barbançon, père, attentif à la porte, connoissant, par la tranquillité qui régnoit, que son fils reprenoit haleine, entre et demande à la maîtresse si son écolier a d'heureuses dispositions. Elle ne lui répond qu'en se jetant au cou de son jeune athlète qu'elle couvre de baisers. Le père tendre, comprenant, par cette expression pleine de feu, que son fils est digne de le remplacer dans la carrière, les embrasse l'un et l'autre... ».

Marais.

Le remerciement fut de vingt louis. C'est perdre tout à la fois son innocence, sa santé et son argent. Le petit Hercule vouloit encore la nuit par dessus le marché. Mais l'Odalisque avoit besoin de repos. Elle devoit paroître le lendemain devant le président d'Aligre qui devoit examiner si elle étoit en état de remplacer la *Pelin*, c'est-à-dire, d'amuser un prince qui venoit souvent, en habit gris, dans sa petite maison de la rue Poissonnière. Il y avoit 6000 liv. de rente à espérer, en s'engageant toutefois à ne jamais sortir que suivie d'un *grison* ou du premier président.

M. de Barbançon, qui croyoit se connoître en éducation mieux que Mentor, tira de cette scène de débauche, une morale : qu'il n'y a de félicité pour les hommes que le plaisir des ânes. Si le vice enflamme les ames et les élève comme l'amour, on a dû entendre son Télémaque, lorsque, sous les drapeaux de Mars, il monta, pour la première fois, à l'assaut : Ah ! *si Durancy me voyoit !* je doute que la Durancy ait fait bien des héros.

La complaisance de la comtesse de Lismore, pour son fils, est plus excusable. Elle amena dans sa voiture une maîtresse qu'il avoit conquise en Italie : et elles logèrent ensemble grande rue du fauxbourg Saint-Laurent. On eût pris mademoiselle Fontaine pour une bru. Il est vrai qu'elle avoit plus que le maintien d'une femme honnête : car elle ne mettoit point de rouge, et en l'absence de milord elle n'ouvroit à personne. Peut-être prit-elle du goût à être sage. Mais elle avoit un état qui inspire de la méfiance aux dupes même. Quand je pense avoir vu tous les dimanches et fêtes, à la messe de Saint-Joseph, même dans la tribune, une jolie dévote de 22 ans, sur qui tout le monde levoit les yeux, et qui ne les levoit sur personne ; et que cette religieuse, en carrosse, étoit l'allemande *Montalant*, que le chevalier Goudart promena si long-temps pour la vendre, et qui fut enfin achetée par le marquis de *Villeroi*, moins pour s'en servir que pour faire croire qu'il ne se servoit pas de la demoiselle Marquise qui faisoit des enfans à M. le duc d'Orléans ! (cette petite marquise avoit le don des larmes; c'est à-dire qu'elle avoit toujours, dans un flacon, du jus d'oignon.

Dès que l'on tire en quelque endroit, disoit Louis XIV, de Villars, au siége de Maestricht, il semble que ce petit garçon sorte de terre pour s'y trouver. J'en dirois autant de l'inspecteur de police qui avoit la grande main sur tous les ménages bâtards. On croiroit que, comme le *diable boiteux*, il étoit assez sorcier pour découvrir tous les toîts. Tantôt il voyoit deux ducs, un marquis et quelques comtes, s'amuser, pour leur dessert, dans le pavillon d'Hanovre, le 23 décemb. 1760, à voir leurs nègres *coquer*, sous leurs yeux, des blanches qui, sans eux, auroient été réduites aux *bougies*. Tantôt il apperçoit le juif *Pechole* sous le dais, en glace, de la *Dornay*, qui pressée de se lever, comme l'aurore qu'ennuie le vieux Tithon, en comptant ses quinze louis sur la cheminée, fit tomber et cassa l'œil d'émail que le circoncis s'étoit arraché adroitement avant que de se coucher. Ici c'est la *Verdault* qui, en vingt-quatre heures, fait onze heureux : cette *Verdault* que les Anglois se cédoient comme un appartement garni, à 20 louis par mois : ou bien la jolie madame de la rue St. Anne, qui, sous le manteau de la Brisseau, portant chez elle autre chose que des galons, gagnoit en passade, le 8 avril, 10 louis avec milord d'Egmont; le 10, *id.* avec le duc Dal..; le 13, *id.* avec un officier aux Gardes-Françoises ; le 15, *id.* avec le duc d'Ar...; le 16, *id.* avec le marquis de Romey. Son prix étoit toujours le même, quelque courte que fût la vacation. Là, c'est le marquis de Romey qui, le 8 décemb. 1775, jette au feu le plus élégant déshabillé de la *Farcy*, parce qu'elle veut aller au bal de l'Opéra avec la *Misis* qui avoit les goûts de Sapho. Plus loin, c'est une dame C... qui, voulant placer en viager sa fille que lui gardoit le couvent des Ursulines, rue Saint-Jacques, parla de ses spéculations à l'entrepreneuse générale, à la *Brisseau*, qui envoya un de ses maquignons, sous le nom d'un tailleur de corps, pour prendre le signalement de la *Vierge*, d'après lequel il seroit demandé à *Lebel*, valet-de-chambre, la première place vacante au parc aux cerfs. (On sait que les *petites comperes* de ce sérail, quand elles avoient le bonheur de devenir grosses, trouvoient toujours un chevalier de Saint-Louis, de ceux dont la croix, comme celle d'un *Changrant*, s'obtenoit à Mousseaux, prêt, pour 25 mille liv. de rente, à signer les *œuvres* de Louis XV, qui souvent signoit celles de M. Lebel). Encore plus loin, c'est un officier des Eaux et Forêts, qui, sans emploi, veut relever sa fortune sur sa fille. Il l'amène à la *Gourdan*, la *Gourdan* la mène au prince de Conti, qui donna 100 louis pour l'essayer.

Le lieutenant de police qui, chaque matin à sa toilette, apprenoit les actions les plus secrettes de la capitale, étonnoit ses amis à qui il en racontoit quelques-unes. On lui croyoit, dans sa maison, une oreille comme celle de *Denis* (1) qui est en Sicile. Comment avez vous pu savoir, pouvoit lui dire M. Joly de Fleury, procureur-général, qu'ayant trouvé sur les rôles anciens des causes à appeler, mademoiselle Pinville qui réclamoit un contrat de 1500 livres de rente de M. de Puységur, je l'ai envoyé chercher pour la voir, et que l'ayant vue,

---

(1) Elle étoit travaillée en forme d'oreille humaine, dont le tuyau aboutissoit dans la chambre du tyran, et par lequel il entendoit tous les entretiens des citoyens suspects qu'il y faisoit enfermer.

je l'ai engagée à le poursuivre sans craindre les *revenans* (c'étoit en 1771) que je lui ai fourni avocat, procureur, et que je lui ai offert un carrosse qu'elle refusa, pour ne pas faire ombrage à madame *Destat* mon amie? Et M. le lieutenant de police lui répondoit: que diriez-vous si je vous montrois le billet que vous reçûtes la nuit du 3 au 4 mars 1741, lorsqu'on exposa à votre porte un nouveau né dans un maillot de 5 à 600 liv.? Lisez: « Voilà le fruit des promesses de votre infructueuse protection que Dieu a envoyé à bien. Soyez plus exact à l'élever, que vous ne l'avez été à soigner sa mère. Souvenez-vous seulement que je ne veux pas de vos bienfaits, rompant tout commerce avec vous, pour vous oublier à jamais ». Votre femme le vit, et vous dit: monsieur c'est une nourrice qu'il faut. Comment avez-vous su, pouvoit lui dire M. M.., receveur-général des finances, que c'est moi qui ai fait faire des propositions à une petite marchande de modes dont le curé de Saint-Paul payoit l'apprentissage, rue du Colombier, et que j'ai même promis de placer tous les ans, sur sa tête, trois mille livres? Comment avez-vous su, pouvoit lui dire la marquise *d'Aupy*, que moi qui mangeoit si souvent avec vous chez votre beau-père, où l'on me croyoit autant honnête que devoit l'être une dame de qualité, j'allois quelquefois, poussée par un tempérament de Pasiphaé, offrir à la Gourdan tous les profits de ma ceinture ? Comment avez vous su, pouvoit lui dire le maréchal duc de Biron, que la Dénerville protégée par le secrétaire-général du tribunal étoit chargée d'envoyer deux fois par semaine, à mon hôtel, deux relais de Paphos, de 16 à 18 ans, qui seroient payés même en ne courant pas ?

Le magistrat qui se faisoit un grand mérite de la plus honteuse des inquisitions, se gardoit bien de leur expliquer comment rien ne pouvoit échapper à son comité des recherches que composoient des femmes perdues qui étoient obligées de révéler toutes les actions qu'elles couvroient de leurs manteaux, sous peine d'être renfermées à l'hôpital, comme la *Florence*. Leur métier, encore une fois, étoit de débaucher Mars et Vénus, et quand ce couple adultère étoit sous leurs filets, leur devoir étoit d'appeler les dieux qui ne vouloient qu'en rire : et comme leur silence eût paru une coupable discrétion, elles recueilloient à l'envi les unes chez les autres, tous les faits et gestes qui pouvoient remplir le journal de l'inspecteur, dont elles éclairoient tous les pas dans le labyrinthe de tous les vices. C'est par elles qu'il entendoit ce lieutenant-général

général des armées du roi, l'ami constant de Camille Veziant, que l'on eût prise pour sa femme, s'il n'eût pas tous les jours couché avec elle, lui dire enfin en 1761 : « mademoiselle, comme il n'y a point d'amours éternelles, je suis bien aise de vous dire que nous ne pouvons plus vivre ensemble. Je vous fais 2000 liv. de rente, et j'assure 60000 liv. à l'enfant qui vous reste de moi. Vos vingt-cinq louis par mois vous seront conservés jusqu'à ce que quelqu'un me remplace. Usez toujours de ma loge et de ma voiture, quand vous voudrez. Je vous invite même quand j'aurai du monde, de faire les honneurs de ma table. » Se marier, c'est souvent se quitter moins décemment.

C'est par elles qu'il a comme vu les adieux que firent, le 10 janvier 1769, trois ou quatre polissons de ducs à M. de Fitzjames que l'Hymen leur arrachoit. Le petit appartement de la rue Saint-Pierre étoit tendu en noir jusqu'au plafond. Des crêpes couvroient les lustres, les girandoles qui portoient cet écriteau qu'avoit inventé un secrétaire des commandemens : aujourd'hui Fitzjames est foutu pour la dernière fois. Tous les seigneurs étoient en deuil, comme leurs laquais. Les bougies étoient de cire jaune. La comtesse *Gourdan* avoit fourni trois veuves, *Rosette*,

Lélier et *S. Germain*, qui de leur chemise lugubre qu'annonçoit un tour de gorge d'effilé noir, voiloient ce temple à deux colonnes, d'où s'en fuit l'amour, dès qu'il apperçoit sur l'autel la main profane de *Plutus*. Le fils de Barwich qui ne venoit pas là pour voir un catafalque, ne savoit s'il devoit ou rire ou se fâcher. Mais *Momus*, qui secoua ses grelots, lui apprit qu'il y avoit encore des plaisirs dans l'empire des morts, et il se crut un moment Orphée qui enlève Eurydice. La scène changea bientôt sous la baguette des Armides, et n'offrit plus que des vivans qui s'embrassoient, à un repas où Ganimède servoit comme Hébé. Il y avoit encore une plaisanterie de *princes* à faire, c'étoit d'envoyer le mémoire des veuves, que fut obligé de signer le héros de la fête, à M. de Thiars, dont la fille héritoit d'elles. Le beau-père qui auroit dû rougir de la succession et l'abondonner, conseilla gaiement à la *Gourdan*, de tirer sur le duc de *Chartres* qui étoit toujours en compte courant avec elle : et quelques jours après, un évêque a béni les noces du très-haut et très-puissant seigneur qui présenta à son curé un billet de confession !

C'est par elles qu'il sut que le comte de Balincourt avoit reçu, le mardi 16 décembre, une lettre d'une blanchisseuse de la rue Montmartre, qui lui offroit une allemande toute neuve, en lui indiquant le moyen d'ouvrir la nuit la porte de son allée qui avoit un secret; que le comte eut la coquetterie d'en rire, la comtesse celle de s'en fâcher; que tous les deux, pour ne pas payer la commission, grondèrent l'innocent *savoyard* de se charger de ces billets là; mais que le valet de chambre qui avoit bien retenu le secret et l'adresse, dès le soir même se fit comte. Qui ne l'eût pas pris pour un homme de la cour? Il donna peu et promit beaucoup.

C'est par elles qu'il sut que le duc de la Vallière avoit acheté de *Huneau*, son domestique, un enfant de 13 ans, si naïve et si étourdie, que quand on lui ôtoit le chapeau de Flore, pour prendre la culote d'un page, si on lui demandoit du tabac, elle présentoit sa boîte à mouches.

C'est par elles qu'il sut qu'en décembre 1763, un jocket à galons larges avoit remis à *Caroline*, en présence du comte de la Marche, une lettre sans nom, d'un jeune gentilhomme qui lui offroit sa main et ses huit mille livres de rente. On veut le connoître; mais la consigne du postillon à courtes cuisses est de ne rien dire. Il aime mieux laisser son cheval. Les *grisons* le suivent: ils découvrent bientôt que l'amoureux fou est le chevalier de *Malard*, cousin de M. de Sabran, à qui le prince renvoie le cheval anglois. C'étoit lui dire qu'il connoissoit son rival, et qu'il ne le craignoit pas.

La *Gourdan*, cette catin honoraire, ne vint-elle pas elle-même instruire le magistrat que le prince des deux Ponts, en partant, lui avoit confié mademoiselle *Lilico*, avec cent louis, pour qu'elle la lui gardât saine et sauve pendant sa courte absence; que pour mieux en répondre, elle l'avoit placée au couvent de Sainte-Périne, à Chaillot, sous le nom de mademoiselle Auvray, à 500 liv. de pension, comme pour lui faire faire la première communion?

N'est-ce pas la *Brissault* encore qui lui raconta avec admiration l'action mémorable, incroyable de cette petite *Dervieux* qui n'avoit pourtant pas été élevée à Saint-Cyr, et pour laquelle elle demandoit presque au gouvernement qu'il fît frapper une médaille? Milord *d'Egremont* lui avoit fait proposer 400 louis, en espèces sonnantes, pour qu'elle voulût lui permettre une seule fois de mettre une flèche dans son carquois. Elle les refusa. — Si je me prêtois à toutes leurs fantaisies, en un an je deviendrois riche comme une reine. Mais je préfère de travailler un an de plus, pour ne pas manquer au prince de *Soubise* qui m'a ouvert le jardin où viennent les pommes d'or.

Encore si le lieutenant de police, en faisant pressurer ces éponges impures, avoit eu l'intention de connoître par le pus qu'elles rendoient où en étoit la gangrenne des mœurs, comme un médecin, qui pour étudier et pouvoir guérir ses malades, remue de sa canne leurs excrémens! Mais toutes ces ordures lui plaisoient, et il ne les faisoit ramasser que pour en regaler la cour. Quel plaisir pour lui de pouvoir dire à Sa Majesté, dans son travail avec elle, que Jarnorwick, rival de M. de Ségur, vient toutes les nuits, sur la place Royale, en fiacre; qu'il monte sur le siége du cocher, de-là grimpe au balcon que lui ouvre l'irlandoise Nicolson qui le cache dans son lit? Il ne lui disoit pas sans doute qu'il avoit envoyé de sa part les demoiselles Beaupré et la Salle, à Sainte-Pélagie, parce que l'ambassadeur de Venise avoit perdu une bague. Louis XV lui abandonnoit les lettres de cachet pourvu qu'il l'entretînt de fredaines, et que sur-tout il lui donnât des notes sur les petits ménages. Il aimoit à savoir que l'évêque de Rennes, qui n'avoit été ambassadeur en Espagne, que parce que madame Henriette sembloit vouloir oublier avec lui l'inégalité des conditions, avoit eu toutes sortes de bénéfices par le canal de madame de Marsan; de cette gouvernante d'enfans, qui a vendu jusqu'à ses diamans pour le comte de Bissy, dont les seize mulets étoient appelés les *petits Marsan* : que M. de Bernage, prévôt des marchands, s'épuisoit avec la baronne Blanche qui avoit épuisé tout le corps diplomatique : que l'abbé de Saint-Hermine, grand mangeur de moutarde, aumônier de la reine, vit avec la sœur du doyen du grand conseil : que la duchesse de la Vallière et la duchesse de Luxembourg ne se quittent jamais que quand M. de *Bissy* se met entre elles : que la princesse d'*Enrichemont* menace ses femmes de chambre, quand elle est en colère contre elles, de les faire f... par ses laquais. C'étoit le moyen qu'elles l'impatientassent souvent, etc.

Ce sont de ces contes-là que le magistrat rendoit au roi tous les dimanches. Son inspecteur *Alleard Allaye* remplissoit dans la semaine son porte-feuille de gaillardises qui faisoient rire la Dubarry à gorge déployée. Quand son grand *Louis* lui racontoit que M. Pater n'avoit pu éviter d'être cocu, quoique couchant toutes les nuits avec sa femme, elle s'écrioit : comment fait-on pour être sûr de ces choses-là ? mais s'il lui montroit ces quatre vers :

Pater est dans notre cité,
Filius en voudroit être ;
Nous aurions une Trinité,
Si *Spiritus* en pouvoit être :

Elle ne les entendoit pas, et alors personne ne les trouvoit bons.

Son indiscrétion gênoit beaucoup le service de Marais qui écrivoit au lieutenant de police : *tous nos jeunes seigneurs ont dit à la Brissaut qu'ils craignoient au lever du roi*, parce que *toutes leurs démarches, dans le chemin couvert de la galanterie étoient connues* : et il ajoutoit (c'étoit le 8 avril) ce *carême n'a rien valu pour les femmes*, elles qui font tant, *quand les spectacles ne font rien. Jamais je n'ai tant vu de religion !* Pour corriger cette espèce de reproche que le valet faisoit à son maître, qu'en rapportant tout ce qu'il lui disoit, il le rendoit suspect, et l'empêchoit de paroître devant ceux qui le craignoient trop, pour ne pas se cacher ; il lui communiquoit la confidence que fit à M. Pasquier, la baronne de Varbeck. Ce bon papa, en lui payant sa petite maison du Pecq, lui dit, en jouant : Mimi, soyez sage : car je me plaindrois de vous à M. le lieutenant de police qui est mon bon ami. Gardez-vous en bien, répliqua la petite folle, en faisant sauter la perruque, car je meurs d'envie de coucher avec lui.

Marais finit par cette réflexion d'un flagorneur : c'est une envie, monsieur, que je connois à beaucoup de nos demoiselles. Il ne lui apprenoit rien. Tous les mois, n'en trouvoit-il pas beaucoup qui lui faisoient des propositions, jusques sous les yeux du public, parmi celles mêmes qu'il condamnoit à l'hôpital ?

Je pourrois ne pas tarir sur les *filles*: car il ne tient qu'à moi, en les suivant sur tous les théâtres où elles ont joué, de donner leur histoire jour par jour, heure par heure : je dirois ce qu'elles étoient, ce qu'elles ont été, ce qu'elles sont, mais comme elles ne sont jamais seules, et qu'elles changeoient d'hommes comme de domiciles, il faudroit, pour soutenir mon caractère franc, faire connoître tous ceux qui se les passoient de lits en lits, de mains en mains. Je serois forcé de décliner plus de noms qu'il n'y en a dans l'almanach royal, dans celui de Paris, et dans celui de Versailles réunis, à moins que je ne prisse le parti le plus court, de ne compter que les justes qui se trouvent dans la moderne Sodôme. Ce qui me presse le plus, c'est de prouver aux hypocrites, sur-tout, qui vouloient jouir, tout à la fois, des honneurs de la vertu et des plaisirs du vice, que leurs plus clandestines démarches étoient connues à la police. La police savoit ce qu'avoit fait, ce qu'avoit dit l'avocat général Séguier, le 2 avril 1760,

    Chez la Hecquet, cul de sac saint-Fiacre.

    M. Dufresne, pendant cinq nuits de suite, en 1773,

    Chez la Hermand, rue Pavée.

M. Chouard, cons. au parlem., le 4 avril 1760,

    Chez la Préville, rue de Richelieu.

M. Plon, conseiller au parlement,

    Chez la Raucourt, rue Saint-Honoré.

    M. de Vienne, directeur des fermes, le premier et le 4 septembre 1764,

    Chez la Lefebvre, rue Sainte-Anne.

Les couriers de l'envoyé de Portugal, le 29 octobre 1760,

    Chez la des Longrais, rue des deux Ecus.

    M. d'Alembert, le 14 mai 1551. (Ces gens-là frappent aussi souvent à ma porte, que les autres, disoit Laïs des philosophes),

    Chez la Martin, rue Montmartre.

    M. le Gras, marchand de draps, le 13 mai 1760,

    Chez la Bailli, rue Saint-Honoré.

L'abbé Tabouet, précepteur,

    Chez la la Salle, rue Jean de Bauvais, proche le Louvre.

    M. Pasquier, f., cons. au parl., le 24 avril.

    Chez la Montigny, dite Dupuis, rue de Vendôme ;

M. de Montholon, président, le 14 juin 1764.
 Chez la Eudes, rue des Prouvaires.
 M. de Fluchère, le fils, conseiller au parlement,
 Chez la Varenne, rue Feydeau.
M. le procureur du roi, le 11 sep. 1771,
 Chez Brissaut, tailleur, rue Tire-Boudin;
 M. de la Thuilière, garde-du-corps, le 24 janvier 1780,
 Chez la Vaudry, rue S.-Honoré.
M. Chevalier, de Rouen, le 3 oct. 1760,
 Chez la Dubuisson, rue du Ponceau.
M. Bouilhac, ferm.-gén., le 13 août 1764,
 Chez la Brunet, porte Montmartre.
M. de Neuville, gendarme,
 Chez la Garnier, rue de l'Egoût S. Martin.
M. Hochereau, libraire, le 31 oct. 1760,
 Chez la d'Héricourt, rue du Chantre;
Le président de Salabery, 11 février 1777,
 Chez la Maison Neuve, rue d'Argenteuil.
Le vidame de Vassé, le premier décembre 1774. (Ce jour-là les filles étoient en deuil de cour),
 Chez la Gourdan, rue Comtesse d'Artois.
Greuzes, peintre, le 1 juillet 1770.
 Chez la Mainvielle,
Le baron de Besanval, le 6 septembre 1771,
 Chez la Vierville, rue d'Argenteuil.
 M. le commiss. Bourgeois, avec Manette, le 9 septembre 1771,

Chez la Leblanc, rue Beaurepaire.

M. le Maître, conseiller au parlement. le 12 février 773,

Chez la Beauchamps, rue des deux Portes Saint-Sauveur.

M. Legrand, conseiller au parlement, le 11 décembre 1765,

Chez la Dumas, rue du Pélican,

M. Richard fermier général, le 21 avril 1772,

Chez la Quernet, rue de Richelieu.

M. le président Paris, le 4 février 1774,

Chez la Humbert, rue des Prouvaires.

M. Hazon, notaire, le 5 novembre 1760,

Chez la Laurent, rue des deux Portes-Saint-Sauveur.

M. Delaborde, avec Chouchoux, le 6 juillet 1775,

Chez Henriette Poissi, rue du Pélican.

M. le duc de Warwick, le 20 janv. 1776,

Chez la Hervieux, rue Mauconseil.

M. Golard, ferm.-gén., le 12 avril 1776,

Chez la Boquinston, rue de Bourbon.

M. de Sezanne, méd., le 25 mars 1776,

Chez la Legrand, rue Saint-Honoré.

M. Babille, ancien échevin,

Chez la Legal, rue d'Orléans.

M. de Sarpeur, ferm.-gén., le 2 mars 1776,

Chez la Vaudreuil, rue Poissonnière.

M. de Paulmy d'Argenson, avec quatre demoiselles, le 18 février 1777,

Chez la Lebrun, rue Plâtrière.

M. de Pinay, ferm.-gén., le 17 mai 1771,
   Chez la Grandjean, rue Geoffroi Lasnier.

M. de Bertinval, mousquetaire,
   Chez la Duclos, rue de Richelieu.

M. Devalroche, ferm-gén., le 2 juin 1771,
   Chez la Sauvage, rue des deux Ecus.

Le Suisse du nonce du pape, le 8 avril 1776,
   Chez la Guérin, rue de Richelieu.

M. Michel, marchand de chevaux, le 8 avril 1776,
   Chez la Ducoudray, porte Saint-Martin.

M. Dufresnoi, le 11 novembre 1774,
   Chez la Saint-Romé, rue Saint-Honoré.

M. de Piercourt, trésorier de l'école militaire, le 3 avril 1772,
   Chez la Imbert, rue des Prouvaires.

Le comte de Rose, le 19 avril 1772,
   Chez la Forville, rue de l'Arbre-Sec.

M. de la Tour-d'Auvergne, le 5 avril 1776,
   Chez la Petitpas, rue Saint-Honoré.

M. de Courchaut, procureur, le 4 novembre 1760,
   Chez la Debure, rue Saint-Honoré.

M. de Boulogne de Montargis, le 5 nov. 1760,
   Chez la Carlier, rue du Mail.

M. Darnet, ferm.-gén., le 31 oct. 1760,
   Chez la Durameau, rue des Vieux Augustins.

M. Viard, ancien receveur des tailles, le 3 octobre 1760,
 Chez la Roussel, rue Baillif.
M. Delor, le 24 août 1764,
 Chez la Coster, rue Pagevin.
M. Guyot, américain, le 30 sept. 1764,
 Chez la Bresset, rue de Richelieu.
M. Dubois de Courval, conseiller à la première chambre des enquêtes, le 18 juin 1764,
 Chez la Veaucourt, rue du Dauphin.
M. de Grace, le premier août 1764,
 Chez la Cadet, rue des Vieux Augustins.
M. Lebrun, le 26 juin 1764,
 Chez la Miller, rue Tiquetonne.

Ce journal de *Marais* contient les noms, les demeures, et souvent les qualités d'une foule d'époux qui éteignoient le flambeau de l'Hymen dans la fange des bordels; ils préféroient à une femme qui n'avoit souvent que le défaut d'être à eux, celles qui n'avoient que le mérite d'être à tous: et d'une foule plus nombreuse encore de ces amans dépareillés qui oublient que le célibat est un vol fait à la société même, quand il n'est pas un sacrifice fait à la religion. Mais n'est-il pas possible, diront-ils, que des hommes honteux ou malins aient, par une fausse déclaration, fait mettre sur les tablettes du vice des noms que l'amitié elle-même conserve sur celles de l'amour ? Sans doute ; et j'aimerois à le croire : mais comment ne croirois je pas plutôt à l'infaillibilité de la police, moi à qui elle apprend en 1791, que le 18 juillet 1772, chez la *Lefebvre*, rue Bailleul, j'ai chiffonné *Poulotte* qui ne me connoissoit pas ? Oui, je le confesse : j'ai payé une fois mon cinique tribut ; mais avec une prudence qui étonna *Poulotte*, puisque c'est elle qui me cita ce passage de Saint-Paul, en blâmant une méfiance que je cachois sous des politesses : *la foi sans les œuvres est une foi morte*. En la quittant, il me vint cette réflexion, que si tout est bien en sortant des mains de la nature, tout dégénère entre les mains de l'homme.

Il me resteroit à parler de ces filles, de filles qui détaillent, qui débitent des vices et des maux jusques dans les rues. La police qui a toujours comparé le peuple à des chiens à qui il faut jeter de la mauvaise viande pour qu'ils ne dévorent pas la bonne, laissoit cueillir des fruits gâtés sur des espaliers qui séduisoient encore les yeux. Comment pouvoit elle souffrir sous les fenêtres d'une mère tendre qui ne veut montrer à sa fille que des vertus, jusques dans ces magasins où le travail annoblit la pauvreté, où des mains innocentes ne touchent que le fuseau d'Andromaque, les gestes obscènes, la crapuleuse nudité de ces *phallophores* qui violent et volent les passans ? Si Paris, comme Narbonne, comme Toulouse, comme Avignon, comme Beaucaire, comme Troye, met encore au rang de ses prérogatives le droit infâme d'avoir une *rue chaude* (1), que du moins resserrant les débordemens du libertinage, elle couvre de la décence publique tous les quartiers où le citoyen honnête est forcé de porter ou ses regards ou ses pas.

C'étoit à la *municipalité* d'un peuple nouveau qu'étoit réservée la gloire facile de repousser sous des toîts obscurs, un sexe que la société sur laquelle il a tant d'influence, ne peut laisser jouir de la faculté qu'il a de se dégrader, qu'en lui imposant la précaution de se cacher. Persuadée, comme elle doit l'être déja par son expérience, qu'en administration le moyen de faire beaucoup est de faire peu, qu'elle substitue à tous ces commissaires à lanternes, à tous ces exempts à bâton d'ivoire, qui ne respectoient ni les personnes ni les domiciles, une très-courte ordonnance, qui condamne à une amende de 50 liv.

---

(1) On proposoit à Versailles de distinguer les femmes honnêtes par des marques honorables. Ah ! dit une femme d'esprit, ne mettons pas les filles dans le cas de nous compter.

tout propriétaire qui souffrira sur sa porte une de ces ribaudes : et je réponds, pour peu que l'opinion se joigne à la loi, que la plupart qui ne vivoient que des tentations qu'elles donnoient, s'appercevront bientôt par leur indigence qu'il y a plus à gagner à courir même les hasards de la vertu que les chances du vice ; et le travail leur apprendra à ne se point croire malheureuses de n'être point riches. C'est à l'éducation, qui sera de tous les états, graver peu-à-peu dans tous les cœurs cette maxime qui n'est pas un préjugé : la femme d'un charbonnier est plus respectable que la maîtresse d'un roi.

Enfin, est-ce que la France régénérée n'emploiera pas pour rétablir l'empire des femmes, la tutelle austère des Romains ? La censure des magistrats, des tribunaux domestiques, des loix somptuaires qui modèrent jusqu'aux dots, des temples élevés à la pudeur, une déesse qui préside aux mariages, des honneurs rendus aux bonnes citoyennes ; voilà les ressources que l'histoire indique à un gouvernement qui voudroit avoir ses *Lucrèces*, ses *Porcies*, ses *Paulines*, ses *Cornélies*, ses *Eponines* : et si jamais un *Chrysale* renvoyoit encore à leur fil et à leurs aiguilles, les françoises de la nouvelle *constitution*, qu'elles se rappellent avec fierté qu'elles descendent

cendent de ces gauloises, plus fortes que les *Druydes*, qui choisies par les cantons, délibéroient de la paix, de la guerre, et jugeoient les différens qui survenoient de ville à ville, et dont le conseil suprême a toujours fait trembler l'Italie. Le sénat n'étoit encore composé que de femmes, quand *Rome* fut prise; il ne l'étoit que de prêtres, quand *César* conquit les *Gaules* (1).

---

(1) Tacite remarque que les Allemands prenoient conseil de leurs femmes : *nec concilia earum aspernabantur, nec responsa negligebant.*

DE LA POLICE
SUR
LES BLEDS.

ELLE existe dans le dictionnaire de *Savary*, cette liste effrayante de règlemens, de prohibitions, de formalités, d'exactions, toute la législation enfin des monopoleurs ; mais ce n'est point assez : il faut les nommer, et les vouer au mépris, ces ministres qui ont eu l'art barbare, en faisant d'un roi un marchand, de dessécher, par la misère ou par la faim, ce peuple, le plus riche de tous, qui n'a pas seulement de quoi se nourrir, mais encore de quoi vendre.

Le voilà découvert ce secret plein d'horreur !

C'étoient quatre intendans des finances, les *Trudaine* de *Montigny*, les *Boutin*, les *Langlois* et les *Boulogne*, qui se distribuant un nombre égal de provinces à ravager, empêchoient la mère commune de distribuer à ses enfans, le pain qu'elle doit à tous. Ils enlevoient pour de l'argent ce qu'ils rendoient pour de l'or. Sartines, si nécessaire au secret de l'entreprise, se réservoit la capitale et l'isle de France.

Je sais pourquoi ils avoient un magasin de farine au port Saint-Nicolas, que gardoit un certain *Saint-Charles*, et un autre de bled, au fauxbourg Saint-Denis, d'où un commissaire *Machurin* tiroit la stérile provision des halles; pourquoi *Malisset*, ce boulanger de la rue Baudrier, qui avoit fait banqueroute, s'enfermoit tous les soirs avec le lieutenant-général qui faisoit si souvent venir les *Chaumont*, Perruchot et Rousseau, dont l'un avoit à affamer le Berri, le Perche, la Picardie, l'Artois, la Normandie, la Bretagne, le Maine, la Tourraine et l'Anjou : l'autre la Brie, la Beauce, le pays Chartrain, la Bourgogne, la Champagne et les trois Evêchés, Metz, Toul et Verdun; à quoi servoient tous ces dépôts à Corbeil, à Vitry, à Melun, à Mennecy, à Vernon-sur-Seine, à Bar-sur-Aube, à Saint-Michel, à Caen, à Falaise, à Alençon, dans le château, même, dont *Cromot*, le premier commis du contrôle, étoit gouverneur; pourquoi quarante navires étoient à Rouen, prêts à porter, aux provinces amaigries, les *secours du roi :* etc. etc. Le généralissime *Malisset* dirigeoit cette armée immense d'ouvriers, de commissionnaires, de blattiers, de batteurs en grange, de cribleurs, d'emmagasineurs et de voituriers, qui, tous, commettoient le même dégât que les renards de *Samson*.

Une lettre qu'écrivoit le pouvoir exécutif des bleds, à ses agens, me dispensera de tout dire. Ces agens étoient un Mahuet l'aîné, à Saint-Dizier, en Champagne, un l'Epinette, à Châlons, un Vernon sub-délégué, à Meaux, un de Kengal, directeur des fermes, à Reims.

« Voyez si, sans occasionner de disette trop amère, vous pouvez acheter, depuis Vitry, jusques dans les trois Evêchés, une quantité très-considérable de bled, pendant six mois, sans excéder le prix de 20 liv. pour le poids de 240 à 250 liv., et faites en sorte que je puisse compter sur 7 à 8000 septiers par semaine : cela fait, pour six mois, 192000 septiers. Commencez par m'en expédier 6000 pour Corbeil ; les fonds ne vous manqueront pas chaque semaine ; mais, sur-tout, gardez-vous de vous faire connoître, et ne signez jamais vos lettres de voiture. Je ne peux vous procurer de nos sacs : ils sont timbrés du nom de *Malisset*, et il seroit indiscret de les faire passer chez vous. Vous me mandez que d'autres que vous font de grandes levées de grains ; mais c'est un feu follet qui court sans faire de mal. Au reste, d'après les mesures que nous prenons, ils n'auront pas long-temps la fureur de nuire à nos opérations. M. de Montigny, intendant des finances, a donné des ordres de verser aux marchés de Méry-sur-Seine, de Mont-Saint-Père et de Lagny, et d'autres ordres de suspendre les ventes à Corbeil, à Melun et Mennecy, non pas entièrement, à cause des besoins journaliers, mais de n'exposer, par jour, dans ces marchés, que 50 liv. de farines blanches pour la subsistance des petits-enfans, ou 200 boisseaux, moitié bled, moitié seigle. — Si dans vos achats, l'on tient avec trop de rigueur sur le prix que vous offrez, dites qu'il vient d'arriver à Rouen 18 bâtimens chargés de bled, et qu'on en attend encore 23. On ne se doute pas que ces bâtimens sont les nôtres. Faites-vous, au sur-plus, donner des soumissions de vous fournir telle quantité qui vous paroîtra possible, au prix actuel du quintal, rendu à Vitry. — Quand la disette sera assez sensible dans votre canton, vendez farines et bleds ; c'est le moyen de vous y faire acquérir de la considération. Je ne laisserai pas, d'ailleurs, échapper l'occasion de vous faire mériter encore, auprès de M. de Montigny. Si la cherté montoit au point d'exciter le ministère public à vous demander d'exposer des *bleds du roi* dans les marchés de la ville que vous habitez, ne manquez pas d'obéir ; mais versez-en avec modération, toujours à un prix avantageux, et faites, aussitôt, d'un autre côté, le remplacement de vos ventes. — Il faut espérer que le calme se rétablira dans le lieu où vous êtes ; le canton y est abondant, le bled y est d'un commerce considérable ; conséquemment l'exportation y doit causer moins de sensation et d'inquiétude qu'ailleurs....

Faites faire vos ventes pour le compte de Mahuet, et donnez vos ordres pour que les chargemens faits, sur la Marne, par M. de Chaumont, l'un des régisseurs au compte du roi, ne soient point coupés. — Quoique le nommé Bourré, marinier, vous paroisse suspect, j'ai lieu de croire qu'il ignore que M. de Montigny et M. le contrôleur général sont à la tête de notre opération. Il n'est que le secret qui puisse la soutenir ; et si elle étoit connue, non-seulement les intentions de ces ministres se trouveroient traversées, mais encore le commerce de votre pays, les fermiers, les laboureurs et tout le public en souffriroient beaucoup. — L'approvisionnement de Paris se soutient toujours sur le même pied, rien ne bronche, l'ordre y est admirable, et la tranquillité la plus parfaite, par les soins ardens et assidus de M. de Sartines, qui nous est d'un grand secours et par les ordres absolus de M. le contrôleur-général, que M. de Montigny sait distribuer à propos. — Persuadé de votre attention, je suis maintenant bien tranquille sur le secret de mes lettres. J'ai fait voir votre dernière à M. de Montigny : vous pouvez compter d'en être favorisé au besoin. — Pressez vos levées, il y faut la plus grande diligence. Nous eussions dû faire, au moins, dix fois plus d'achats, depuis que vous avez commencé votre tournée. — Il a été arrêté, par M. de Montigny, que pour éviter la confusion, MM. les commissionnaires aux achats rendroient leurs comptes toutes les semaines ; en conséquence, vous voudrez bien vous conformer à cet arrangement, à moins que le bien du service n'exige du changement dans cette disposition, d'ici au temps de la moisson, où les opérations de la régie se ralentissent nécessairement ».

Voilà pourtant comme, depuis 1730, se trâmoient des brigandages, et des assassinats contre le peuple ! Son *bien-aimé* Louis XV étoit du complot. C'est lui qui, sous son ministre Orry, fit une avance de dix millions pour l'exportation de nos grains qui, sous prétexte de hausser le prix des terres, doubloit pour lui, du moins, le produit des vingtièmes. C'est ainsi que pour porter à dix-huit millions l'imposition de Paris, la viande, qui ne valoit que huit sous, se vendoit douze. Sous le ministère de *Machault*, les *Bouffé* et les *Dufourni* avoient donné l'exemple de ces barbares succès. Les famines de 1740, de 1741, de 1752 furent le chef-d'œuvre de leur mauvais génie.

Est-il étonnant que le contrôleur-général, de la *Verdy*, ait trouvé une compagnie qui lui ait acheté la France pour douze ans ? C'est l'infâme *Cromot Dubourg* qui rédigea le *pacte* de *famine* ; et ce petit *Cromwel* des bureaux, qui ne devoit pas croire qu'il y eût un Dieu au ciel, puisqu'il vivoit riche et paisible sur la terre, promettoit à Dieu que si cette entreprise, que n'imaginèrent jamais des tyrans, réussissoit, il donneroit 600 liv. aux pauvres. Après ce signe de croix, une nation de vingt-cinq mille hommes fut livrée à quatre vampires ; *Rai de Chaumont*, receveur des domaines et bois du comté de Blois ; *Rousseau*, receveur des domaines et bois du duché d'Orléans ; *Perruchot*, ancien entrepreneur d'hôpitaux d'armée ; et *Malisset*, boulanger-meûnier-banqueroutier : car les ministres, car les intendans des finances, les intendans des provinces, car les présidens et les conseillers des cours souveraines, ni tous ces courtisans ni tous ces financiers, ne se montroient pas même pour toucher leurs dividendes au mois de novembre, où le caissier tenoit, chaque année, prêts ses comptes, tous ses états d'émargement. Une main invisible faisoit couler par des canaux souterreins les sueurs et le sang d'un peuple qui n'avoit pas la force de crier, jusques dans le palais des *Croupiers* : et c'est sur-tout en 1767, en 1768, en 1769, en 1775 et en 1776 que le despotisme eut à s'applaudir du grand art de *travailler* un empire en *finances*. Un chevalier Forbin qui croyoit que c'étoit un plus grand malheur de ne pas faire bonne chère que de mourir de faim, avoit proposé à table, chez la comtesse d'Estaing, après avoir mangé une truite qui étoit arrivée de Genève, avec la sausse encore chaude, d'acaparer, dans les isles de Jersey et de Guernesey, toutes les récoltes, pour que le gouvernement pût, à son gré, corriger les malheurs de l'abondance et de la disette. M. *Maynon d'Invau* saisit cette idée homicide, que son successeur, l'abbé Terrai, aima presque mieux trouver au contrôle, quand il y vint, que de l'argent. Avec cette idée et la banqueroute, il répondoit du royaume. C'étoit un bourreau qui se félicitoit d'avoir deux cordes pour soutenir un pendu.

M. Turgot, ce *Titus* des ministres, avoit

le desir et l'espoir d'effacer jusqu'au souvenir de cet abbé *mandrin :* et au moment où il alloit écraser de sa probité toute la bande, la guerre des farines recommença; et pour sauver la France, il fallut que lui-même composât avec ses bourreaux qui, pour se venger de ce qu'il osoit se refuser à un brigandage que tous les contrôleurs-généraux, depuis M. Dodun, et tous les lieutenans de police, sans en excepter M. Hérault, avoient couvert de leur autorité, le livrèrent tout entier à la calomnie que suivoit de près le crime qui avoit ordre de les débarrasser d'un honnête homme.

M. Necker, qui par son ambition de passer pour un *Sully*, quand il n'auroit pas été un honnête homme, auroit voulu le paroître, sans vouloir partager le système atroce des bleds, ne trouvoit pas trop mauvaise cette raison, qu'un gouvernement, exclusivement accapareur, maintient le prix modéré des farines, et éloigne ces spéculateurs antropophages qui, calculant à l'envi combien de temps peut passer un peuple sans manger, lui vendent à propos le moyen de ne pas mourir. C'est comme si les voleurs anglois qui ne prennent assez poliment que la moitié des bourses, se vantoient d'être utiles à la sûreté publique, en détournant des grands chemins des scélérats qui arracheroient tout à la fois aux voyageurs et la bourse et la vie. Si M. Necker, fort de l'opinion comme il l'étoit, avoit dénoncé au roi qui étoit encore avant le peuple, cette société léonine, après cette grêle du 13 juillet, qui dévasta plus de soixante lieues, avec la prime d'encouragement, Louis XVI n'auroit pas été forcé, pour conjurer un fléau, de dépenser 40 millions qu'il n'avoit pas. Ce n'étoit point assez pour un ministre, celui-ci sur-tout qui vouloit aller à la gloire par la vertu, de vouloir le bien : il falloit encore qu'il dénonçât le mal qu'il ne pouvoit empêcher. Devoit-il souffrir près du trône un Foulon dont la maxime étoit : *Un royaume bien administré est celui où le peuple broûte de l'herbe....Si jamais je suis ministre, je ferai manger du foin aux François?* Le glaive de la loi eût fait tomber la *lanterne* du peuple.

Louis, ô toi qui seras le premier à demander que la nation nomme ses rois, parce que tu as déja senti qu'une nation ne se transmet pas comme un meuble, viens: que je te montre ce que ne t'ont jamais fait voir ceux qui avoient ta confiance : le *traité* secret qu'ils passoient en ton nom pour douze ans. Il étoit sur le point d'être renouvelé, lorsque le canon de la liberté mit en fuite presque tous ceux qui te trompoient.

Prends et lis : et tu me diras si tu n'étois pas le plus malheureux des rois.

Nous soussignés, Simon-Pierre Malisset, chargé de l'entretien et de la manutention des bleds du roi ;

Jacques-Donatien le Ray de Chaumont, chevalier, grand-maître honoraire des eaux et forêts de France ;

Pierre Rousseau, conseiller du roi, receveur-général des domaines et bois du comté de Blois ;

Et Bernard Perruchot, régisseur-général des hôpitaux des armées du roi, tous cautions dudit Malisset, demeurant à Paris.

Après avoir examiné le *traité* ou *soumission*, dont copie est ci-après passée au nom du roi, par monseigneur le contrôleur-général, le 28 août 1765, audit Malisset, pour la garde, entretien, la manutention et le recouvrement des magazins des bleds du roi pendant douze années, dont la première a commencé le premier septembre de ladite année 1765, avons jugé convenable de pourvoir par ces présentes au traitement à faire audit sieur Malisset, et subséquemment aux arrangemens relatifs aux commerce et aux renouvellemens successifs des bleds qui ont été confiés audit sieur Malisset ; en conséquence et pour remplir le premier objet, c'est-à-dire celui du traitement dudit sieur Malisset, nous, le Ray de Chaumont, Rousseau et Perruchot, cautions dudit sieur Malisset, sommes convenus de ce qui suit :

Article premier.

Il sera alloué audit sieur Malisset 3 s. pour 250 liv. de grains qui entreront dans les magasins de Corbeil et en sortiront en nature de grains, et qui seront voiturés par ses voitures ; et 5 s. par même poids sur les grains convertis en farine (1).

Art. II.

Il sera alloué audit sieur Malisset 30 s. pour la mouture de tous moulins qu'il emploiera, soit à Corbeil ou aux environs, à raison du sac de bled pesant 250 liv. (2)

---

(1) En supposant seulement 300000 sacs de bled, et 100000 sacs de farine du poids de 250 liv. voiturés par an, (ce que ne permet pas de croire l'étendue de l'entreprise) c'est déjà pour Malisset, sur le bled, à raison de 3 s. du sac, un objet de 45000 liv., et sur la farine, sur le pied de 5 s. du sac, un autre objet d'entreprise de 25000 liv.

(2) Partant toujours de la même supposition, la mouture seulement de 100,000 sacs de farine, à 30 sous le sac, seroit pour les meûniers 130,000 l. Mais il est à présumer que Malisset paye moins que 3 s., et qu'il retire sur cela un bénéfice.

Art. III.

Il sera alloué audit munitionnaire 8 s. de septier de grains, du sac de farine ou septier d'issues, et 6 s. par chaque baril que ses bateaux amèneront de Corbeil à Paris ; à l'effet de quoi il sera obligé d'avoir toujours à la disposition du service des bateaux suffisamment et en bon état. (1) Il sera même tenu de faire garnir les bateaux de sous-traits et de couvertures ou baunes, de telle sorte que la durée ne puisse être avariée dans les bateaux, desquelles marchandises avariées ledit sieur Malisset sera responsable, comme il le sera aussi desdites marchandises, dans le cas de perte de bateaux, soit qu'ils périssent par la faute des mariniers, par fortune de temps ou autrement, et par quelque cause que ce puisse être, renonçant de la part dudit sieur Malisset aux exceptions portées par les ordonnances, et reconnoissant que le prix fixé pour ses voitures ne l'a été ainsi que sous la condition qu'il rendroit toujours les marchandises à leur destination, ou qu'il en payeroit la valeur.

---

(1) Supposé la quantité de 300,000 sacs, la manutention du sac de grains, à 8 s. seroit encore pour Malisset un objet d'entreprise de 1200,000 l. ; et le transport de 100,000 barils de farine à 6 s. un autre objet de 30,000 l.

Art. IV.

Ledit sieur Malisset, dans les prix ci-dessus convenus, ne sera tenu du paiement d'aucun des journaliers qui pourront être employés au chargement et déchargement des bateaux dans les voitures, et des voitures dans les magasins. Il sera pourvu au paiement de ces journaliers sur des états détaillés et certifiés qui seront remis tous les mois au directeur caissier, par ledit sieur Malisset, lequel au surplus ne sera chargé que des salaires des mariniers, charretiers et journaliers qui seront employés au criblage.

Art. V.

Il sera payé annuellement audit sieur *Malisset* une somme de 500 liv. au moyen de laquelle il se chargera d'affranchir tous les grains et farines employés dans ladite manutention, du droit de minage pendant la durée du bail actuel du sieur *Houillard* (1), ou du sieur *Malisset*, ou du bail qu'il pourroit renouveler.

---

(1) Ces mots, pendant la durée du *bail actuel du sieur Houillard*, prouvent qu'il a été fait, antérieurement au présent traité avec *Malisset*, d'autres entreprises à bail pour l'enlèvement des bleds, et qu'on se propose de continuer et renouveler en 1777, si aucuns ne s'y opposent.

Art. VI.

Il sera alloué audit sieur *Malisset*, dix boisseaux de son par jour pour lui tenir lieu du reportage des sacs vuides (1), de Paris à Corbeil, et de Corbeil à Paris, et autres ustenciles appartenant à la manutention et pour l'entretien des chemins.

Art. VII.

Enfin il lui sera passé annuellement une somme de 600 liv. pour lui tenir lieu de ses frais de voyage, même jusqu'à Nogent-sur-Seine, et des dépenses qui peuvent être occasionnées par les différens marchands et commissaires qui vont journellement à Corbeil chez le sieur Malisset ; et dans le cas où il seroit obligé de faire quelques voyages au loin, il sera tenu compte de ses frais de poste, lorsque la distance sera au-delà de vingt lieues de Paris.

Art. VIII.

Au moyen desquelles conditions le sieur *Malisset* s'oblige de faire conduire par ses

---

(1) Ce son, à raison de 12 s. le boisseau, par jour, fait 2190 liv. par an. On vouloit que les *ânes du roi* fussent bien traités.

voitures

voitures tous les grains qui arriveront à Corbeil, pour raison de ladite manutention, et de les faire transporter des bateaux ou voitures dans les magasins *près* et *loin*. Il fera aussi faire par les mêmes voitures tous les partages de grains, farines et issues, soit dans les magasins, soit à la mouture, de la mouture dans les magasins, et des magasins (1) aux bateaux, ou chez les marchands ou boulangers à résidence de deux ou trois lieues de Corbeil. Le sieur Malisset fera cribler tous les bleds qui entreront dans les magasins de Corbeil, et faira moudre tous ceux qui sont destinés à la mouture, et il ne leur sera passé pour tout déchet que vingt et demi pour cent, sans toutefois qu'ils puissent profiter du déchet, s'il se trouvoit moins considérable.

Art. IX.

Ledit sieur Malisset voiturera par ses

---

(1) On fait convertir beaucoup de bleds en farine, parce qu'elle se vend plus cher que le bled ; et que l'acheteur, qui ne calcule pas, croit y gagner la mouture. D'ailleurs le sac de farine tient deux tiers moins de volume pour l'emmagasinement et le transport.

bateaux, de Corbeil à Paris, tous les grains, farines et issues qu'il sera jugé convenable de faire venir à Paris, sans qu'il puisse rien exiger au-delà de ce qui a été ci-dessus convenu, sous quelque prétexte que ce puisse être.

ART. X.

Ledit sieur Malisset sera tenu des impositions des vingtièmes, des tailles et autres accessoires, sauf à lui à en obtenir la décharge, s'il y a lieu, conformément à son *traité avec le Roi* (1).

ART. XI.

Reconnoît au surplus ledit sieur *Malisset*, que par l'article 13 de sa soumission du 28 août 1765, il est convenu qu'en cas de mort (2) de sa part, ladite sou-

---

(1) C'est donc bien avec le roi que le banqueroutier *Malisset* traite ! Et la Verdy, comme ministre des finances, se réserve de le décharger de toutes impositions.

(2) En cas que *Malisset* meure, ses prétendues cautions s'attribuent tous ses droits, afin que personne ne puisse acquérir ni part ni droit, ni même de connoissance sur le fond ou dans le produit de la société.

mission seroit résolue de droit par rapport à lui, sans que les héritiers ou représentans puissent exercer aucuns droits ni prétentions pour raison d'icelle, et que lesdits sieurs le *Ray de Chaumont*, *Rousseau* et *Perruchot*, ses cautions, jouiront de tout l'effet de ladite soumission ; en conséquence, en cas de mort dudit *Malisset*, il sera fait un inventaire signé du caissier et desdits sieurs, cautions de l'état et situation de l'entreprise, pour les fonds qui pourroient être dus audit sieur *Malisset*, être remis à ses héritiers (1), après toutefois que l'inventaire et contre-mesurage des bleds du roi auront été faits, pour, dans le cas où les quantités appartenantes au roi, ne seroient point entières, lesdites quantités être complettées par les fonds de l'entreprise, ou par ceux provenans de la succession dudit sieur Malisset, si le *déficit* dans les quantités provenoit de son fait ; et ledit sieur Malisset s'oblige, tant pour lui que pour ses représentans,

---

(1) Les cautions *associés* n'entendent pas qu'aucuns juges décident des droits de Malisset. Ce sont eux-mêmes qui se chargent de l'inventaire et des comptes de la situation de l'entreprise actuelle, pour ne donner aux héritiers de Malisset que ce qu'ils voudront.

de fournir pendant la durée de douze années, ses *moulins*, *bâtimens* et magasins actuellement existans à Corbeil, même ceux qu'il pourra acquérir et faire construire par la suite ; se soumet aussi ledit sieur Malisset, à ne faire aucune mouture de grains, achat de bled, ou vente de farines, transport de grains de chez les marchands, et des magasins de dépôt à Corbeil ou ailleurs, que du consentement de la pluralité de ses cautions, et à moins que les marchés (1) ne soient passés par le directeur qui sera nommé à cet effet.

Toutes lesquelles clauses et conditions ont été acceptées par le sieur *Malisset*, et garanties par lesdits sieurs ses cautions.

Et lesdits sieurs cautions, voulant pourvoir à la sûreté de ladite entreprise, assurer le progrès du commerce qui en sera le soutien, et le garantir de tous les évènemens, ont jugé convenable de former un fonds qu'ils augmenteront suivant l'exi-

---

(1) Indépendamment des achats de grains dans les marchés, on voit que *Malisset* en faisoit encore chez les fermiers et les laboureurs. Il paroit même qu'il se faisoit pour cela des marchés ou sous-traités par le directeur de l'entreprise, pour faire des achats et enlèvemens par d'autres particuliers que *Malisset*.

gence des cas, et à la contribution duquel ils ont trouvé juste de faire participer le sieur *Malisset*, tant pour lui procurer une portion des bénéfices, si aucun il y a, que pour le rendre plus attentif et plus vigilant, en le faisant contribuer aux pertes, si les évènemens en produisent quelques-unes. En conséquence ledit sieur *Malisset* et lesdits sieurs cautions sont convenus de ce qui suit.

ARTICLE PREMIER.

La totalité des fonds d'avance sera distribuée en 18 s. d'intérêts, et répartis :

SAVOIR,

M. de Chaumont. . .	4 s.
M. Rousseau.	4
M. Perruchot. . . .	4
Le sieur Malisset. . .	6
	18 s.

ART. II.

Les fonds convenus pour chaque sol d'intérêts resteront fixés, comme ils ont été faits, à la somme de 10000 l., sauf, suivant les circonstances, à les augmenter ou diminuer, ce qui ne pourra être arrêté que par une délibération signée au moins de trois intéressés.

Art. III.

Les sieurs Rayde Chaumont, Rousseau, et Perruchot sont convenus, pour exciter davantage le zèle et l'émulation dudit sieur Malisset, de lui donner deux sols sans fonds sur les six, pour lesquels il est compris dans la présente soumission ; en conséquence ledit sieur Malisset ne sera tenu de faire les fonds convenus que pour 4 sols seulement (1).

---

(1) La fixation à 10000 l. par sou, qui ne fait, pour 18 sous, que 180000 l. de fonds d'avance, n'étoit qu'un déguisement supposé : car il a fallu des millions pour approvisionner les magasins construits, et ceux à construire dans tout le royaume, et remplir les voitures, les bateaux et les navires qui alloient d'un port à l'autre. Ce qui le prouve, c'est que toutes les parties d'entreprise réunies, estimées bien au-dessous de ce qu'elles sont dans l'exécution, se montoient déjà pour *Malisset* à 260000 l. de charge, sans les gros bénéfices de six sous d'intérêt.

Comme il avoit deux sous d'intérêt sans fonds, on ne peut guères douter que les 4 sous d'intérêt qui restoient sous son nom, ne fussent pour M. de *Laverdy*, qui ne devoit pas se montrer.

Art. IV.

Le sieur Goujet a été choisi et nommé pour directeur et caissier de ladite entreprise, sous le cautionnement du sieur Perruchot. (Ils étoient parens.)

Art. V.

Il sera pourvu, incessamment, au logement dudit sieur Goujet, tant pour lui, que pour les bureaux de l'entreprise, qui seront établis dans le même lieu.

Art. VI.

MM. les intéressés tiendront leurs assemblées dans la maison dudit sieur directeur-caissier, et tous les papiers, titres et comptes de l'entreprise y seront, déposés, sous la garde dudit sieur directeur-caissier.

Art. VII.

Il sera pourvu aux appointemens, frais de bureau et de loyer dudit sieur Goujet, par une délibération qui sera signée, au moins, de trois intéressés.

Art. VIII.

Les appointemens dudit caissier, ceux des autres employés, les frais de bureau et ceux de loyer, seront payés par ledit sieur caissier, sur des états qui seront arrêtés à la fin de chaque mois, et signés au moins par trois intéressés.

Art. IX.

Il sera arrêté, tous les trois mois, un état d'intérêts, à raison de 10 pour cent, des fonds de mise : et tous les ans, après le bilan, ou inventaire général de l'entreprise, il sera pris une délibération pour la répartition des bénéfices, si aucun y a, et le montant desdits intérêts, ainsi que celui de la répartition des bénéfices, sera payé par le caissier, sur les états qui seront signés, au moins, de trois intéressés.

Art. X.

En conséquence du dernier bilan, clos et arrêté au dernier novembre mil sept cent soixante-six, il sera réparti provisionnellement à chaque sol d'intérêt la somme de 2000 liv. qui sera payée par le caissier sur l'état arrêté et signé, **au moins**, de trois intéressés.

Art. XI.

Toutes les reconnoissances qui ont été fournies jusqu'à présent, à chaque intéressé par les fonds d'avance, résultant de leurs intérêts, seront converties en des *recepisse* du caissier, sous les mêmes dates, et qui seront contrôlés par un intéressé.

Art. XII.

Le compte de ladite entreprise sera fait et rendu par le directeur, et arrêté, annuellement, dans le courant du mois de novembre, signé, au moins, de trois intéressés, pour servir de base et de compte général aux représentans d'aucuns des intéressés qui pourroient décéder pendant la durée de ladite entreprise, étant convenus respectivement lesdits sieurs Malisset et ses cautions, qu'arrivant le décès d'aucun intéressé, son intérêt accroîtra, aux autres, par portion égale, et ses représentans ne pourront répéter que ses fonds de ladite mise, les intérêts à dix pour cent jusqu'au jour du remboursement de ladite mise, et la portion à lui revenante dans les bénéfices arrêtés par le dernier compte, au moins, sur les fonds de mise, s'il se trouvoit perte au dernier compte.

La convention portée au présent article n'aura lieu, néanmoins, qu'autant que le ministère se prêteroit *à décharger les biens, meubles et immeubles de l'intéressé décédé*, du cautionnement solidaire ; et dans le cas où ledit cautionnement subsisteroit, alors les héritiers ou représentans jouiront de l'intérêt en entier, pour participer aux pertes et bénéfices ; et il est seulement convenu que les héritiers ou représentans se contenteront, pour établir leur prétention, de la copie signée et certifiée des autres intéressés, du compte, arrêté annuellement, de la situation de l'entreprise et des différentes délibérations, ordres de paiement, et autres arrêtés faits pendant chacune desdites années, jusqu'à l'expiration de la commission du sieur Malisset, acceptée, au nom du roi, par monseigneur le contrôleur-général (1).

---

(1) On fait assez pressentir, par cette disposition, qu'on est dans l'habitude de se pourvoir vers le ministre de la finance pour cette décharge, ce qui, suivant les art. 5, 10 et 20 des engagemens de *Malisset*, feroit soupçonner que les traités pour l'enlèvement et enchérissement des bleds

Art. XIII.

Aucun intéressé ne pourra céder son intérêt, en tout ou en partie, sans le consentement unanime des autres intéressés ; et arrivant qu'il fût fait une cession au préjudice de la présente clause, est ici expressément convenu que les intéressés auront la faculté de réunir l'intérêt cédé en remboursement, seulement, au cessionnaire, le capital du cédant, et les intérêts à 5 pour cent, du jour de l'acte de cession, et en lui tenant compte des bénéfices, ou lui faisant supporter les pertes depuis le dernier compte, comme il est dit en l'article XII.

Art. XIV.

Le directeur sera autorisé à passer des

étoient également rédigés et permis par M. *Bertin* qui, comme M. de *Laverdy*, a fait trop de mal dans le ministère pour n'y avoir fait aucun bien : 2°. dans le cas où un nouveau contrôleur général ne voudroit pas se prêter à commettre ces infamies, sous le nom du roi, on fait entendre qu'on accordera, par un sacrifice involontaire, l'intérêt en entier aux héritiers de l'intéressé décédé, plutôt que de laisser la justice ordinaire pénétrer dans la mystérieuse entrprise.

marchés, conformément aux délibérations; il sera tenu d'en faire approuver les clauses et conditions, avant la signature, par deux intéressés ; et aucun d'iceux ne pourra faire de marchés particuliers, à l'exception du sieur Malisset qui pourra vendre des sons et farines, jusqu'à concurrence de 3000 l., à charge de faire enregistrer les ventes qu'il aura faites, dans le jour. (1)

Art. XV.

Aucuns des intéressés, directement ou indirectement, ne pourront entrer dans aucune société pour raison du commerce des grains et farines à Paris, ni sur les rivières de Seine et de Marne, et autres navigables, affluentes en icelle, que de l'agrément, par écrit, des autres intéressés, sous peine d'être exclus de la présente entreprise, à l'exception de M. de Chaumont, relativement à sa manufacture de Blois, ou à son commerce maritime.

---

(1) Cette petite vente particulière de son et de farines, à raison de 3000 l. par chaque jour, faisoit pour 300 jours 9330001., sans parler des reventes des bleds, qui se montent à plusieurs millions.

Art. XVI.

Il sera tenu toutes les semaines, au jour qu'il sera convenu et dans l'appartement qui sera destiné à cet effet dans la maison du caissier, une assemblée pour conférer des affaires de l'entreprise; et pour engager d'autant, chaque intéressé à s'y trouver exactement, il sera payé par le caissier, en conséquence de l'état qui sera arrêté à la fin de chaque assemblée, un louis d'or de 24 livres à chaque intéressé présent.

Art. XVII.

Chaque jour d'assemblée, le caissier remettra un état des fonds de la caisse, un second état de situation de l'entreprise en actif et passif, et un troisième état des quantités de grains et de farines qui seront dans les différens magasins et entrepôts.

Art. XVIII.

Il sera pourvu aux instructions à donner

---

(1) Il se tenoit des comités extraordinaires lorsque quelques avis du peuple faisoient craindre une de ces insurrections qui ont été si long-temps des crimes avant que de devenir des devoirs.

au caissier directeur, tant pour la comptabilité que pour la correspondance et les autres opérations relatives à ladite entreprise par des délibérations qui seront signées au moins par trois intéressés.

Art. XIX.

Il sera délivré annuellement une somme de 1200 l. aux pauvres, laquelle sera payée par quart par le caissier à chaque intéressé pour en faire la distribution, ainsi qu'il jugera convenable (1).

Art. XX.

Ratifions en tant que de besoin les arrêtés, délibérations et autres actes précédemment faits, comme ayant été jugés nécessaires au bien et à la sûreté de l'entreprise.

Fait quadruple à Paris, etc. etc.

Voilà pourtant ce traité de démons ligués contre des hommes, qu'a surpris et dénoncé le prévôt de Beaumont qui a expié par vingt-deux ans et deux mois de prison, le plus grand service que jamais citoyen ait

---

(1) Faire l'aumône à ceux qu'on affâme !

voulu rendre à sa patrie ! Si M. d'*Invau* eût osé le croire, en vingt-quatre heures, avec les mêmes mesures qu'employa le roi d'Espagne pour saisir tous les jésuites à la fois, tous les bourreaux de la France étoient arrêtés et convaincus. Il avoit indiqué lui-même les avocats du conseil à qui il falloit confier cette expédition, qui, le même jour, au même instant se seroient emparés de tous les traités, titres, mémoires, comptes, états actifs et passifs, registres de lettres, de correspondance, enfin tous les papiers qui concernent la manœuvre infernale des bleds. Chacun devoit avoir un ordre de perquisition. Leur marche étoit tracée :

M. Roussel, vieille rue du Temple, au coin de la rue de Sicile, devoit se transporter chez M. de la Verdy.

M. Damours, rue des Fossés-Saint-Germain l'Auxerrois, près la rue du Roulle, chez le sieur Cromot, premier commis du contrôle général.

M. Voilquin, demeurant même maison de M. Roussel,

Chez le sieur Perruchot, régisseur général des armées du roi, et principalement chez le sieur Goujet, directeur-caissier de l'entreprise du présent traité, dont le bureau est établi dans la belle maison du sieur Perruchot, au grand balcon, rue de la Jussienne, près le corps de garde. C'est-là où devoit se trouver le principal dépôt.

M. Ausonne, rue Tiquetonne, chez le sieur de Sartines, principalement dans le bureau du sieur Dutilleul, son confident, qui a l'administration des bleds.

M. Despaux, rue Mauconseil, chez le sieur de Caumont, grand maître honoraire des eaux et forêts, rue Notre-Dame-des-Victoires, vis-à-vis une porte du couvent des petits-Pères. Il se trouvera encore un dépôt considérable chez un *crésus* qui n'aspire que de l'or.

M. Leyridon, rue et vis-à-vis la Monnoie, chez le sieur Rousseau, receveur des domaines et bois du comté de Blois, rue Bourbon-Villeneuve, maison neuve, à côté d'un marchand papetier. Il a aussi une correspondance des états, des mémoires et des registres.

M. le Thinois, rue Quincampoix, près le cul-de-sac de Venise, chez M. de Trudaine-de-Montigny, intendant des finances. C'est un des agioteurs qui sait le mieux faire *suer* l'argent.

M. Godescart de l'Isle, rue des Vieux Augustins, près la rue Coquillière, chez le sieur Malisset, fauxbourg Saint-Laurent, proche l'enclos de la foire.

Il falloit encore un ordre à M. le maréchal de Biron, pour qu'il pût prêter main-forte à ces huit commissaires qui devoient se rendre au Louvre, après leur expédition, pour examiner entre eux les papiers, et en rendre compte tout de suite au roi qui n'auroit pas manqué de faire arrêter les soumissionnaires, les agens et les sous-traitans dans toutes les provinces.

Si jamais avis, si jamais conseil mérita de l'attention, ce fut celui de M. de Beaumont. Hé bien ! ce secrétaire du clergé, pour avoir dévoilé avec le courage de *Mardoché* la conspiration d'*Aman*, vit entrer chez lui, le 17 novembre 1768, à deux heures après minuit, le commissaire Mutel et l'inspecteur Marais, que renforçoit une légion de mouchards, qui lui signifièrent une lettre de cachet de Duval, secrétaire de M. de Sartines, qui avoit signé *Phélippeaux*. Il ne fut pas plutôt à la Bastille, que la police qui le disoit mort, s'adjugea son mobilier de 63,000 liv. Eh ! devoit-il vivre dans les cinq prisons où il a passé, à *Vincennes* surtout, avec deux onces de pain et un verre d'eau, les fers aux pieds et aux mains, étendu sur des planches affichées des deux bouts dans la muraille, que cachoit à peine une couche de fumier ?

M. de Malesherbes l'avoit vu à Charenton en 1772, et il n'en fut pas moins à Bicêtre !...

Ce n'est qu'en 1789, lorsque le peuple étonné de ses droits et de ses forces, ouvrant les tombeaux du despotisme, a fait retentir ces mots qui effrayèrent les tyrans : prisonniers des rois, levez-vous et marchez ! que M. le *prévôt de Beaumont* a revu le soleil qu'il croyoit éteint.

Est-ce que Louis XVI, honteux de s'être laissé tromper par des ministres dont il auroit dû répondre, puisqu'ils ne répondoient pas encore de lui, ne devroit pas consoler de sa *liste civile*, avec laquelle on lui fera faire encore beaucoup de mal, si lui-même ne s'en sert pour faire beaucoup de bien, les victimes de son règne?

Fin du tome premier.

TABLE
DES MATIÈRES.

TOME PREMIER.

LETTRE aux Amis de la Constitution.
Introduction.
De la Police sur la Librairie, page 23
De la cérémonie du Pilon, 34
Du pouvoir des Ministres sur les Lieutenans de police, 42
Comme les Ministres de la Librairie ont servi la Révolution, 61
De la police sur les Gens de Lettres, 80
    Sur les Libelles, 136
    Sur les Censeurs royaux, 156
    Sur les Nouvelles à la main, 201
    Sur les Espions, Commissaires, etc. 229
    Sur les Prêtres, 292
    Sur les filles, 322
    Sur le commerce des bleds, 370

TOME SECOND.

De la police sur les comédiens, page 1
    Sur les maisons de force, 23
    Sur les jeux, 72
Le journal de la police, ou le tableau des mœurs, 86

De la police sur les François réfugiés à Londres ;
De la police municipale,
Remarques sur celle de Londres.

FIN DE LA TABLE.

Errata du premier volume.

Pag. 20 lig. 15, *s'en s'informer :* lisez *sans s'informer.*
Pag. 21, lig. 16, *Audouine*, lisez *Audouin.*
Pag. 53, lig. 18, des trois *roues*, lisez des trois *roués.*
Pag. 61, lig. 14, les *ministaux* de la librairie, lisez les *ministres* de la librairie.
Pag. 69, l'histoire des *judes*, lisez l'histoire des *Indes.*
Pag. 107, lig. 7, encore moins celui de payer des *rentes*, lisez encore moins à celui de payer des *rentes.*
Pag. 114, *j'ai ouis*, lisez *oui dire.*
Pag. 128, lig. 5, le directeur des *mencus*, lisez *des menus.*
Pag. 194, avec son *Vade*, lisez son *Vadé.*
Pag. 201, *dans le service même*, lisez *dans le service même.*

Errata du second volume.

Pag. 82, *il eut pour 1800 et même pour 120000 liv.*, lisez *pour 12000 liv.*
Pag. 113, qu'il *oublie*, lisez *l'oublia.*
Pag. 116, *y laisse les anciens*, lisez *laisse.*
Pag. 129, deux ou trois *visions*, lisez deux ou trois *visites.*
Pag. 133, *en lui faisant son mois*, lisez *en lui payant.*
Pag. 140, *et que s'il l'arrache*, lisez *et lui proteste que s'il l'arrache.*
Pag. 159, *mais il n'est pas même bon*, lisez *mais il n'est pas bon à faire un prêtre.*
Pag. 197, ce qu'elle ne pouvoit payer *in acre*, lisez *in œre.*